珍藏本
纪念版

汉译世界学术名著丛书

政治经济学研究

第一卷

〔瑞士〕西斯蒙第 著

胡尧步 李直 李玉民 译

胡尧步 校

商务印书馆
SINCE 1897 The Commercial Press

2017年·北京

J. C. L. Simonde de Sismondi
ÉTUDES SUR L'ÉCONOMIE POLITIQUE
Treuttel et Würtz, Libraires, Paris, 1837
本书根据巴黎特勒泰尔和维尔茨书店 1837 年版译出

汉译世界学术名著丛书
（120年纪念版·珍藏本）
出版说明

2017年2月11日，商务印书馆迎来120岁的生日。120年前，商务印书馆前贤怀揣文化救国的理想，抱持“昌明教育，开启民智”的使命，立足本土，放眼寰宇，以出版为津梁，沟通中西，为中国、为世界提供最富智慧的思想文化成果。无论世事白云苍狗，潮流左右激荡，甚至战火硝烟弥漫，始终践行学术报国之志，无改初心。

迻译世界各国学术名著，即其一端。早在20世纪初年便出版《原富》《天演论》等影响至今的代表性著作，1950年代后更致力于外国哲学和社会科学经典的译介，及至1980年代，辑为“汉译世界学术名著丛书”，汇涓为流，蔚为大观。丛书自1981年开始出版，历时三十余年，迄今已推出七百种，是我国现代出版史上规模最大、最为重要的学术翻译工程。

丛书所选之书，立场观点不囿于一派，学科领域不限于一门，皆为文明开启以来，各时代、各国家、各民族的思想与文化精粹，代表着人类已经到达过的精神境界。丛书系统译介世界学术经典，引领时代思想，为本土原创学术的发展提供丰富的文化滋养，为推动中国现代学术和现代化进程做出了突出的贡献。

为纪念商务印书馆成立120周年，我们整体推出“汉译世界学术名著丛书”120年纪念版的珍藏本，寄望既利于文化积累，又便于研读查考，同时向长期支持丛书出版的译者、编者和读者致以敬意。

两甲子后的今天，商务印书馆又站在了一个新的历史时间节点上。我们不仅要铭记先辈的身影和足迹，更须让我们的步伐充满新的时代精神。这是商务人代代相传的事业，更是与国家和民族的命运始终紧密相连的事业。我们责无旁贷，必须做好我们这代人的传承与创造，让我们的努力和成果不仅凝聚成民族文化的记忆，还能成为后来人可以接续的事业。唯此，才能不负前贤，无愧来者。

商务印书馆编辑部

2017年10月

中译本序言

（一）

西斯蒙第是经济学说史上颇具影响的人物。他毕生著述甚多，除历史著作和本书外，其余经济学著作主要有：《托斯卡那的农业》（1801 年）、《商业财富或政治经济学原理在商业立法上的应用》（1803 年，以下简称《论商业财富》）和《政治经济学新原理或论财富同人口的关系》（1819 年，以下简称《新原理》）。

西斯蒙第的《新原理》已为我国经济学界所熟悉。其《政治经济学研究》（1838 年，以下简称《研究》）则鲜为人知，因为：一方面，《研究》在经济思想方面和《新原理》基本相同。非专门研究西斯蒙第的人，一般没有必要涉及它；另一方面，该书以前没有中译本，从而限制了读者的范围。不过，《研究》毕竟是西斯蒙第后期主要的经济著作之一，其内容又是《新原理》一书的补充和发展。因此，《研究》中译本的出版，对于全面研究西斯蒙第经济思想，是十分必要的；对初次接触西斯蒙第经济思想的人，也不失为一本可以入选的参考书。

（二）

西斯蒙第经济思想的发展分为前后两个截然相反的时期。这与西斯蒙第所处的时代，法国、瑞士的经济状况，以及小商品生产者的地位和要求，密切相关。18世纪末，资产阶级革命摧毁了封建宗法经济关系，建立了资本主义经济制度。起初，小生产者是拥护资本主义制度的。他们希望摆脱封建束缚，求得发展，因而对资本主义充满了希望和幻想。到19世纪上半期，法国、瑞士的资本主义经济有了很大发展，工业革命也兴起了。尽管小商品生产者在工农业中仍占据大多数，但其趋势却是日益衰落和受排挤，迅速分化。西斯蒙第目睹了工业革命和农业资本主义的迅速发展不断与小商品生产者的迅速分化瓦解和被改造，形成鲜明的对照。资本主义制度下的各种矛盾和弊病也开始日益显露出来。这时，原来对资本主义抱有较大幻想的小商品生产者，在自身分化瓦解中开始失望、抱怨和反对资本主义，希望能按自己的要求对资本主义制度进行改良，甚至企图谋求资本主义之外的新的社会经济制度。于是，一些从小资产阶级立场出发，为劳动群众说话的经济学家，便站出来著书立说，试图阻止资本主义机器工业的迅猛发展，把资本主义纳入小生产的宗法和行会的经济关系中。西斯蒙第的经济思想，就恰好反映了小生产者对待资本主义态度的变化。

西斯蒙第前期的经济思想，代表了对资本主义充满希望和幻想的小商品生产者的利益和要求，因而推崇和赞成英国古典经济学派的思想主张。其前期代表作《论商业财富》反映的就是这种倾向。西斯蒙第后期的经济思想，则反映了受排挤和发生分化的小商品生产者对资本主义失望后，企图走改良道路的要求，因而强烈反对英国古典经济学派的思想主张。其后期代表作《新原理》，就是这种倾向和尝试的集中反映。《研究》则是对《新原理》中提出的主张和见解的进一步阐述和发挥。

《研究》是西斯蒙第的最后一部经济学著作，原为他的多卷本长篇巨著《社会科学研究》的第2卷和第3卷(第1卷是1836年出版的《自由人民之宪制的研究》)。第1卷出版两年后，西斯蒙第出版了《研究》。

西斯蒙第认为，他在《新原理》中所提出的经济科学的新原理，远未被人们所理解，尤其未被当权者所理解，因而无法克服英国古典政治经济学带来的弊病。这就"有必要以新的形式，反复地陈述我认为具有根本性的真理"①。

从结构上看，《社会科学研究》的第1卷《自由人民之宪制的研究》，是"关于自由人民的政体研究"，旨在阐明西斯蒙第所说的"真正的自由政策，并拿它同现今在理论家占主导地位的民主思想以及同在实践家占主导地位的蒙昧主义对照。"(本卷，第4页)其主要意图在于"设法让人们理解，人类通过革命改善命运的可能性是多么微小，因此，我竭力规划一条循序渐进的道路，人类才渴望获得更多的智慧、更多的美德、更多的自由和更多的幸福。"(本卷，第4页)这充分反映了西斯蒙第思想倾向的改良主义性质。

《社会科学研究》第2、3卷，即《研究》，系零散发表于报刊上的文章的汇编，也有部分新补充的内容。全书"着重阐述财富分配的理论"(本卷，第5页)，矛头针对"财富学派"或"理财学派"，即指向英国古典经济学派。《研究》的第1卷，主要"研究领土财富与农民

① 《政治经济学研究》，第1卷，第3页(以下凡本书引文均采用文内夹注，只写卷数与页数)。

的生活条件”;《研究》的第 2 卷,“着重研究商业财富与城市居民的生活条件”(本卷,第 7 页)。

在写作方法上,《研究》不同于《新原理》。首先,西斯蒙第认为,人们在浏览熟悉的领域时,会感到不耐烦。如果把所有的原理都放在一篇里简洁地叙述,读者就有可能跳过去。为此,他决定把理论原理与经验材料结合起来进行叙述。其次,他认为,研究人类生存条件一定要从具体情况出发,这也需采用理论与材料相结合的办法。第三,他决定,在上升到普遍意义之前,先列举事实;在寻求药方之前,先指出并描绘出病症。第四,由于该书大部分是零散文章的汇集,因此,每篇文章都有各自的阐述,独立的导言及相应的材料。“这种办法虽有重复之嫌,会受人指责,然而,它利多于弊”(本卷,第 2 页)。西斯蒙第采用这种写作方法,主要是想和古典经济学派的抽象分析方法形成强烈对照,给人耳目一新之感。不过这种方法对具体事例不厌其烦地直接描述,冲淡和限制了理论分析。这种方法尽管从经济史角度看,有一定可取之处,但比起英国古典学派,却是一种退步。

(三)

尽管《研究》一书在思想高度上始终没有超过《新原理》,但它补充了大量材料来进一步发挥《新原理》的思想,并采取了更加鲜明的与古典经济学派相对立的态度。这里仅就几个主要问题,看看西斯蒙第在《研究》中是怎样在批判古典经济学派的同时,阐述他自己的主张和看法的。

一、关于政治经济学研究的对象

西斯蒙第认为，社会科学的研究要“寻求人类的最大利益，……包含提高道德品质与获得幸福”(本卷，第6页)。政治经济学也应遵循这一原则。他在《新原理》中曾说过：“从政府的事业来看，人们的物质福利是政治经济学的对象。”[①]在《研究》中他又指出，“政治经济学的研究对象是人人分享物质财富”(本卷，第6页)。《研究》一书把“人”作为出发点和归宿，“把财富看做获得社会幸福的手段”(第2卷，第2页)，把关于人们的福利和财富分配的理论作为中心。围绕这个中心，《研究》注意从以下几方面进行考察：第一，注意搜集与人相关联的事实。在西斯蒙第看来，“详细地介绍一个实例比阐述理论更为重要”(第2卷，第50页)。第二，研究各种人的幸福，包括道德、情趣、习性、智慧。第三，确定社会物质利益的规则与生活资料的原则。第四，研究对社会秩序变化的态度。简言之，西斯蒙第以人的福利和分配为中心的经济体系，主要研究的就是围绕该中心的分配和消费问题。

西斯蒙第在《研究》中，集中力量批判了古典学派经济体系研究的对象和中心。他认为古典学派只关心财富不关心人，“理财学或财富增长的科学，也被认为是抽象的，不是与人或物相关联的，在这种基础上建立的大厦，也就像空中楼阁”(本卷，第11页)。古典学派抽象地追求财富增长，而不问为谁的利益去积累财富，只是把尽可能地生产大量廉价物品作为国家的目的。在西斯蒙第看来，“财富就是人类劳动生产出来的大量物品，而人类的需要又将

① 西斯蒙第：《政治经济学新原理》，第22页。

它消费了。”(本卷,第13页)“国民财富就是应该使所有的人分享到生活的好处”(本卷,第11页)。因此,应当从“人”出发去指导人的劳动及分配。作为一门好的政治经济学,“最重要的是认识穷人的地位,并向我们保证,只要穷人劳动,社会就能使他们丰衣足食,安居乐业”(本卷,第20页)。而人们富裕了,国家才会兴旺发达。

西斯蒙第很清楚,“当亚当·斯密发现并向全世界揭示政治经济学的真正原理时,资本同所需要的生产活动,还是那么不相称,因此,他认为一个国家最想做到的事情就是积累资本,而最有利可图的活动就是使资本更快地周转”(本卷,第41页)。古典学派认为,整个社会都是靠劳动养育的;而资本又推动了劳动。资本的最好用途是商业,最终是生产,因此,古典学派强调生产,并把生产与财富看做是一致的。西斯蒙第认为,“在那个时代,他们是完全对的。”(本卷,第45页)但西斯蒙第强烈反对古典学派下面的看法,即只需关心生产财富,不必担心消费和需求,因为“与创造交换手段的同时,生产也创造了消费的原因。他们说,……人的需要和欲望是永无止境的,总是会把所有这些财富转化为享受的”(本卷,第46页)。西斯蒙第认为,“劳动的目的应该是享受,生活的目的应该是消费”(本卷,第47页)。“决定生产在多大程度上合算的是生产同消费的比例”(本卷,第48页),而人的需要和欲望“只有同交换手段结合起来才能得到满足”(本卷,第47页)。

通过这样的对比,西斯蒙第指明了他自己同古典学派之间的根本区别。他说:“理论上对立的结果看来产生了两个基本问题,即:生产和消费之间应保持何种关系,以及社会收入的真正性质是什么?”(本卷,第48页)这又归结为,古典学派的理论舍本求末,丢

掉了人和真正利益，只关心物的进步，不关心人类的进步，为了眼前的利益而牺牲了未来。其最突出的例子正如西斯蒙第在《新原理》中所说："英国的例子格外令人注目，因为它是一个自由的、文明的、管理得很好的国家，它的一切灾难的产生只是由于它遵循了错误的经济方针。"①这样，西斯蒙第就把古典学派的理论看做一种空洞、抽象、不切实际的，甚至导致社会灾难的学说加以反对。

我们说，西斯蒙第主张的实际是一种反映小商品生产方式下社会经济活动的理论。他的政治经济学，不是从资本主义下占统治地位的根本的经济条件和关系出发，而是从小生产者的伦理道德观念出发的，以一切人相标榜的小商品生产者的要求出发的。他说的"人及其福利"，实际是小生产者及其福利。这从他把消费放到头等重要的地位就可以看出来。他重视生产与消费的比例是对的，但他并不真正了解资本主义生产关系的本质。他把个人消费直接同生产相联系，但没有看到生产消费的巨大作用，没有看到，在直接关系上，资本主义生产并不单纯与个人消费相联系，而是更多地与生产消费相联系，只是在最终，才与个人消费发生联系。这样，他对古典学派的批评就陷入一种形而上学的错误中。此外，他强调个人消费和分配，反对古典学派强调生产，还在于他没有把生产理解为人们在生产中的社会关系。列宁说："如果我们一贯把'生产'看做生产中的社会关系，那么无论'分配'或'消费'都会丧失任何独立的意义。如果生产中的关系阐明了，各个阶级获得的产品份额也就清楚了，因而，'分配'和'消费'也就清楚了。

① 西斯蒙第：《政治经济学新原理》，第 9 页。

相反的，如果生产关系没有阐明（例如，不了解整个社会总资本的生产过程），关于消费和分配的任何论断都会变成废话，或者变成天真的浪漫主义的愿望。西斯蒙第是这种论调的创始人。”①

二、关于政治经济学研究的方法

西斯蒙第不赞成古典学派的研究方法，认为它过于抽象。他尤其反对英国古典经济学派的代表大卫·李嘉图所采用的抽象研究方法，认为这种方法是造成古典政治经济学与资本主义经济发展中许多矛盾和问题的重要因素。

西斯蒙第认为，政治经济学应该引导人们走向幸福，而“要看出人们应该往哪个方向走，唯一办法就是把他们孤立开来，假设他们是为他们自己行事的，其中没有贸易，然后再去弄清他们的欲望和利益。一个单独的人的目的也应该就是所有人的共同目的，如果贸易是正当的，也就是说，如果是为社会服务的，而不是把一部分人的力量用来反对另一部分人的力量，不是使一部分人富有起来，而损害另一部分人，这个目的应该是相同的。真正的贸易只不过是希望实现共同目标的人在他们之间实行社会分工而已。”（本卷，第48—49页）

我们说，西斯蒙第的研究方法在本质上，与古典学派的抽象分析方法并没有什么区别，只不过西斯蒙第的分析是从小生产者开始，而古典学派则是从资产者个人开始。西斯蒙第反对李嘉图的抽象方法，其实反对的恰好是李嘉图的正确方面。李嘉图的错误并不在于运用抽象方法，而恰恰在于抽象得不够。西斯蒙第为了

① 列宁：《评经济浪漫主义》，载《列宁全集》，第2卷，第166—167页。

与古典派相区别，采取了更多的考察具体事例的方法，即描述的方法，不过，一旦遇到理论问题，仍然要回到抽象方法上来。其实，正是由于西斯蒙第的研究方法比古典派更不彻底，因而在理论上更不彻底，不能抓住生产关系进行分析。

三、关于积累、再生产和经济危机

西斯蒙第还坚决反对古典学派的无所顾忌地扩大再生产和进行资本积累的主张。

他认为，古典学派的财富积累方式是：第一，生产得更多；第二，耗费得更少。这种方式鼓励个人活动的迅速发展。然而，在这种方式下，人们首先是为寻找利益而竞争，但不顾后果（参见本卷，第 26 页）。在普遍的竞争下，尽管生产和积累财富的技术发达了，作为资本的财富集中并扩大了，但小生产阶级却分化、破产了，贫富间产生了鸿沟，甚至发生突然的社会变动和毁灭，即经济危机。

西斯蒙第认为，古典学派在这方面的看法是错误的。在这个问题上，马尔萨斯比古典学派高明。因为马尔萨斯"已经隐约地看到了必须在生产和消费之间保持差不多准确的平衡"，"看到了市场可能发生壅塞，以致使生产活动成为生产者本身破产的一个原因"（本卷，第 47 页）。而李嘉图却假定：(1)生产的任何增长都是收入的增长；(2)收入的任何增加决定了消费的增长；并且认为，自由竞争会使这两条假定成为现实。

西斯蒙第认为，资本主义经济发展的现实是与李嘉图的看法相矛盾的。自由竞争使"每一个人在追求个人目的时，看不见整体的利益，也无法准确地衡量自己的行动，使之符合一切人的需要。"（本卷，第 51 页）每个生产者都不能不与分工交换相联系，他必须找到消费者才能实现发财的愿望。商人，在社会职能上就充当了生产与消费的中介人，充当了“社会后备储备的管理人”。贸易使消费者对商人产生了依赖心理而放弃了后备储备。这样，贸易愈发展，社会愈富裕，其后备储备就愈益减少，而生产与消费之间保持均衡就愈重要。独立生产者可以依据自身的需要去安排生产计划，使经济处于均衡状态。出现贸易和市场以后，人们不顾需要，一味追求个人利益，并用其指导经济生活，于是，资本家、业主（地主）、劳动者都竭力增加生产，致使产品越来越便宜，报酬越来越少。为了从销售数量上找回价格上的损失，他们就拼命生产更多的东西，却不考虑消费者的购买力。这就导致了整个生产的壅塞。

当然，西斯蒙第还是比较注意消费对生产的制约作用的。他认为，贸易本身就会坚决反对这种生产的激增。“每一个商人都拒绝接受他们看来不容易和不能很快售出的商品，他们设法在仓库中保留最少量的库存，尽可能频繁地更新他的货色，而一旦他的资本不再以最大的速度周转时，他就会遭到损失。在这种情况下，他们觉得，生产者已经是够积极的了，如果再催促他们，迫使他们不顾遭到拒绝，更大批地投进贸易中去，那就冒失得太出奇了”（本卷，第 54 页）。这是自由贸易的竞争中本来就有的情况，而李嘉图却忽视了它。

西斯蒙第认为，比较合理的经济制度，应当坚信消费对生产的决定作用，“只有消费增加了，增加生产才真正有利可图”，而“增加消费只不过就是增加开支”（本卷，第 54 页）。这就需要有合理的经济制度来保证收入分配。

西斯蒙第还认为，要处理好再生产中消费与生产的关系，应有恰当的安排。他从小生产者自然经济出发，指出："单独的人又是生产者，又是消费者，他劳动的目的就是满足他的欲望和需要"（本卷，第49页）。在这种情况下，就不会产生消费与生产的矛盾，不会发生经济危机。因而，个人安排生产与消费的原则，也就成为社会生产的原则：一切都按对消费的紧迫程度和顺序来安排。第一，生产用于享受而马上就能消费掉的东西；第二，生产用于长期享受的东西；第三，生产比生产者本人还要持久的东西。这三类东西属于消费储备，生产出来就享用，并通过消费来消耗它们。另外，还要有后备储备，以备不时之需。当这两种储备充实之后，就会停止生产和增加财富。再生产和积累就毫无意义和价值。西斯蒙第认为"从其整体来看，社会完全像这个人"（本卷，第50页）。处于这种情况下的社会，生产与消费就是均衡的，就不会发生经济危机，人民也是幸福的。

我们说，西斯蒙第在积累和再生产方面的观点是完全错误的。他坚持"斯密教条"，把社会总收入混同于社会总产品，只注意个人消费而没有注意生产消费。他批评古典学派为生产而生产，却没有看到，只有抓住生产和生产中的一切关系，才能抓住根本，因此，他谈消费问题、分配问题，都没有和资本主义的基本矛盾相联系，都讲得不够深刻。尽管他注意到经济危机是资本主义所特有的，却不能正确解释它。正如列宁所说："事实上，如果我们用产品实现的不可能性、用生产和消费之间的矛盾来解释危机，那我们就会否认现实，否认资本主义道路的适当性，认为它是一条'错误的'道路而要去寻找'另外的道路'。如果从这个矛盾中引出危机，我们就一定会认为，这个矛盾愈向前发展，摆脱矛盾也就愈困难。……

相反的，如果我们用生产的社会性和占有的个人性之间的矛盾来解释危机，我们就是承认资本主义道路的现实性和进步性，并指责寻找‘另外的道路’是荒唐的浪漫主义。从而我们也就承认，这一矛盾愈向前发展，摆脱这一矛盾就愈容易，而出路正在于该一制度的发展。”[①]西斯蒙第所主张的，正是列宁所说的这种“荒唐的浪漫主义”观点，因此，他不能真正说明积累、再生产和经济危机问题。

四、对资本主义制度的批判和对小生产的讴歌

西斯蒙第怀疑资本主义经济制度的合理性，经常批判和揭露它的弊病，还企图以小生产经济制度来代替它。在《研究》中，经常可以见到西斯蒙第这种情绪。在《研究》中，西斯蒙第批判了资本主义制度，揭露和谴责了自由竞争造成的恶果，并为小生产者的破产和市场普遍壅塞而痛心。他还指出了资本主义生产集中的弊病，认为，尽管集中改进了一切事物，但也“毁坏了人的一切”，“凡是物取得进步的地方，人就得受苦”（第2卷，第131页）。他说，资本主义在“欧洲罕有的繁荣时期，实际上只不过是使穷人的生活状况不断恶化，使制造业和商业濒临危机，同时还搅动了本世纪高枕无忧的幸福人民的平安生活”。资本主义的矛盾和弊病使西斯蒙第及其追随者用爱慕的目光引起对中世纪的回忆，使他们企图恢复农业，恢复个人所有制，恢复智慧和幸福。他认为，“只有当农民人数很多和生活幸福时，社会结构才得以巩固”；“让农民过幸福生活就是目的，是社会的最大目的”（第2卷，第142页）。因为“真正的财富、真正的力量以及国家的幸福都系于农村人口”（第2卷，第

① 列宁：《评经济浪漫主义》，载《列宁全集》，第2卷，第137—138页。

75 页)。

这些充分反映了西斯蒙第的小资产阶级立场,以及他找不到比资本主义更好的社会制度时只好转而求助于过去的思想。在《研究》中,他对过去田园诗般平静幸福的农村生活和个体经济不厌其烦地加以赞美和描述,就是上述思想的表现。宗法制的农业以及行会制的工业,这就是西斯蒙第所醉心的经济制度。

不过,西斯蒙第自己也感到旧制度已一去不复返,倒退是没有出路的,而且“穷人自己向来也不同意倒退的运动”(第 2 卷,第 212 页)。尽管西斯蒙第“热情欢迎一切重新将无产者与财产结合起来的方法”,但“我们对这种方法不抱任何信心,它绝不会消除那些极为严重的祸患,眼下这些祸患是工业、商品壅塞,以及为生产得更多更便宜的产品而展开的各种竞争造成的严重灾难”(第 2 卷,第 213 页)。他认为,“只有一些治标的办法:首先,最重要的是澄清舆论;第二,是不鼓励新的发明;第三,是在工业企业中排除巨额资本”(第 2 卷,第 213 页)。此外,在经济政策上,西斯蒙第主张依靠政府对经济生活的干预来克服资本主义的弊病。他很清楚,小生产者的力量是十分软弱的。他认为,政府不应该直接干预个人的经济利益,但它应当出面纠正经济生活中的失误。这种纠偏,是政府的神圣职责,是“使国家不致为了增加某种收入而沦于毁灭”(第 2 卷,第 37 页)。政治经济学和政府行动的目的是为了人类的幸福,而不是为了物的积累,因而,政府应该阻止各种竞争,当然最重要的是“应该注意生活资料的分配,但是,应该考虑全体人民的利益,而不仅是社会上某个阶级的利益”(第 2 卷,第 26 页)。

西斯蒙第对资本主义矛盾的揭露和对资本主义制度的批判,是

当时别的资产阶级经济学家，包括古典学派，都做不到的。这正是他的贡献和功绩所在。不过，西斯蒙第对资本主义制度的批判和对小生产的讴歌，诚如马克思所言，“他中肯地批判了资产阶级生产的矛盾，但他不理解这些矛盾，因此也不理解解决这些矛盾的过程。不过，从他的论据的基础来看，他确实有这样一种模糊的猜测：对于在资本主义社会内部发展起来的生产力，对于创造财富的物质和社会条件，必须有占有这种财富的新形式与之适应；资产阶级形式只是暂时的、充满矛盾的形式，在这种形式中财富始终只是获得矛盾的存在，同时处处表现为它自己的对立面。这是始终以贫困为前提、并且只有靠发展贫困才能使自己得以发展的财富。”①但西斯蒙第看不到新的生产关系的代表，也找不到真正的出路。“在这方面，他常常求救于过去；他成为‘过去时代的赞颂者’，或者也企图通过别的调节收入和资本、分配和生产之间的关系的办法来制服矛盾，而不理解分配关系只不过是从另一个角度来看的生产关系。”②这完全是他的小资产阶级立场和狭隘眼界所造成的。他能做的只是以小生产者的道德伦理标准，对资本主义进行感伤的评判，实际上，也就是以“良心”和“情感”来代替他经济学家的理智和科学分析。

西斯蒙第是一位在经济学说史上占特殊地位的经济学家。尽管其学说总的历史倾向是保守的，甚至是反动的，他毕竟较早地批判和揭露了资本主义制度的弊病，其某些观点对经济学的发展产生了较大影响，甚至今天仍具有一定的启发性和借鉴意义。

王志伟

①② 《马克思恩格斯全集》，第26卷Ⅲ，第55页。

目　　录

序　言

在本世纪，聚集成社会的人，把他们的思想转向他们结合的理论与条件，这种情况恐怕比任何世纪都更为突出。他们不再继续遵循他们认为是定论的东西，因为那些东西不过是定论，他们要认识的是每种事物的道理。他们要求政权证明其存在的权利；他们以人性的名义，要求享有造物主曾经赐予人的那些幸福、保障与权利。在他们看来，劳动犹如人的乳母；但是，他们想要了解这种劳动的成果如何分配，财富根据什么原则产生和积累。他们也将自己的信仰进行同样的剖析；他们从哲学和道德角度判断他们的宗教。最后，他们还查阅历史卷帙，以便用人类的经验照亮他们要寻求的理论。因此，他们在政治中寻求他们的权利，在创造财富中寻求他们的幸福，在道德哲学中寻求他们的义务，在历史中寻求他们的经验。这就是人类怀着十分的好奇心，在最近60年来所涉猎的社会科学的范围。

60年以来，我也曾多次被这些社会问题煽动起来的变革所愚弄，我本人遭难，我的财产也受到损失；我仔细观察了民众的情绪，我对它并非漠然置之；我将我所能进行的全部研究、全部思考，并同我目睹的事件提供给我的、有时是强加给我的经验结合起来；我生活在各种民族中间，努力熟悉他们的生活和风俗，同时学习他们

的语言。我没有什么本事，但我试图以我的著作竭力影响他们。实际上，近40年来，我先后参加了关于社会科学的历次讨论，同时，我在长篇的历史著作中，力图重温过去的经验，并且以定期文集或以单行本的形式，发表了60多本小册子，论述我认为重要的问题。在那些小册子中，我曾先后接触了立宪政治、政治经济学、一国人民、一个省的或一个被压迫的种族对权利的要求，以及道德哲学。这些著作，几乎全是因事而发，也许阐明了不止一个新的真理。至少，它们都具有深刻的信念。

我的好几位朋友经常要求我把发表在各国杂志上的分散文章收集起来，因为他们无法做到这一点。说实在话，我自己也极其渴望将那些零散文章编汇成册，我认为，我在那些文章里提出了一门新科学的原则。我为了真理，为了人类战斗过，当我觉察还没有一个新的捍卫者来替换我，维护我认为是正确的原则时，我觉得这时撤离战斗是与我的职责背道而驰的。

另一方面，在漫长的生涯中，我的观点虽然变化不大，虽然在我的许多的小文章中，承认的似乎只是一条原理，可我也感到我的思想变得更加清晰，并且由于经验与研究使这种思想更臻完善。我对最初的著作感到不满，公众也会对那些著作感到不满足：他们不会问我从前是怎么想的，而是问我现在的想法，他们即使不会鄙弃一些散篇的重版本、一个作者文稿的残缺不全的集子，也要抛掉一切有关过去情况的、已经变得无足轻重的论述。

那么，我现在该怎么办呢？由于我在人生中饱经沧桑，我也不会用这些散篇凑成一部巨著。不过，在重编的文件中，我也力图使那些散篇不失其特点；各篇都会有各自的阐述，独立的导言，这种办法虽有重复之嫌，会受人指责；然而，它利多于弊。从前，严肃作品的作者，也可以指望有严肃、认真、专心的读者，然而，这种情况已不复存在；作者可以满怀信心地预料到，读者会从第一页到最后一页，仔细阅读他们的推理论证；而且，我很清楚，人们在浏览觉得熟悉的领域时会感到不耐烦，读者肯定只要翻翻书，就能理解和进行判断。因此，我感到有必要以新的形式，反复地陈述我认为具有根本性的真理；因为，如果我把所有的真理放在一篇里，如果我把它们当做科学的要素阐述，我就有理由认为，读者看书时恰恰会跳过那一篇、那些要素。

此外，人们总是把一切关于社会科学的论述普遍推广，我觉得这是陷入了严重的谬误。恰恰相反，我们一定要从具体情况出发研究人类生存条件。人们应当时而抓住一个时期，时而抓住一个国家，或者抓住一种职业，以便清楚地了解人处于什么状况，法规如何作用于人。反之，如果有人把人的生存条件与世界割裂开来看，或者说，干脆抽象地观察人的生存变革，由此得出的结论，往往会被经验推翻。如果我把具有特点的材料砍掉，那就会使我的作品大为减色，这些材料不但最能使我的作品变得实用，而且也许最能引起读者的注意。

另一方面，我不是按照写作的顺序，而是按照思想顺序把我的论文编成一个集子，我分别抽出每篇当成素材；我毫不留情地增删修改，我还是把这部书看做是我的书，因为，公众很难了解其中情况。因此，我把一贯持有的思想或者长期来零散思想串联起来；我新写一些章节填补空白，这些章节几乎同我原来引用的一样多；总而言之，我以平生的气力，潜心全面地论述这些科学，我认为，这些

科学对人类幸福来说是最重要的科学。

我在着手写作不久之后就认识到，这项任务比我事先估计的要困难，花费的时间要长。因此，考虑到我剩下的时间与精力有限，我在发表这些研究的第 1 卷时，没有公布我打算续下去的消息。在编成第 2 卷后，我的信心增加了一些。我已经完成了一半，起码可以说完成了 1/3 的工作量；如果我的生命不继，未能竟业，那么，全部著作尽管中辍，可每卷都有它的特别宗旨，绝不能说这部著作不完整。诚然，远远不能说，书中涉及的广泛题材，在每卷都得到详尽的论述，或者谈得面面俱到。而且，我预告的，也仅仅是关于我尽力阐明的问题的论文，每一章都能满足读者的兴趣，总括起来，即使没有包含整个这门科学，起码也能提出这门科学应当引出的思想。

第 1 卷，也就是关于自由人民的政体研究，旨在阐述我认为的真正的自由政策，并拿它同现今在理论家占主导地位的民主思想以及同在实践家占主导地位的蒙昧主义对照。我同理论家一致的地方，就是只承认国家本身具有主权；然而，我所提出的主权，是体现智慧的主权，而不是体现物质力量或数字的主权。这是既持久、又明智的意志的统治。我还力图阐明为什么全体人民应该和衷共济，为什么少数人要抵制，为什么所有的权利、所有的感情都必须有它们的代表机构，以便使国家作出明智的决定之前，能够达到成熟、净化与冷静的程度。同时，我还观察了人类的现状，它的自由与权利，几乎在各地都被剥夺了。我还设法让人们理解，人类通过革命改善命运的可能性是多么微小，因此，我竭力规划一条循序渐进的道路，人类才可望获得更多的智慧、更多的美德、更多的自由和更多的幸福。

第 2 卷同第 3 卷一样，都旨在研究政治经济学。在这两卷中，我着重阐述财富分配的理论，而财富学派[①]只关心财富的形成。劳动是人的一切物质享受之父；劳动创造财富；真正的政治经济学，城市与家庭的规则，应当教育指导人的劳动，以达到以下诸点：全体人民都能享受劳动的成果，人人有饭吃、有房住、有衣穿，大家都能从造物主给人的恩赐中受益；全体人民都能有足够的闲暇时间，以保持身心健康；全体人民都能分享智慧的硕果；然而，少数天资优越的人能在财富中获得空闲时间、独立性与兴趣，这些都是促进心性智慧高度发展所必不可少的条件；这些少数人能向为人类社会增光的艺术、科学、道德领域进发；这些有特长的人，这些为了全体人民的最大利益的富人，将来数量会更多，在各地都树立起有益的榜样；他们将像酵母一样激发群众，或者将像光束一样将全体人民照亮；他们在都市、城镇与乡村，他们的富裕程度，以及他们同其余人口的比例都将裁处得当，使他们的财富在最大限度上造福于社会；这样就能够实现天主的旨意，贫富并存，始终是为了双方的利益。

在政体研究与经济研究之间，至少在我看来，具有的共同点比人们惯常承认的要多。政体研究与经济研究，两者的目的都是为了社会的最大利益，为了社会的幸福与进步；无论哪种研究，在抽象地观察社会时，如果无视组成这个社会的成员，如果只见政体不见人，只见物不见人，都必然要背离它们的目标。立法者、行政官

① 财富学派(l'école chrémastistique)，又译理财学派。——译者

员、政论家，应该立意为全体人民尽量谋取最多的福利。正是依据这种根本思想，我们在第1卷的政权研究中，首先提出人们在取得共同意志时，每个人是否都有平等的权利；然而，不久以后，我们就承认，全体利益必须限制全体人民的权利。一个社会，只有在贤明、正确、开明与始终一贯的意志领导下，才能实现它与全体人民的最大利益；这种意志，绝不可能是大多数人愿望的结果，因为在大多数人中，人人一票，个个平等，而实际上在社会成员之间，能力、意志、专心与兴趣，根本谈不上一样。因此，我们承认，全体人民的最大利益要求人们学会衡量，而不是学会数选票；我们承认最好的政体，是区分两类权利的政体：将为了全体利益必须使全体人民保留的权利，同为了全体利益必须授予一小部分人的权利区别开来。

政体学的研究对象，是汇集全体人民的意志，而政治经济学的研究对象是人人分享物质财富。在这方面，我们开始同样提出来，全体人民是不是应当平均分配财富带来的利益，但是不久我们就看出，财富是劳动的成果，而这种劳动又阻碍智力的发展，智力得不到发展，人就依然是一种不完全的造物；因此，我们感到有必要在社会中保留贫富差别，并且得出这样的结论：最好的政治经济学，是对劳动成果的分配加以区别的政治经济学，即把为了全体利益，全体人必须得到的份额，同为了全体利益，少数人应当获取的份额区别开来。

因此，在这部著作的不同章节中，只有一种思想指导我们：寻求人类的最大利益，这种最大利益的本身，始终包含提高道德品质与获得幸福。在排列人的权利与要求中，我们也只运用一条规则。

社会的组成是为了全体的最大利益，从这种目的中产生它的成员的一切权利，也是这种目的改变或修正了他们当初的平等。毫无疑问，人人生来在权利上都是平等的，但是，为了他们的共同利益，大家放弃了这种权利上的平等。平均分享政治权利，全民选举制，非但不能表达民族的意志，反而只会体现无知与疏忽大意；平均分享财富，非但不能使全体人丰衣足食，反而会造成穷困与粗俗不堪。因此，全体人的第一个愿望，不是寻求政治权利的平等，而是国民议会的明智；第二个愿望，不是寻求平均分配创造的财富，而是保证社会劳动继续进行，保证劳动成果给各地带来富裕生活。于是，每个人都同意别人可以比他富有，因为他已经明白，这样做反而会比平均分配之后更富有。因此，凡是从社会得到比其他人优越的地位、身份提高超过当初平等权利的人，他们的权利都建筑在其他那些人的利益之上。

我今天发表的政治经济学第1卷，内容几乎全是研究领土财富与农民的生活条件的，第2卷将着重研究商业财富与城市居民的生活条件。无论是第1卷还是第2卷，问题都不可能得到详尽的阐述；要研究的课题十分广泛，就是耗费毕生精力也不为过。我仅仅力求将特殊的观察、有关不同国家人的生活条件的研究，奉献到读者面前；在上升到普遍意义之前，我先列举具体事实；在寻求药方之前，我先指出并描述病症；我仅仅遗憾不能更多地介绍关于不同国家农民的生活条件的研究，这种研究会有助于科学进步与人类的幸福。在组成这一卷的几篇中，有三篇全部或部分地刊登在《百科全书杂志》，1821年9月号、1824年5月号与1827年7月号上；有一篇刊登在《政治经济学杂志》，1835年5月号上；最后，还有两篇，虽然也是这部书的组成部分，今年夏季却发表在《日内瓦大学图书馆学刊》上；其余几篇未出版过。

只有在一项还根本没有开始的工作完成之后，我才能判断出，在我发表过的关于被压迫人民生活条件的论文中，应当重刊哪些合适；那些人民不管是处于欧洲，还是在世界其他各地，我都千方百计地争取他们的权利。在我年轻时发表的有关历史的批评文章，是否值得保留，我现在更难于判断：然而，我对几篇道德或宗教哲学的文章有些偏爱，将它们收入我的最后一集中。

导　言

本书的第1卷是用来探讨人类社会的政治组织原则的。我们曾思忖，人类为了互相保护而聚集在一起，要想从中得到好处，就应该弄清楚到底该如何行事；人类怎样才能将个人的聪明才智拧成一股绳，使之成为更有活力的公共智慧；国家的智慧怎样才能建立在众人的智慧的基础之上，通过什么办法人们才能使它成为统治国家的唯一力量；如果社会的最高权力授予唯一的领袖，如果这种权力交付少数显爵高位的人控制，或者由得到多数选票的人来掌握时，国家的智慧会受到抑制或引入歧途。

因此，本书的第1卷着重研究国家的意志是如何形成、如何才能放出光彩，最后又如何占统治地位。在本册书中，首先要研究这个题目。社会应该首先注意保障物质财富和生活资料。我们要设法弄清社会应遵循的步伐，使得为了社会目的而被劳动创造的物质财富为所有的社会成员谋利益，并维护这种利益。根据词源学的意义，我们称它为政治经济学，因为它是家庭和城市的规则和规律。

我们提出，保证人类生存的劳动管理应该作为第一个努力目标，要求首先把社会的注意力集中在物质，人们丝毫不必因此指责我们把人降到野兽的水平。人们将会看到，与我们的先辈相比，我们是考虑到政治经济学与人的心灵以及人的智力的关系。但是，人靠生活资料活着，而人类道德和智力的发展也与人的生活有关。社会也应该像人一样，首先想到的应该是它的机体健康，社会应该首先满足它的需要和发展。因为，如果没有健康的身体给予人们的活力，没有在满足需要后才能享受的闲暇，健康的心灵也就不可能存在。事实向我们证明，并使我们确信，社会提供的生活资料的方式同时也决定了大多数人的贫困或富裕，它也决定了人类的健康、美丽、活力或蜕化，也决定了使人们乐于互相帮助、兄弟相待的同情心或热衷于互相残杀的敌对心理；最后，令人惬意的闲暇发展了思想活动，也使智慧、想象力、兴趣爱好得以发挥；某些人由于穷奢极欲而消极颓废，另一些人则由于过度消耗体力或因疲劳而产生智力迟钝。

人类劳动的产物被称做**财富**，它和生活资料都代表人类要求享受的所有物质财产，而且几乎所有的精神财富，都是借助于物质财富才能得到。人们把财富或财富增长的理论，看做政治经济学的特有的目的。这种目的，从亚里士多德时期开始，被恰如其分地称做理财学。人们在争论字义时，根本没有把思想观念弄清楚。今天，对社会科学的这个分支，如果不是为了同时要指明它应遵循的方向的话，我们也没有必要重复这个字。这门科学总是、而且永远是把聚集在一起、组成社会的人们作为研究对象。经济这个词，按照词的原意，指的是家庭的规律，而政治经济学是用于城市的家庭的规律。家庭和城市是人类两大组合形式，这些很早就存在的组合形式就是科学的研究对象。这里，一切都起源于人，一切都与人有关，和聚集在一起而有共同联系的人有关。但是，我们说财富是从属于人或物的，如果不同时指明人或物的关系，财富这个比较术语就没有任何意义。财富是对所有物质财富的估量，当时只不过是抽象名词；而理财学或财富增长的科学，也被认为是抽象的，不是与人或物相关联的，在这种基础上建立的大厦也就像空中楼阁。

我们已经说过，财富是人类劳动的产物，它给予人们要求享受到的一切物质财富；包括一切物质享受和来源于物质享受的精神享受。财富固然是好东西，但它为谁享用？这个问题从来没有向理论家提过。对这个问题作出的回答是，人本身属于财富，或者财富本身属于人。

波斯国王自以为是很富有的，因为他把帝国的居民都算做是他的财富，因为他们是奴隶，所以是国王的财产。圣多米尼克过去被认为是富饶的殖民地，因为人们只瞧见居住在这里的 4 000 白人，而在白人的土地上，有 40 万奴隶为主人劳动，这些奴隶也可以当做财产；英国的棉花贸易被称做挣钱的买卖，因为它使从事进口棉花的印度商人、在大工厂加工棉花的厂主、在全世界销售棉花的零售商挣了大量钱财；但是，人们丝毫也没有考虑到培植棉花的农民处于奴隶地位，生活十分穷困；人们也没有考虑到那些织布工人干活时只能喂饱肚子，而当他们没有工作时，只好在收容所死去。我们可以坦率地说，在我们看来，国民财富就是应该使**所有的人**分享到生活的好处。毫无疑问，社会成员按不同比例去分享社会劳动成果。但是，我们永远也不会将社会的某一个成员从另一个成员那里抢夺来的那一部分称为财富。

乍一看来，谁都认为自己清楚地懂得财富是什么，以及财富对社会的作用；谁都知道财富是怎样改变了较贫穷的或较富有的人的社会地位；然而，人们愈仔细观察，就会发现更多的矛盾着的、甚至在某种程度上是利弊相当的社会现象，并使判断混乱。这是因为财富不是本质，而是标志，因为它的性质因人、或因它所属于的事物而异。由于需要的满足，物质享受的满足，我们对这些问题形成的观念比较明确，但是这种观念的程度差异却极少：当我们需求得到满足时，如果还想增加财富，那就应该跳出我们的圈子，通过物品本身的区分，标明它在社会上的等级，并从取得这些物品需要付出的劳动来估量其价值；由于这两种估计不能用共同标准衡量，而我们思想又不断地左右摇摆不定，我们经常思忖，财富的真实含义到底是什么，如果将来富有起来了，我们绝不会比以前更穷。

确实，所有的工艺品的价格，在富国比穷国更便宜；因此，当我们说我们比祖先更富有时，而成品价格却更为低廉。难道说，这些产品积累得越多，我们真的就会发财吗？譬如说，在服装业中，我们怎样比较那些被取代的衣料？在衣料开支中，我们怎么能由此得出结论，我们到底是更富有还是更穷？在满足真实的需要时，所有这些衣料的用途是一样的，但是，既然少花了劳动，它的价格就低廉些。既然，它们交换的生活资料少些，这些衣料就更便宜。这样的观点，就像是等级区分一样，主要是迎合富人的愿望，这样，这些衣料就更便宜些，因为最华贵的衣服过去穷人是买不起的。然而，人们肯定会说，引进新的手工制造业使国家富有了；还肯定地说花同样的劳动，人们增产了 10 倍、甚至百倍的布，同样也就增加了 10 倍或百倍的财富。然而，用在满足社会需要方面，这些财富又变成了什么？在人们努力编造的财产清册中又变成了什么呢？随着交换价值的减少，财富是否也确实减少了呢？这样，我们感到如此骄傲的、所有工艺方面的现代创造发明的真正用处又是什么呢？

确实，当人们竭力抽象地看待财富时，往往会迷入歧途。财富改变人们的社会地位，只有给人类带来幸福时，人们才能对它有个明确概念。财富就是人类劳动生产出来的大量物品，而人类的需要又将它消费了。真正富有的国家应该有丰富的物品，它既给富人、又给穷人最多的物质享受。

对于与社会的幸福相关联的人类需要、愿望和享受，我们要找寻一个比较明确的概念。穷人的享受包括丰富、多样化和卫生的食品；与气候相适应、数量足够的干净的衣服；同时考虑到气候和取暖需要的卫生的、舒适的住宅。最后，通过同样的劳动，穷人至少将得到同样的享受，确信未来的生活绝不会低于现在。如果哪一个国家穷人没有达到上述四个方面，这个国家就不能算是繁荣发达的国家。达到这种标准的生活条件是人们的共同权利，对所有使共同劳动取得进展的人们来说，这种生活都应该得到保障。穷人生活宽裕了，全体国民才能安居乐业，国家也就愈能兴旺发达。

富人的享受首先也是满足吃、穿、住三个方面，对将来继续过惬意的生活也同样放心；但是，富人的享受还有新的因素，即闲暇。富人的生活资料并不是通过自己劳动获得的，在满足吃、穿、住等需要方面伸缩性是很大的，一部分人可以比另一些人好得多。但是，要满足较富有的人的享受确非易事，他们的某些享受纯粹是声色之乐，而哲学家们虽然不否定这种享受，他们更重视的是财富对国家的好处，并不认为这种声色之乐有多大价值。另外一些享受只是作为差别存在的，仅仅是那些拥有财富的人对另外一些人的优越感的表现。我们并不否认这种差别、当普通老百姓看见珍肴佳餐、华贵服饰、宽敞坚固的住宅时对富人会肃然起敬。但这些东西在政治上并没有什么实际价值。可是，在估计国家的幸福、财富给予富人的幸福时，哲学家重视的不是为了虚荣的享受而是声色之乐。在对待人类的需要，满足人类的那种变化无常的享受时，哲学家们可能也不怎么重视财富的第三种特性。

但是，财富还保证富人的两种特权，它对整个社会有好处：一种特权是利用闲暇发展他们的智力，另一种特权是利用他们的剩余资财以减轻贫困。正因为有这两种特权，所以富人是整个国家进步所需要的；如果一个国家没有富人，也就是说没有那种闲暇和剩余资财的人，国家就可能很快陷入无知、野蛮和自私。人们绝不能对体力劳动和疲劳所必然产生的精疲力竭的后果存在幻想，同样，在号召人们卖力气干活时，不仅不能没有科学和艺术的进步，同时也不能没有智力、审美、思想和风度等各方面的进步。毫无疑问，两条腿的牲口也会在它的棚圈里养肥长膘，但是这就会离野兽越近，而离天使越来越远。然而，在富人身上，由于智力的进步就产生新的需求，使财富产生新的职能；智力、想象力、灵感也像身体的需求一样要求得到满足，要求得到美感、心灵美和智力的美感，它们也像至今也还没有使用的人类创造的财产一样，本身也要求人类活动留有余地。赈济是财富的另一种特性，它对社会比对穷人本身还重要。赈济应该弥补那些搅乱财富正常分配所造成的意外的混乱；赈济还应该联系社会各等级，它也应该使友爱和感激代替利益的争夺，通过乐善好施的善行来传播德行，这样才能以国民

的爱来保持国家的稳定。

要估计富人的享受对国家幸福的影响，不仅要考虑到享受的程度，还要考虑到参与享受者的人数。如果我们假设，在为全体国民提供必需物品后，国家的积余作为储备授予富人，那么人们要问，怎样的比例最为理想。首先，这是一个很容易回答的问题，使很多人幸福比使一个人幸福好得多，将保证十个家庭的安逸舒适生活的十份财产，合并到一个家庭，那这个家庭也就会像那十个家庭一样，它本身也不见得会是幸福的。但是，人们也很快会承认，无论对国家、或者是为了由这些富人占优势的社会，一些处于中等地位的富人总比一个豪华阔绰的富人好。如果富人的天职是为大家的好处而施展聪明才智，那人们也确实不会忘记劳动使人的脑子迟钝，而奢侈使人软弱无力，因为富人的乐善好施对社会的影响，不仅是随着他们人数减少而减少，而是当财富超过某种程度时，随着财富增长而增加。如果富人的第二种职能通过慈善事业与社会相联系，人们同样能感到，他们人数越减少，而财产越扩大时，人们越是对他们躲避三舍，也会与被他们赈济的人越格格不入。这样，由于社会地位的差距和无法交往，同情心的联系也就切断了。因此，人们可以想象得到，如果把十户、百户富人财产归并为己有的百万富翁，即使他的赈济金额与原来十户、百户富人相等，但它的道义效果和社会效果是不一样的。

在我们就财富的正确价值设法估量其给予穷人或富人的好处后，我们也许可以更清楚地懂得，无论是对幸福或对精神文明，分配财富怎样才是最理想的。但是，判断什么效果会使国家致富或贫困，辨认哪些效果首先显露出来，财富的哪种进步对全面繁荣起

作用，这些问题还没有向我们提出来。

呈现在我们面前的种种现象，还不足以澄清我们的疑虑，还有待进一步探讨。今天，人类在工业上获得巨大进步，将这些进步用于科学，并以主人翁姿态支配自然能力，又凭借于前所未有的、积累起来的财富或资本，每年生产大量的物品供人类本身来享受。人类的成就不断增加，并改变了地球的面貌；到处都充斥着商店，在工场里，对借助于风、水、火、蒸汽的力量来完成人类本身的工作，人们为之赞叹不已；人类借助于工程学征服了自然，在工业劳动方面，其速度是过去几个世纪所望尘莫及的。每个城市、每个国家都充溢着财富，它们都想把这些极为丰富的产品运送到邻邦，尽管体大量重，科学上的新发明却能够以惊人的速度将它们运送出去。这就是财富学派的胜利：生产和积累财富的技术过去从来也没有发展到如此地步。

但是，这也算是政治经济学的胜利吗？家庭和城市的规律是否给这个城市和那一个家庭幸福呢？财富是为人准备的，应该增加物质享受的人类社会，是否因此就能过舒适的物质生活，是否能获得与这种巨大发展相适应的安全感呢？乍一看来，人们似乎不必另找答案，因为人们相信一旦有更多的供他们享受的东西，每人都将获得其中很大一部分。然而，当人们将目光转到人而不是物时，如果人们详细分析每一种社会地位的人和他们从财富中获得的好处时，疑虑就可能产生了。我们要问，在不同的社会地位生活的人们，难道他们都能感到他们的生活资料比工业大发展以前更有保证吗？他们的休息更有保证吗？对前途更有安全感吗？能享受更多的独立性吗？通过这种不可思议的能力的发展，不仅能住得好、穿得好、吃得好，而且还会有更多的闲暇吗？智力发展会更多吗？不同社会身份的人的比例会向有利、还是不利于大多数人的方向发展呢？处于最底层的人们会比以前更多还是更少？富人与穷人的等级比以前更多吗？逐步跨过这些级别是比以前更容易还是更难？譬如说，在农村中，短工或者对分制小佃户、小佃耕户、小自耕农，他们的人数是否会按比例增加？在城市中，短工、师傅或帮工、小工场主、零售商和批发商，所有那些在生产者和消费者之间的中间人，他们的人数是不是会同样增加？人们应该充分觉察到这些问题的重要性。这是社会幸福的总和。在不同时期，人们是要作比较的。财富转变为享受；但是要估计国民享受数量，那就几乎只要注意那些参与享受者的人数，因为富人是不会随着财富的增长而不增加他们的享受的。

设想一个与我们的社会组织完全不同的社会组织、观察一个我们没有生活过的过去是极为困难的。然而，只有一个国家的宏伟建筑有时会告诉我们一些我们不会拒绝接受的事实。在我们写这部作品的地方，那些环绕我们四周的古建筑物，强烈地在我们的想象中重现了、并完全地代表过去的本来面貌。在意大利，从最富庶的城市到穷乡僻壤，几乎没有一个家庭比今天居住在这里的那些人的条件更为优越；甚至在最发达的国家里，今天也没有一个家庭比建造这些建筑物的人们要求更高。富丽堂皇的热那亚是一个宫殿之邦，是由于商业建设起来的；但是，如果人们愿意的话，把巴黎和伦敦的那些现代化的商业大楼，把美国、法国的建筑物也算在内，人们也找不出如此大量的华丽的建筑来装饰这一座城市，在任何别的地方也找不到如此雄伟和壮丽的气魄。今天，资财万贯的商人既没有过去也没有未来,因此他们不必建造纪念碑。意大利的一个共和国的富商数目,比今天掌管商业霸权的两个帝国的数目还多。但是,威尼斯、佛罗伦萨、博洛涅、锡耶那,其富丽堂皇也可以和热那亚匹敌;而米兰、都灵、那不勒斯、普莱桑斯、摩德纳以及弗拉拉等城市的军事贵族的宫殿,装饰也比巴黎和伦敦更富丽堂皇。

再看那些较小的城市,看看它们的生活条件。就在我们现在居住地附近的佩夏,也毫不例外地拥有繁荣的工业;今天,我们在那里看到的建立起来的工业财富是意大利的最大的工业财富之一;但是,在佩夏,比起那些新富翁的巨额资财更使我们吃惊的是那些城市新贵的宫殿(人们是这样称呼的)。佩夏是一个有 4 000 人口的城市,却有 40 座这样的宫殿,这种宫殿建筑物庄严,大厅雄伟,楼梯典雅,居室宽敞,只有巴黎最上层贵族的府邸才能与之媲美。确实,居室已不能满足第一流设计的豪华要求;相反,大多数房产主已难以维持;他们的家具消失了,壁画黯然失色了;全家住到这些宽敞居室中最简陋的那些房间中;但是,当初的建筑物不会高声说话吗?难道它不会说,那些现在已经不是处于独立地位、而过去有中等资产,却是独立的人们的人数在这里已更多,这些人过去也爱优美和庄严的住宅,但是,现在在欧洲最繁荣的国家,这类人已得不到这种住宅了。

我们再来谈谈生活条件。我们站在靠近佩夏城地势较高的地方,举目环视 8 至 10 英里的周围地区,那里有 12 到 15 个有围墙的城镇,意大利把它称做卡斯泰利(castelli),这个字相当法文的城堡(château)。因为这里有防御工事,包含有抵抗和独立的意思。

但是，就像中世纪时法国和意大利在保护公民生命财产方法有所不同一样，这个词含义也不同。过去，法国的城堡是个人宅邸，在乡村里是独居一处的，绅士们住在挖有河沟和筑有围墙的住宅里，它保障着他们压迫人的权利；意大利的卡斯泰利是农村自由人的宅邸，他们用共同的围墙把他们住所围起来，联合起来自卫，他们立下誓言，只要钟声一响，就赶来相助，赶走共同的敌人。我们进入这些城堡时，大部分房屋已经毁坏，只剩下二三十座了。但是，这些四五层楼的房屋在五个世纪中经受战争的考验，也经受了岁月的消磨。一般情况下，除了第一层外，其他几层已不住人，房子里陈设着简朴的家具，主人对破损不堪的住宅感到忧心忡忡。过去，这些房子是由那些比现在的住户的社会地位高得多的人所建造的，这里，我们可以看到目前社会上已不存在的人们的生活秩序。在英国、法国、荷兰，在那些财富好像充溢于工场、柜台的国家里，人们已经找不到这类人了。但是，意大利却不是这样。这些人生活圈子很小，但却是独立的。他们靠双手劳动，靠收获自己地里和葡萄园里产品过活；但是，他们也不和任何人分享这些劳动成果；他们靠自己的威望管理村镇议会，在必要时，用自己的武装自卫；他们对自己的财产及其子孙的财产的稳定性确信无疑，以至于他们愿意自己所建的房子永世长存。在尼埃沃尔山谷，在靠近他们小小的首府佩夏附近有很多卡斯泰利，其规模比不上英国贵族的领地，在这里，人们只能看到领主的华丽宅邸和 20 来个大农庄，以及短工们住的近百所房屋。①

① 尼埃沃尔山谷占地 158 000 英亩，而爱尔兰萨瑟兰公爵的领地有 100 万英亩。

毫无疑问，人们在任何其他国家也找不到如此巨大的昔日繁荣的痕迹，甚至在今天的幸福之邦也杳无踪迹。在那些不仅掌握财富权力、而且还以追求阔气以抬高身份的万贯豪富身边，还有这么多的只有中等资财的小康之家，就以面积和比例来讲，也是任何别的地方找不到的。这种事实是很重要的；因为意大利人虽然如此富有，但是他们并没有科学赐予我们征服自然的能力，他们也没有在工场里使用令人目瞪口呆的速度来生产和创造财富。

建筑学的纪念碑给我们关于旧时代城市财富的概念，或者是告诉我们那些有闲暇和剩余资财的那个阶级的人们的情况。但是，尤其对一门好的政治经济学来说，最重要的是认识穷人的地位，并向我们保证，只要穷人劳动，社会就能使他们丰衣足食、安居乐业。一般来说，平民百姓的住房经不起几个世纪的风吹雨打；他们的服装和食物也不耐久和难以保存。过去，几乎没有一位经济学家为使我们认识他们时代的这些很普通的事情操过心，也引不起他们的兴趣。此外，每个国家的政治条件也不断使纯属理财学的结果复杂化；压迫、混乱、战争等经常打击社会底层的人们，这些效果与以财富为原动力的手段产生的效果不能混淆。然而，从中世纪历史学家的作品中，可能会收集到他们偶尔留下的某些特点，这也并不是不可能的。它们虽然没有全面地描绘处于社会底层人们的情况，但也足以使我们了解这些人当时的处境与今天的情况大相径庭。

自从真正的封建制度结束、领主不再需要农民为保卫他们而进行战争以后，国家里最受压迫、人数最多的阶级是平民，他们单独承担了农业劳动。但是，他们的地位并不一样，在法国和德国，

封建领主采地的农奴为数甚少:其他一些农奴,有的向本堂神甫交什一税,有的向领主交地租和干体力活,有的要向国王交人头税和承担徭役,国王从他们手中夺走了土地收入的纯收益;但是,这些土地被假设是属于他们的。人头税是一种强行征收的税,它是根据浮财、牲口、农用车辆等来征收的。因此,这就促使农民表面上装得很穷,虽然实际上并非如此,他们不仅吃、穿、住方面尽量粗劣简陋,而且还小心翼翼地把能表现富裕生活的一切都掩饰起来。他们住的房子、种的地是属于他们自己和他们的孩子的;在这种关系中,他们财产中的地产本身不是没有保障的;但是,他们不把这些当做收入;领主和收税官轮流地掠取他们用血汗换来的果实,并使他们陷入极端可怖的贫困境地。除此以外,国王的军队在这里自由自在、为所欲为,目无法纪。士兵不仅吃农民的饭菜,而且还强迫农民为他们宰杀耕牛。士兵经常掠夺、殴打农民并索取赎金;在亨利三世和亨利四世在位期间,人们在朗格多克的户籍册中看到,很多农民家庭由于受到这种折磨而死亡,该省户口剧减。

当人们想到这种压迫,不禁毛骨悚然。社会动乱不安、政府残暴成性、国家灾祸连绵,这就在人民中播下了仇恨的种子,以致暴发了大革命。[①] 养活国家的农民,深感生活的权利也无法保障;社会承认他们的财产,但不能给予保障。农民生活暗无天日,贫恨交集;因为暴力与专横随时夺去他们相信应属于他们的一切。但是,在旧制度下的农民的地位,对加诸于他们的政治压迫和财政的压迫不可混同。作为公民,农民没有任何保障,但作为耕种者,他们

① 指 1789 年的法国大革命。——译者

的日子还过得去。在交付地租、什一税和其他一些正常的赋税后，留下来的还足以维持丰衣足食的生活；而事实上，正因为农民一般还有些剩余，所以可以对他们敲诈勒索。人们可能不知道，在殖民地黑人那里，爱尔兰农民、英国农民那里，全国各地的短工那里，或无产者那里，人们不会任意地派军队到那里去。无产者是这样一种人，给他们的正好够他们吃的，他们能够劳动不致饿死，这一点人们计算得很正确。人们每天给无产者一份口粮，对他们敲诈勒索就会要了他们的命，派兵到他们那里，那兵士就会抢劫他们。

在那些专制国家，只有依靠武装，权利才能得到尊重，因而城市居民，即使是最穷的居民，也没有被剥夺某些武装；在德语词源学里，市民这个称呼也就有结成联盟的意思，即相互帮助。实际上，他们联合起来进行自卫以维护正当权利；他们知道贵族们憎恶他们，鄙视他们，然而也惧怕他们；城邦里有些权势人物及资产阶级法官能为他们伸张正义；他们的大社团分成一些小社团，还有同业公会，行会，它们都维护成员的利益，在需要时可以手拿武器进行自卫。动乱愈厉害，行会愈强大，这样就能保障正当权益不受侵犯。确实，行会有时也屈服了！这时灾祸就临头了。因为胜利者以强盗的贪婪和残忍、再加上贵族的妒忌和仇恨一并暴发。在勃艮第家族统治下，佛兰德的城邦和列日主教所属教区都有过这种实证。这时，资产者的自由和安全都成为泡影；从此以后，政府循规蹈矩，但不主持公道；商人和工人受到贵族的耻笑、欺骗和嘲弄，贵族要他们劳动而不付给工钱；资产者和行会是有势力的，而国王除了自己权力外，不容许其他权力存在；国王的权力日趋衰败，到大革命时被废除。

团体精神总是妒忌和具有排他性的。资产者和同业公会要求正义、自由、平等也是为了他们自己。但是，他们不想把目光转向全国。他们小心翼翼地维护他们的特权，唯恐落入他人之手。他们竭力关闭进入他们会社的门户；他们对学手艺者百般刁难，使之难以掌握技术；但是，在另一方面，他们希望所有资产者、所有的师傅尽可能是平等的，他们不允许在他手下的师傅有很多工人；在很多职业中，他们多方限制，只允许有一个学徒和一个帮工，而这样他们能使城市工业在人力使用方面保持很低水平；与乡村工业相比，这就具有优越地位，能得到更多的报酬。

因此，资产者在行业方面保持了很多的垄断权，他们从同胞那里得到垄断利润：这就是说他们经营的市场货物配备不全，高价出售货物并取得巨额利润；他们不必费劲地改进商品，这样也能保证这些商品的推销。他们从来不必相互竞争，也不必低价出售，从来不必为竞争而降低工资。穷人人数不多，发生偶然事件也不致使他们没有工作，他们可以负担这些人：他们有钱，很少求助于收容所；收容所是为满足全体居民需要由行善的施主设立的；收容所的床位和这个城市的这一代贫民人数成比例，也和下一代贫民成比例：到大革命时为止，人们没有看出社会救济产生了穷人。

这种制度被认为是与物品及财富的创造有关的，按照财富学派的规律，毫无疑问是坏制度；同时，这种制度阻碍了商品的丰富、商品的改进和价格的降低。但是，在摧毁这个制度时，人们曾否很好地从人的关系方面考虑到它的效果？这种制度有效地遏制了乡下人急剧地流入城市，虽然他们在那里失去健康、独立地位和幸福；这种制度给工业人口的无限制发展设置了不可逾越的障碍，因为师傅的人数是有限的，在没有当师傅前，任何工人都不结婚；这种制度维护师傅之间的平等，保证每人的独立和小康生活，而不仅是保证一个人的生活，这个人把几百个工人集中在他的工场里，吞噬了其他一切工业。这种制度对任何一个进入工业的人，一旦开始干活，就能保证足够的生活资料，这是一种缓慢的、却是走向富裕的正常的发展。当这个人成年时，他本人和他的家庭都能保证过丰衣足食的舒适生活。

确实，历史事实也充分证明，在整个中世纪直到旧制度垮台，从事工业的人的报酬总是很高的。手工业者生活也是很富裕的。对谈论战争时喋喋不休、而对国家生活的各种现象却如此无知和目光短浅的历史学家们，他们也只是在灾荒年代将资产者推上舞台，帮工的骚乱[①]将佛罗伦萨最贫穷的手工业者推上舞台，阿尔特韦尔特父子[②]的统治和白头巾争端使我们认识了佛兰德的暴乱[③]；在法国，布尔吉尼翁和阿尔马涅克的内战使我们了解资产阶级的等级。在展示了这些急风暴雨时代的种种回忆以后，我们才能认识这些勤勤恳恳的资产者对社会所施加的影响，这些人曾经是某些行业的主人，但今天已不被人们尊重了；那时，他们的家庭保持了祖传的丰衣足食生活，由于限制奢侈法，他们约束了丰富多彩的服饰；最后，当暴力革命把他们从居住地赶走时，他们的劳动总是能够找到慷慨的报酬，并确信在另一个城市也能受到很好的接待。

① 指1378年佛罗伦萨工人的起义运动。——译者

② 指雅克·范·阿尔特韦尔特(Jacques Van Artevelde，1295—1345)及其子腓力普(1340—1382)的独裁统治。——译者

③ 14世纪佛兰德的一次民主运动。——译者

人类社会的目的究竟是什么呢？难道是大量生产那些有用和精致的消费品以迷惑人们的眼目吗？抑或是以人类驾驭自然的威力和以无生命的东西执行人的工作的准确和迅速来表现惊人的智能吗？是由于在海上布满船只、陆地修建许多铁路，从而向四面八方销售日益发达的工业产品？最后，是赋予10万人中的两个或三个人以处理足够使这10万人能过着宽裕生活的富庶产品的权力吗？在这种情况下，与我们祖先相比，我们无疑地是取得了巨大进步；我们在发明上、在技巧上、在科学威力上，尤其在商品生产上都硕果累累；因为每一个民族不仅是为本民族、并且也是为其邻国而从事上述活动的。但是，如果社会本身所要求的有利于劳动和保证劳动成果的目的，曾相当优先地保证人的发展和全体人类的发展；对于人类劳动的成果，即我们所称为财富的东西，有一只慈善的手来将他们散发给整个社会，尽管在比例上有些差异；如果这些成果，即不仅是物质的、同时也包含着道德的和智慧的结晶，不但作为享受的同时也是用来使人健康发展以达到完善地步的手段，我们是否能够肯定地说已经接近这个目的呢？是否能够肯定地说，在寻求财富的时候我们并没有忘记城市的和家庭的秩序以及政治经济学的规范呢？

在欧洲所有好战的君主国家里，如同对其他公民权一样，对财产的保护是很差的；弱者的权利毫无保障。穷苦农民的财物，贫苦的手工艺工人的财物，简直是任意地受到掠夺和诈取。这些情况，今天只有在东方的君主专制国家中才能看到；这不应该从可憎恶的政治组织产生的结果、即残暴的统治上来鉴定以前对劳动的保证。我们曾经在农村居民中看到以前那种景况，农民们一般都是财产所有者，他们确实被征以定期税收，但是强者的掠夺不是经常把他们一切都剥夺去的话，这种定期税收应当给他们留下一点剩余。从前，在城市居民中，学徒与帮工们住在师傅家里，吃、穿、住的条件都不错，并和师傅一起劳动；他们通过勤奋工作，有一天也一定能当上师傅，那时候生活就不致陷于饥寒交迫的境地。

代替以前社会秩序的当前制度是建立在完全不同的原则上的，而财富学派认为这种制度是它的胜利。从某种意义上来说，这个学派是抽象地追求财富的增长，而不问为谁的利益来积累这些财富，却提出尽可能地生产大量廉价物品作为国家的目的。这个学派说，财富是地里积累起来的，是有用劳动的产物，并且是它没有消费掉的那部分；财富用两种方式积累起来，即生产的更多，或耗费更少。社会上每一个成员都想发财致富，因此竭力用增加生产或减少开支的办法，从而各自逐步达到人类社会的共同目的。让这些个人活动飞跃发展吧；对于人们的活动、他们的生产或节约，不应该管得过死，相反应该鼓励他们之间的竞争，即全面的竞争；让这种竞争在各种社会等级中，在同样社会地位的人们之间都发挥支配作用，于是，人们将看到由于生产的增长、或者由于减少开支，财富将不断增长，这种活跃的景象是过去几个世纪从没有出现过的。实际上，从那时起，理财学家们、或人们今天称做政治经济学家们的那些人，他们对各种行业的企业家、工业家发表演说，赞成商业和工业的无限自由、赞成最活跃的竞争，他们的话可以表达如下："首先是寻找利益；无论是出售物品或从事劳动，如果你胜过你的竞争者，你就会找到利益；对那些想为你效劳的人们，或者是有关于他们的购买方面，或对那些为你劳动的人，如果你的条件

更有利可图，你也可找到利益。你也许会使他们陷于贫困，你也许会使他们破产，你也许会毁了他们的生命。这一切不是你的责任：你代表消费者的利益；可是，每个人都轮流地是消费者；因为你代表大众的利益，代表全民的利益。因此，不必左顾右盼，不必悲天悯人；因为你可能对竞争者们说：你的死亡就是我们的生存所系。”

毫无疑问，这种言辞显得很残酷，但是它并不比这个新学说所号召的、欧洲的竞争者们所进行的互相倾轧、掠夺和互相破坏的行动更为残酷。这两种都为财富学派所鼓励的行动，已经在那些允许为个人利益而自由活动的地方普遍开始了。一方面，人们想要生产更多的财富，即更多的劳动所生产的而为人们愿意消费的物品。然而，由于这些物品只有在它们遇到同意购买它们去使用的消费者时，才能成为财富，可是需求并不和生产同时增加，以致每个工业家都设法占据竞争者的地位，即争夺他的顾客。国家之间在生产上互相竞争，并认为这和国家荣誉攸关。如果法国人能够在原先属于英国人的产品销售范围的外国市场畅销法国产品，或者反过来英国人能够从那里排除法国人，在这种情况下，得利一方都会感到庆幸，并要求他们的同胞参加祝贺，好像他们不仅是在投机事业上得到好处，而且是爱国的壮举。然而，谁掠取了制造业者一向供应货物的市场，谁就使敌对的制造业沦于不能售货的境地，这就决定了制造业者的破产，并使他的工人们饿死。这样的竞争，在一个国家内，存在于城市与城市之间；在一个城市内，存在于工场与工场之间。任何地方都有一场生死搏斗，它导致业主们的毁灭和他们的从属者的死亡；它毁坏了的财产和增加的财产一样多；最兴旺发达的商业分支，大概就存在于破产最多的行业，就整个来

讲，因为新财产只是在旧财产的颠倒中建立起来的。实际上，在普遍竞争出现以前，制造业的名门望族是世代相传的；大制造业家的名称也和贵族的称号一样，他们也是很骄傲地传于子孙的；今天，古代这个词是不信任的代号和毁灭的不祥之兆；现在，只有那些企业家、工业家等新手，他们懂得用廉价售卖去战胜各自的竞争者。

但是，如果每人为增加生产而劳动，并为生产廉价产品而劳动，这其中的一种行动是另一种的必然的结果和补充。然而，我们曾经说过，财富就是劳动的果实；生产费用的节约，不外是用于生产劳动的节约，或者说是在这份劳动报酬上的节约。实际上，在一个允许自由竞争的国家里，从这一极端到另一极端，都激励这样的主导思想，即不论谁在作生产劳动计划，不论谁在对这种劳动支付代价，总要使同样多的人类劳动数量生产出更多的货物，或者使用较少的人类劳动数量生产出同样多的货物，或者用较少的报酬取得同样多的人类劳动；可是，在任何时候，取得前两种节约的任何一种时，也就必然会得到第三种节约，因为人们对市场抛出了剩余劳动者，他们也就不得不减价出售他们的劳动力。人们如考察一下在艺术、制造业、农业等方面称做进步的东西，那就会发现一切发明、一切改进都可以归结为用同样多的劳动做同样多的事情，或者用较少的劳动做同样多的事情；所以一切的进步都趋向于减低劳动力的价值和报酬，或者说减少了只能靠劳动谋生的人们的宽裕。

人们可能还记得我们曾经说过的过去社会的境况。当然，特别是在专制政府统治下，那里有许多受苦难的和受压榨的底层阶级。但是，这些底层阶级虽然靠劳动谋生，却不是单纯地靠他们的劳动而生活，他们还有一定的财产，他们本身也得到一切发明的利益，他们以耗费体力最少的代价，同样也获得技艺上进步的好处。农民、平民，虽然受到折磨和歧视，但是他们是财产所有者。农业上的一切进步，对他们来说是节省劳动的手段，因为铁锨可以作为一种机械，犁也可以作为一种机械，驾辕的牛也可以做人的工作；但是，如果它不能给他们提供利润或休息的话，即使最简单的机械，他们也不会继续使用；可是，他们在技艺上的每一种进步，虽然都能使他们的劳动有所节约，但他们的全部劳动对他们仍然是需要的。

如果平民在他的乡间有一份财产，实业家也会有一份由他控制并受行会很好保护的产业。在城市的各项劳动中，毫无例外地都由人的劳动操纵，借助工具、或者不同程度地用简单或复杂的机器来进行的；但是，操纵机器的人数是有数的；如果没有实业家的同意，人数是不能增加的。如果没有对与之竞争的工业的斗争的需要，如果没有低价售卖的竞争，毫无疑问，他们也没有必要急于寻求机械上的新发明，也不指望用八小时时间来完成以前用十二小时完成的工作。只是在有新的需求，有新的市场向他们开放时，他们才想到上述问题。实际上，旧日师傅们的一切规章都是保守的；为了维持原有的技艺，他们想的似乎仅仅是截断新的道路；然而，技艺也有缓慢的进步，但是他们绝不让技艺的进步来反对人。绝不以减低报酬来损害劳动者。

由于竞争所产生的普遍的斗争和这种斗争的直接后果，社会的根本改变猝然产生，这就是在各种身份的人中间出现了无产者，从古罗马借用的这个名称是很旧的，但它的存在却是崭新的事实。

在罗马共和国时代的无产者，是一群没有产业的人，他们不缴纳赋税，对祖国的贡献只是提供所生的儿女；就像我们现在所看到的情况一样，古罗马人也曾经注意到这些无产者家庭人口众多，但是由于一无所有，不注意教育子女。此外，罗马的无产者是不劳动的，因为在奴隶制社会中，劳动是不光荣的，是自由人所不愿意做的；他们差不多完全靠社会过活，由共和国分配食品。人们几乎可以说，现代社会是靠无产者过活，靠剥夺无产者的那一部分劳动报酬过活。可是实际上，按照财富学派所想要建立的体制，无产者是唯一担负社会全部劳动的人，应当是与财产无缘的人，他们仅靠工资维持生活。至于生产财富的劳动方面，按照财富学派的意见，社会上的人共分三个阶级：即土地所有者、资产阶级、短工或无产者。地主提供土地，资产阶级提供管理，无产者提供劳动力；在报酬上，地主征收地租或房租，资本家取得利润，无产者得到工资；他们中间的每一个人都努力去争夺总生产中所能得到的最大份额，相互争夺的结果规定了地租、利润、工资间的比例。

行会及其一切特权的取消产生了最早的一批无产者，即城市中的短工：他们中的每一个人都能进入各种行业，并为选择另一种职业而离开它；每个人都能对愿意雇用他的人提供劳动力和技巧；每个人不必通过学徒阶段、不必加入同业公会，在自己没有工场、没有商店，在自己没有任何积蓄以前，可以在别人的资本中、在别人的企业中劳动；他们感到获得自由的同时却失去了生活的保障。开始时，就像是在手工业发展后期的一种例外境况中那样，工人、无产者为数甚微；但不久人数倍增（其原因下面将加以详述），同时，昔日的师傅、帮工、学徒几乎都消踪灭迹，而今天，城市劳动的绝大部分就只是由无产阶级来承担。

在乡村劳动中或在农业中，骤然到来的革命并非迅猛异常。农民们不仅没有损失他们财产的任何部分，相反，由于封建权利的取消，财产状况有所改善；过去的地主、缴纳年贡者和租佃户，继续在他们作为农民的利益上联合起来，这就使有关财产的一条法律变成无效；在大农业国中，只有佃户开始找到适合管理农业的经营方式而不再亲自劳动，他们自己置身于制造业企业家之列，使用农业无产者来干他们所需要的劳动，而对这些无产者，他们可以随便雇用或辞退。使用农业无产者以代替昔日农民之经济革命，只有在英国已经完成，但是我们可以说这个革命已经普遍地在许多国家中发生。人们到处可以看到短工，他们的人数在增加，而农民的人数在减少。农民是耕种者，他们和土地有关联，他们有继承权并有一部分土地；短工则只是对一天工作时间有关系，他们是对乡土不感兴趣的耕作者；前者对乡土有永恒的联系，而后者既没有过去也没有将来。

在制造业追求廉价市场的过程中，财富学派认为力量的分散经常会有所损失，这似乎是一条原则；资本代表一种力量，创造财富所使用的资本愈集中，它所发挥的力量就愈大；10 万埃居在一个单一的企业中所能完成的工作，超过 10 个 1 万埃居在 10 个不同企业中所能完成的工作；因为大机械在构造上、在耐久性上、在磨损上、在计算上、在检查上都有所节约；因此，更多的财富集中于一个人手里，财富就更能发挥作用，在所经营的事业中，能生产更多的廉价商品。这个原则曾为财富学派所采纳，为个人利益驱使而拼命追求，由于集中原则的实施，导致一切中间地位不能再维

持，并将它所驱逐的人们推到无产者的行列，以至于无产者的人数与日俱增。实际上，这个原则在极端富裕和极端贫困之间挖了一条鸿沟，它在一切实业中同样被实施了，并到处追逐难能可贵的独立性，而这种幸福的小康生活，长期以来曾是才智之士祈愿的目标。按照英国经济学家的观点，经营大农场比经营小农场有更多的利润和节约。对各种农活的检查比较容易，工种的转换也比较省时间；占有为数可观资本的农场主，能接受与其财产相称的教育；因此，他也具有更多的智慧与学识；他的一切工具、一切牲畜、一切建筑都是质量优异和经久耐用的；他不必急于出售产品，可以等到市价对他更有利时出售。事实上，凡是有大农场与小农场竞争的地方，总是大农场使小农场破产。英国的土地所有者从小农场撤回契约、拆毁房屋，将它的花园和果园改为草地和牧场。他们认为，凡是土地不到半英里长或 320 英亩的，都算做小农场经营，都设法予以消灭。1 平方英里是 640 英亩，尤其是在东路锡安那些最兴旺发达的省份，面积超过 2 平方英里的农场为数甚多。如此规模巨大的农场的农场主不必亲自参加劳动；他自命不凡、一副绅士派头；一切劳动都由无产者或短工来做，农场主把他们当做物品，而不当做人来对待；他把雇工看做与耕牛、机器等同，从这三种劳动工具中选择其一，看哪一种能用最少的成本而取得最多的产品。

在进行这种所谓的改革时，在农业上，活劳动得到节约，这是财富学派十分赞赏的。在英国的全部农业劳动中，人们估计土地面积共有 3 425 万英亩，1831 年由 1 055 982 个耕作者完成全部工作，而人们却希望再减少劳动人数。这样，不仅所有小农场经营者沦为短工，同时大多数短工又被迫放弃了农业劳动；因此，人们向我们保证，过去小农场经营损失了很多劳动力，而现在没有这种损失了。但是，在工业中能够安插这些由农村驱赶到城市的家庭吗？它能给他们面包吗？人们是否想过，在土地生产和工艺生产间要有一定比例吗？即使在一个非常特殊的国家里，当人们看到工匠人数和农民一样多时，人们不是承认只有工匠是在为供应全世界所需的工艺品而生产时才算过多吗？

事实上，城市中的工业已经采用了集中力量和集中资本的原则，并且比农村用更大的力量来进行。在英国，人们是运用十分巨大的资本才使它的制造业兴旺发达起来。同样，只是在十分巨大的信贷运用下，人们看到机器在功率上、耐久性上、在对工人的检查上、在科学研究上、在会计业务上、在商品的推销等等方面，出现了节约作用。在一切市场上，大工场与小工场竞争时的优势，与工场的规模大小成比例。事实上，在英国，使用 1 000 英镑本金的制造业首先被淘汰了；相反，在法国，大多数制造业仍然没有超过这个金额或在 25 000 法郎的本金基础上进行生产。很快地，在英国，那以 1 万英镑（25 万法郎）为本金的制造业已被看做小规模和太小的单位了；它们破产了，让位于大企业了；今天，那以 10 万英镑进行生产的制造业，只被看做是中等规模的单位，可能在不久的将来，就将只有以百万英镑进行生产的单位才能够支持竞争。

每当更大的资本集中起来时，更大的工场就建立起来，生产更加迅速并集中在同一领导之下，于是人们看到同一组织中、从同一个工厂中送出已经织就的呢子，而它在 24 小时以前，还是活生生绵羊背上的羊毛，可是财富学派却情不自禁地愉快地喊出了他们

的赞美声。他们兴高采烈地赞美国家的繁荣，那里，一个人每天就能装载出一船的衣服、铁器，或陶器，而它就能满足千万人的需要。但是，人类又是何等健忘，为什么不去调查大工业取代手工业后，人们处境又如何？因为，究其根本，由大工业所供应的消费者，在以前也并不是没有衣服穿，没有铁器或陶器用；但是，这些消费者过去从几百家小制造商那里获得这些物品，这些小制造商过去生活得幸福安乐，而现在都消失了，让位于唯利是图的百万富翁了。

资本家费尽心机寻求用同样的方式集中一切工业，到处消灭手工业，并以工场来代替。他们致力于开办制锁工场以生产锁的各种零件，并开办木工工场和细木器工场；财富学派对纪龙德的筛粉工场深为赞美，而这个工场使当地磨粉业成为无用之物了；有了卢瓦尔的木桶工场，桶匠们也就无活可干了；汽船、马车、四轮大马车以及铁路等企业的出现，加之这些企业资本巨大，就置独立的、资本微薄、规模很小的造船业、制车业、马车运送业等于无用武之地。在这些小本经营中，业主就是师傅；相反，在那些大企业中，一切劳动都由具过保的人，即无产者担任。同样，经营零售业的富商巨贾在各大都会开设他们规模宏大的百货店，在新发明的速度很快的运输工具的帮助下，在全国各地直至边疆，他们都能供给消费者以人们所需要的商品，这也是财富学派赞美的事件之一。可是这些富商巨贾正在消灭一般的批发商和零售商以及散居于各省的小商店主人，他们并使用一些伙计、雇员和无产者来代替这些原来是独立经营的人们：人们莫非没有看到，有人把另一些人到处驱赶，并对每种身份的人证明他们是没有用的人，他们甚至不用改变言辞，可以说服国家，为了节约的原因，这些人已经没有存在的必

要了。

同样，人们借助资本的威力，攻击一切独立的工业，并逼迫前手工业主，使他们沦为短工和无产者；人们也攻击家庭次要成员的一切家务劳动，而财富学派也以金钱的威力和廉价的诱惑之说加以论证附和。这个学派说，为什么家庭主妇要自纺、自织和准备全家的衣着呢？这个工作将由制造上非常廉价地予以完成；使用较少的钱，家庭主妇将会购得更多和更细的布。为什么她要自己来揉粉做面包呢？她不会做得同面包店所做的那样，如此轻而易举，如此火候到家、又这样价廉。为什么她要自己来烧煮呢？大食品商店有现成的各种食品供应，资本充裕，检查周到，可以供应她优质食品，还能大大节约时间和燃料。设在四轮大马车上的厨房甚至还能每天送热汤上门。为什么呢？因为相互的关心与责任形成并使家庭关系更为密切起来；因为贫困的家庭主妇对提供她的第一需要常忧虑在心；因为爱情对于受苦的男子来说往往是粗俗的和短暂的感情；但是他对于每天为他准备唯一的享受的家人的爱却与日俱增。这是由于家庭主妇能够如此迅速地满足体力劳动者的身体需要，而这是她在生活中所能预见到的和经常想到的事情；这是因为她能将节约、整洁、井井有条的家务和富足结合起来。如果有必要的话，她也能有力地抗拒狂饮暴食并由此导致幸福。如果除了生孩子外不让妇女做其他工作，这难道不会损害婚姻的神圣结合吗？这比之最应受谴责伤风败俗行为的警戒和惩罚更过之而无不及。

然而，在人们称做最繁荣兴旺的国家里，在家务劳动上，像独立的手工业生产一样，制造业已将它夺过去了。人们曾宣称他们

的成功好像是工业的一种奇迹般的征服;评论家也像财富学派头头一样,竞相庆贺公共财富的迅速增长。但是可怕的现实突然来临,它搅乱了人们的思想,并动摇了曾被如此独断地宣扬着一切原则:这是因为赤贫出现了,它增长迅速、咄咄逼人,科学的明确断语也承认无力提供治疗良方。赤贫是一种灾难,它首先出现在英国,虽然它也曾在其他一些工业国家出现,它仍然只有英国人给它取的这个赤贫的名称。赤贫是无产者没有工作时必然陷入的境地。这是必须靠自己的劳动而生活的,只有在资本家雇用时才有工作可做的,而在他们无事可做时又必须由社会来供养的人们的境地。这个完全由富人支持的社会,如果土地所有者或农业经营者不招请时,是不允许无产者到农业园地工作的。如果制造业或他的代理人不召唤时,社会也不允许无产者到工业中去工作的。但是企业主和农场主不断地在研究节省人类劳动的方法,要置人类劳动于无用之地;每当农业或工业获得进步时,他们总是要辞退一定数量的无产者,以致无产者陷于无工作可做的境地,如果社会不给予救济,他们只有死路一条。正义和人道同样地在呼吁合法赈济的必要,呼吁由社会当局出来对穷人提供食物救济,穷人在死亡线上挣扎,既痛苦又可怕;但是,在最近,甚至就是在今天,经验与计算都表明,社会没有力量来承担这样的重担:为济贫而征收的赋税却增加了穷人的贫困,以及他们的依赖性和恶习,除非吸收最富有国家的纯收入,否则是不足以将他们从赤贫中拯救出来。

然而,长期来如此吹嘘的富庶阔气又变成了什么?要我们拜倒的导致兴旺发达的进步又在哪里?自从这些国家致富以来,他们不是更能养活自己的百姓了吗?在不遗余力地增加物质财富时，只见物不见人，结果不是只制造了一批穷人吗？刺激每个人都去寻找各自的利益，而取得这些利益的手段是损害那些与之缔结契约的工人的利益，个人的配合行动只是为了个人，而不是为各种力量的平衡，可是，这样做的结果不是对谁都不利吗？诚然，很久以前我们对这些事实已有所论述，但是当这些文章抨击的是占统治地位的制度时，其影响甚微。但是事实却像块顽石并且桀骜不驯，人们白费气力对事实进行反驳，什么也听不进去，好像这不过是一些论述，它们并不代表什么实际情况，往往是夸大事实，因而不必介意，结果事实的重负落到了经过精心炮制的财富学说身上，当它的作者正庆贺自己曾胜利地驳倒一切对手时，学说却被压碎和推翻了。

我们并不是阐述新的理论，我们打算搜集的也就是这些事实；这些事实与人相关联而不是与财富相关联；我们打算研究的是社会上各种身份的人，目的是鉴定每种身份的人的幸福，不仅是研究物质方面得到满足，同时也与人的情趣和习性有关，与日常生活所产生的智慧与道德的发展有关。实际上，我们的目的是要确定关于社会的物质利益和它的生活资料的规则究竟是什么，我们将只是对财富本身对人类幸福和人类道德尊严的关系加以鉴定，而不是对价值和真实价格抽象的概念进行研究，这样，我们自信最终能认识每一种身份的人的享受和痛苦，认识到社会能给予每个阶级的智慧发展有多少，最后，社会秩序的改变，从政治经济学角度来看，究竟有多少值得赞扬或加以谴责。

第一篇　消费与生产的平衡

近60年来，工业世界，即从经济方面而言的世界，其经受变革的惊人程度，并不亚于政治世界。工业世界同样地改变了面貌，对观察家提出了同样新的问题，同样地要求根据实践重新探讨那些理论上奉为原理的准则。过去，从中世纪一直到我们的父辈，贪婪的程度并不亚于今天。每个人同样地渴望发财，因为，那个时候同现在一样，有了钱财，就可以得到一切物质享受。但是，那时凡是有一点实力、有一点权势的人，要想发财，就占有别人的劳动，而不是自己去生产财富。当时，人们普遍有一种成见，认为一个人靠劳动赚钱，凭自己的双手生活，就是有失身份。田里的劳动都让那些庄稼汉，那些**乡巴佬**去做，对他们，可以为所欲为，任意无情地**压榨**、剥削。在城市里，尽管资产者组织起来，共同进行自卫，让人畏惧他们，并在等级中占有高于农民的地位，但作坊的劳动在贵族心目中是同样卑贱的。做买卖本身也被视为可耻的。一个贵族要经商，就不能不丧失地位。讨饭，尤其是偷窃都远没有以劳动谋生那么可耻。封建制度仍盛行的时代，封建主守住他的城堡，自认为有权对一切人开战，他们抢劫农民，对所有旅客征收高得吓人的通行税，向商人的敲诈勒索比对其他人更加厉害。后来，中央政府也的确对所有这些小封建主加以约束，同时迫使他们稍稍尊重公众秩序和他们领地上外来户的财产。从此以后，贵族们便认为，他们要发财，就只剩下打仗这一条路了。他们的薪饷并未使他们发财，但是，他们在本国的农民或资产者那里可以随心所欲地生活，另外，只要进入敌国就可以劫掠，因此**大发横财**，他们也就心满意足。仆从被公认比实业家高贵得多。大多数人的一生是从当差做起的，然后，他们设法进入宫廷，步步高升。国王的恩赐，俸禄，最后还有赌博，成为他们所指望的财源，用以应付他们的开销。到了17世纪，战争受到比较人道的法律约束，靠打仗发财的机会少了，那些潦倒的贵族便处境拮据，无法可想。正在这时候，历来的成见有所缓和，这对他们是有利的；他们当中有些人能够把佩剑放在犁头上，耕种自己的田地，有些人可以到玻璃厂去干活，因为，至少在那里，他们不是用自己的双手谋生，而是靠吹气。到了礼拜天，这些**贵族玻璃工**就可以重新拿起他们的宝剑，虽然一贫如洗，却依然保持他们贵族的派头。

然而，不仅是拥有领土财富的阶级、世袭佩剑的贵族，才是照例享受的有闲阶级，而且，所有在金融、司法行政、在各种各样职位中发了财的人，所有在文化工作中成了名的人、医生、法官、所有因继承一个神职人员而获得独立的人，所有在商业、制造业中致富的人，都渴望成为贵族；他们从国王那里买官做，把自己的地位抬高到第三等级之上，同时也就放弃了一切有利可图的营生。虽然老牌贵族总是指摘他们的父辈从事**卑贱的行当**，他们则竭力证明，起码他们本身**过着高贵的生活**，也就是说，什么也不干。甚至在得到封爵之前，他们只要能摆脱穷困，就极力从他们的标记上洗刷劳动的耻辱，并且力图证明，他们诞生于世，是为了消耗而不是为了创造财富的。

一方面，所有的富人认为，只要他们亲自参加任何生产事业，那就是有失身份；同时，另一种得到教会支持的舆论，又反对他们资助生产事业。根据人们对希伯来人法律的解释，任何收息的贷款，都叫高利贷。所有审慎的人们绝不拿出资金来参加任何有利可图的事业。要是有人不顾他们忏悔神甫的警告，或者不顾法庭的威胁而从事高利贷，他们只有偷偷地进行，谋取巨利，并且多半是借给挥霍无度的人，而不是借给有用的事业。只有政府拥有借钱的权力，政府自己制造了食利者阶级，他们人数不多，往往受骗，往往遭到剥夺。另外，要从资本中得到好处是这样困难，因此积累远非那么有吸引力。要是人们不把节省下来的钱用来购买地产，或者用来向国王买个官做做，那么，他们就把钱锁在保险箱里，埋到地里，要不然就把钱逐渐挥霍一空。这种风气今天看来似乎离我们那么遥远，可是，就在路易十四和路易十五在位年间，还活灵活现地出现在喜剧和小说里呢。普雷沃神甫[①]和德图什[②]总是留给我们这样一个贵族的形象，要是他穷，他就指望国王的恩赐，或者靠赌博为生，有时靠偷窃或者诈骗度日，却从来不想去干活谋生。他拒绝工作，就像逃避耻辱一样。

近 60 年来，舆论在对待劳动和生产事业上发生了革命，比在政治权利方面所发生的革命还要彻底。哲学家们承认并宣布，劳动是人类的恩人。从此以后，劳动似乎变得高贵了。事实上，不久

① 普雷沃神甫（Prevost， l' abbé Antoine François，1680—1754），法国作家。——译者

② 德图什（Destouche， Philippe Néricault，1680—1754），法国剧作家。——译者

以后，法国的贵族，眼看自己遭到排斥和放逐，便靠自己双手劳动度日，以此为荣，而不是乞求救助，他们在路易十四和路易十五年间鼓掌欢迎的教益，他们现在就拿来实践。他们的榜样最后推翻了已经为理智所动摇的成见。于是，哺育人类的技艺恢复了其应有的地位。也许，有钱人仍然厌恶，而且继续厌恶粗活和累活，但是，他们之所以不愿意干，不再是因为害怕丧失自己的地位了。他们喜欢舒适、休息，喜欢一切甜蜜的生活。无论什么工作，只要会剥夺他们这些好处的，他们就不愿做。但是，说到赚钱，他们是一点也不嫌弃的。任何生产事业，只要不剥夺他们的享受，他们都垂涎欲滴，愿意参加。发了财的工业家、商人、制造商，他们接受贵族的身份，进入朝廷的枢密院或自由国家的贵族院，但是不放弃他们的生产事业，更不会抽回他们的资产。

富人和贵族自身的劳动，尤其是他们的体力劳动，也许对人类劳动的共同生产并不增添多少东西。但是，他们的全部财富，他们给生产事业提供的全部资本，其作用不可思议地增加了人的能力。政治经济学开宗明义第一条就是：资本是生产活动的动力，没有资金使之运转，没有资金来提供原料和工具，以维持工人的生活，使工作得以进行，那么，任何事业都无法完成；把资本用于生产事业的人，手中积累的资本愈多，生产活动就进行得愈多。

当亚当·斯密发现并向全世界揭示政治经济学的真正原理时，资本同所需要的生产活动，还是那么不相称，因此，他认为一个国家最想做到的事情就是积累资本，而最有利可图的活动就是使资本更快地周转。但这正是过渡时期，劳动不再是耻辱而成为体面的事情，教会也不再对收息的借贷大加责难了。今天，富人的全部资本都为生产事业服务，由于所有人都想一天比一天更加富有而不断作出努力，这个资本一直不停地增长。同时，为了推动制造业活动的这种原始的动力，人们使用了种种巧妙的方法，诸如建立银行和改革信贷的种种办法，以便加速其流通和使之全部用来推动更大规模的生产活动。人们不能把高利贷和有息贷款相提并论，要不然那些精打细算的人就不会借钱给商人，也不会在商业公司购买股份。

对于这些手工劳动，对于生产财富这种过去他们视为不体面的事情，富人、出身高贵的人，不仅通过他们的活动，他们的监督和他们的全部财力来给以支持，他们的头脑从此也工作起来，去征服大自然，去研究物理，发现一切无理性的力量并加以利用，以便支援人的劳动。只要成见猖獗为虐，把劳动贬为可耻的事，那么，物理学家、自然科学家、机械师、数学家就自称他们不是为谋利而发展科学的，他们会耻于利用缪斯的这些高贵的女儿来为卑鄙的利润服务。他们为了物质的属性或数的属性本身去研究这些属性。至多，他们有时允许自己在公共工程方面，或者在卫生事业方面，应用某些成果，而且，化学家们还害怕被错认为药剂师，机械师们怕被贬为修表匠，都竭尽全力来防范这种危险。科学只有受过自由教育的人才能加以发展，而所有这些人则认为，要是为那些手工劳动的人服务，就有失身份。但是今天，所有大学都为化学、物理学、机械学设立了讲座，把它们应用到技术上。所有科学家都力图证明他们的工作和发现有什么实用价值，指出如何加以利用来促进一切生产活动，丰富市场和满足消费者的享受要求。享有盛名和巨富的人，甚至把他们全部精力和他们所拥有的权力和信用，应用于很快就可以得到效益的用途上。他们出于爱国主义，要在创造财富方面作出贡献。他们派人到外国学习，研究农业、工艺和制造业更完善的生产方法，然后引进到他们的国家；他们设立奖金和奖赏，鼓励一切能应用于生产劳动上的发现；他们购买工业机密，不仅是为了加以应用，而且还为了加以推广；他们引以为荣的是，在别人从来没有想到过这样做的地方，他们却创办了车间和工厂，自己去管理，而那里并没有任何利益吸引他们。归根到底，他们继续运用发财的艺术，这并不是出于贪婪，而可以说是出于无私的爱国心。

差不多在整个欧洲，文明的进展已保证每一个人都能享有自己的财产和自己的工作成果；在科学上，所有最艰难困苦的阶段已经过去了，今后只是如何应用于工艺方面的问题。经过了一场长期、激烈和全球性的战争后，和平来临了，这就决定大批有进取心的人们去寻找新的前途，新的生计，寻找办法来弥补公共灾难所造成的损失。为数很多的一批人完全献身于科学，以便把科学应用于工艺上；他们的进步加速了，这是由于竞争的缘故；由于在全欧洲和全世界上建立了相互之间的迅速的通讯联系；由于他们的发现包含着光荣，随着人的思想愈来愈厌恶那种没有多大意义的名气，这种光荣就更为崇高了。因此，在本世纪最后1/4的时间里，所有自然科学都获得了长足的进步，叫人难以想象。科学的某一伟大发现刚刚在头脑中形成，就已经在工艺的某个有用的领域里找到了用途。同过去不一样，这已经不再是孤立的试验了，不再是那种几乎是秘密的手艺，依靠科学的某些神奇的法术而壮大兴旺起来的了。相反的，一切有才能的人，不论他们的社会地位如何，

都盯住这些发现,并且用本世纪所特有的积极性,把这些发现应用于某种有利可图的生产活动中。发明家早就知道,他的事业的规模愈大,所得到的利润就愈可观,所以他就在公开市场上寻求资本,希望这些资本推动他所想建立的事业。今天,就整个欧洲来说,资本过剩了,利息率接连下降,而且还在下降。借贷银行和投资银行都急于赞助新工业。个人财力筹集不到的资金,便由股份公司来提供。资本家对他们的钱能否找到有利可图的用场感到发愁,于是便盲目地、疯狂地把数以百万计的钱投资建设运河,经营矿山,贷款给美洲的新共和国,今天又用来建设铁路。无论多大的距离都再也阻挡不住投机家们了。赚钱的希望使资本从现有世界的这一端迅速地流通到那一端。任何提供利润的事业都不会因缺乏资金而停顿下来,不论它的设计规模多么硕大无朋;而且,工业不仅在一个地方兴办,新工业还在20个不同的国家里同时出现。同样地,不久之后,就像播在大地上的龙牙所产生的巨人一样,这些新工业,从诞生的那一刻开始,会猛烈地互相搏斗。

劳动是一切生产之父,60年前,它还不能应付人们的需要,无论是人手也好,资本也好,应用于工艺方面的科学也好,都不能满足消费的要求;因此,虽然生产劳动受到蔑视,但仍然得到充分报酬。那时有穷人,有许多穷人;因为政治动乱,下面横征暴敛,往往使那些用自己汗水挣饭吃的人没有饭吃。但是,另一方面,没有一个穷人劳动了而得不到温饱,没有一笔资本用在生产事业上而得不到利润,也没有一种生意经营得比较精心、勤劳、节俭而不致富的。只有到了路易十五在位年间,所有道德家才一致鼓励劳动而谴责怠惰。这个时期,哲学家们开始研究财富的形成问题,他们向社会宣布:整个社会都是由劳动养育的;他们指出,资本推动了劳动;他们认为最好把资本用于商业,因为那里资本周转得最快,可以推动更多的劳动。最后,他们诚心诚意地号召生产,在他们看来生产同财富是一致的。在那个时代,他们是完全对的。

但是,记得我们童年曾经听说过,在神话时代,有个叫甘大林的,他家里收留了一个巫师,后来发现他每天早晨,拿过一根笤帚柄,对它念些咒语,就把它变做挑水夫,挑水夫立刻跑到河边去,他想要多少桶水,挑水夫就挑多少桶回来。第二天,甘大林躲在门背后,十分注意地观察动静,他偷听到巫师施展魔法时念的咒语,但是没有听见解除魔法的秘诀。巫师一出门,甘大林便依样画葫芦,他拿了一根笤帚柄,然后念起那神秘的咒语,于是笤帚挑水夫马上跑到河边,把水挑回来,然后又再去,再回来,两次,三次;甘大体的水缸已经满了,水漫到屋里来。他大叫道:"够了! 不要了!"但是这个机器人,什么也看不见,什么也听不见,毫无反应,不知疲劳。他会把河里的水全都挑到家里来的。甘大林急得无法可想,拿起把斧子,对准那个没有感觉的挑水夫乱斩乱砍,只见笤帚柄一截一截地掉到地上。但是,它们马上又站立起来,变成挑水夫,向河那边奔去。刚才是 1 个挑水夫,现在成了 4 个,8 个,16 个。他愈挥动斧头,砍倒的机器人愈多,重新站起来的机器人就愈多,不管他愿意不愿意,就去替他干活。全部河水眼看都要搬到他家里来了。幸好巫师回来了,把魔法解掉。

然而,水是好东西。水同劳动一样,同资本一样,是生活所必需的,但是有时也会太多了。最好的东西也会太多的。哲学家们在差不多 60 年前所说的那些秘诀,为劳动恢复了名誉,而比这些秘诀更有力量的政治原因，把所有人都变成了工业家，他们在市场上堆满了他们的产品，比笤帚挑水夫不管水缸满不满继续挑水还要来得快。在有用的工艺上应用的每个科学新方法，就像甘大林的斧子一样，砍倒了用咒语开动的机器人，可是结果马上有 2 个、4 个、8 个、16 个机器人来代替他：生产以无可比拟的速度继续增长。太多了，难道说这话的时刻不是已经到来了吗，或者至少是可能到来吗？

根据今天政治经济学所有学派所宣讲的理论，这个时候并未到来，而且是永远不会到来的。还有一种信念指导着欧洲各国政府行事，虽然它们本身并未意识到这一点，那就是认为，这个时刻是否已经来到人间，并没有什么关系，只要它们的国家继续生产和销售产品而不买入产品就行了。在讨论一切金融规律时，整个气氛是一片混乱，主要原因之一是一些人的实用观点同另一些人的理论相矛盾。现在，让我们暂时只研究一下哲学家们的思想体系。亚当·斯密的信徒们进一步发挥亚当·斯密的推想，把哲学家们转移到抽象的范畴。这里有李嘉图和让-巴蒂斯特·萨伊，他们是英国和法国所怀念的人，还有麦克库洛赫、西尼尔，今天，大家常常把他们当做活神仙，向他们请教，这些人一致说，经济学家只要管生产财富就行了，因为各国之所以达到兴旺的顶峰，正是因为不断生产更多的东西的缘故。他们说，与创造交换手段的同时，生产也创造了消费的原因。他们说，不管人类的劳动生产多么大量的财富，都永远不应害怕财富会充斥市场，因为人的需要和欲望是永无止境的，总是会把所有这些财富转化为享受的。

然而，还有一个经济学家马尔萨斯先生，他具有伟大的思维天赋，如果他最初不是太经常地把他的敌人卷进形而上学的深处和过分地把精密科学的计算方法应用到精神力量上，他本来是可以加速科学的步伐的，因为他已经隐约地看到必须在生产和消费之间保持差不多准确的平衡。他十分明白消费并不是生产的必然结果。他看到了市场可能发生壅塞，以致使生产活动成为生产者本身破产的一个原因。但是无论是他，还是他从那里派生出来的学派，都确信，财富的一个巨大的、有效的起源就是永远生产得更多，生产得更快；他们确信，各国应该用自己的全部力量加速工业的发展。他得出了一个有点奇怪的结论，认为加速消费也一样重要，认为富人的责任就是赶紧享受，迅速消灭正在堆积起来的产品，而无论是他们挥霍无度也好，政府大肆浪费也好，对于那些不得不靠劳动谋生的人来说，都是做好事。

将近 20 年来，我们开始反对无限地增加财富的方法，我们从来没有否认过劳动是一件体面而有用的事情。我们从来没有否认过，当人类不再污蔑自己的幸福和生活的泉源时，人类就把自己从一种既荒唐又不公平的偏见中解放出来。我们从来没有否认，必需有资本才能推动人的生产活动；没有否认把科学应用于工艺会促进和加强劳动，其作用要比资本还要大；没有否认人由于征服大自然，强迫空气、水、蒸汽服从他而取得既光荣又有用的成就。但是我们说过，我们得到的可能太多了，即使最好的东西也会太多的，一切努力都应该同其目的相称；劳动的目的应该是享受，生活的目的应该是消费。我们说过，的确，人的需要和欲望是无限的，但是这些需要和欲望只有同交换手段结合起来才能得到满足；我们还说过，不要以为只要创造了这些交换手段就够了，就可以交到

具有这些需要和欲望的人手里；甚至常常发生这种情况，要交换的东西在社会上增加了数量和价值，而需要的劳动或付的工资却减少了。这样，靠工资生活的那一部分人的欲望和需要就不能得到满足，因而消费就会减少。

有人把生产愈来愈多的财富看做社会繁荣的一个明确无误的标准，而我们曾说过，这不论对国家也好，对个人也好，生产都可以或多或少地有利可图，生产也可能只会亏损；决定生产在多大程度上合算的是生产同消费的比例。我们说过，任何一个制造商都懂得，在完成相同数量工作的情况下，他赚钱可以赚得多，也可以赚得少，甚至也可以亏损；对于整个社会来说也是一样。我们说过，每一个人每年通过耕作土地，经营资本或使用劳动力所赚来的，就是他的收入，每人的收入就是他的消费标准，所有人的收入的总和就是社会收入，社会收入就是所有人的消费标准，或者是社会的实际消费，因为如果消费者把他收入以外的东西来支付消费，如果他把应该满足未来，也满足现在的泉源耗竭了，消费很快就会停止。

理论上对立的结果看来产生了两个基本问题，即：生产和消费之间应保持何种关系，以及社会收入的真正性质是什么？我们想在本篇和下篇论述中探讨这两个问题。

当我们把目光注视着人类社会，以便了解社会的组织和社会所追求的目的时，我们看到了贸易动向，似乎觉得眼花缭乱；各种利害冲突、各种观点和意志的交锋在我们面前搅得天旋地转，因而使我们无法抓住总的发展方向。要看出人们应该往哪个方向走，唯一办法就是把他们孤立开来，假设他们是为他们自己行事的，其中没有贸易,然后再去弄清他们的欲望和利益。一个单独的人的目的也应该就是所有人的共同目的,如果贸易是正当的,也就是说,如果是为社会服务的,而不是把一部分人的力量用来反对另一部分人的力量,不是使一部分人富有起来,而损害另一部分人,这个目的应该是相同的。真正的贸易只不过是希望实现共同目标的人在他们之间实行社会分工而已。每一个人都用自己的劳动来同邻人的劳动交换,每一个人只完成自己那一部分工作,然后每一个人换到另一个人的位置上继续已经开始了的行动;但是这个劳动是个整体,正如社会是个整体,正如社会利益是个整体,正如这个利益是同一个单独的人的利益一致的,只不过这个单独的人单独地工作来满足他自己的需要,而不拿自己的劳动去进行交换罢了。

这个单独的人又是生产者,又是消费者,他劳动的目的就是满足他的欲望和需要,因为一个人工作就是为了享受,一个人生产就是为了消费。但是这个单独的人,假定他有必需的能力和技巧,会不会生产比他能消耗的更多的东西呢?他会不会积累财富呢?我们用财富这个词,因为我们是这样称呼他劳动的产品的,他用这些产品来满足他的欲望和需要。是的,他会这样做的,但是有一定的限度。他首先给自己提供用以享受而马上消费掉的东西,如食物;然后是他通过消费而长期享用的东西,如衣服;再后是那些比他还要持久有用的东西,如他的房屋。这三类东西,都属于他的消费储备,只要他通过劳动把它们生产出来,他就享用它们,并通过消费,消耗它们。但是,除了他的消费储备之外,这一个人,要是能够的话,还为自己建立一个后备储备。他不愿意用每天的劳动赚取他每天的面包,而是设法预先保证获得它,至少是当年的。对于其他的食品供应，他也是这样做的；除了他每天穿的衣服以外，他还置备其他的，以备以后穿着，他甚至还准备了布匹，放在那里一个时候，不打算马上就用。确实，要是一旦发生预见不到的原因，迫使他中断工作，或者一年四季的不测风云夺去了他的劳动果实，或者甚至一时心血来潮，想做什么就做什么，愿意游手好闲一个时候，果真如此，他就会无法为生，这种情况是他不愿意遇到的。但是，当他充实了他的消费储备和他的后备储备，即使他有能力通过劳动无限地增加可以消费的财富，他也会停下来，宁愿休息而不愿生产他所不能享用的果实了。他知道，他的所有储存都需要料理，长此以往，就相当于生产它们的劳动量；他知道，一切东西要是贮存下来就会变质；他也知道，从现在起就把它们积累起来要更麻烦，更劳累，不如等到要用的时候才着手准备。

让我们观察这个勤劳的人的利益吧。我们假设这是一个绝对孤立的人，我们发现他的生产和他的消费是平衡的，但在一定的范围内是很难加以计算的。事实上，他不仅提供了自己生活的必需品，而且还准备了其他的东西，的确，这些东西有的他已经开始享用了，并将长期地继续享用，有的他还不去享用，而是储备下来，以应付未来的需要。然而，在充实了他的消费储备和后备储备后，他所从事的以外的一切劳动都将是无用的，他所积累的一切产品，都将是没有价值的了。

从其整体来看，社会完全像这个人：社会有自己的消费储备，由它的所有成员已经获得的、并用以享用的一切所构成，虽然，其中有些东西随着人们的使用而消失，还有一些可能在很长的时间内继续供人使用；另外，社会还有后备储备，用以在生产意外中断或脱节时满足需要，也用来在空闲时把消费品从生产者那里送到消费者手中。但是，当这两部分储备都贮足以后，额外生产的一切就没有用了，并且不再有价值。然而，贸易，或者说劳务和商品的交换，在社会各成员之间，分配了各个职能，这些职能又都是为了实现一个共同目标的。每一个人在追求个人目的时，看不见整体的利益，也无法准确地衡量自己的行动，使之符合一切人的需要。工作分配了，每个人就只想到生产一种东西；他努力达到他的目标，而不十分清楚社会到底需要他生产多少这种东西；他自己则想无限地生产下去，因为，他只看见有可能积累钱财而不是产品，或者说，只看到增加他对别人的债权，所以他只想到发财，对他的欲望就不加任何限制了。然而，事实上，他要发财，就必须找到他的消费者，或者找到他和消费者之间的中间人。只有买主才能赋予他的产品以真实的价值，只有买主才能告诉他是不是真正地创造了财富，或者他只不过给原料加上一个新的形式而已，而社会认为是没有用的，所以不愿意接受。

所有消费者，也就是社会中的所有的人，都可以有他们的消费储备和他们的后备储备；除了他们已经马上拿来使用的东西以外，他们还可以有一些贮存，以备将来之需。然而，大部分人宁可依靠贸易提供的物品，因为在社会职能的分配上，商人成了社会后备储备的管理人；他们的商店收进产品，以方便消费者使用。但是，贸易的建立增加了损失的风险，要大大超过社会因积累了同它需要不相称的后备储备而遭受的损失。贸易承认，意外得失是互相抵偿的，每年劳动及其产品的平均数是差不多的。当每一个人，为自己打算，准备迎接未来的凶吉时，他应该希望有足够准备，能对付最坏的、也就是说可能性最小的那种厄运；但是，当贸易负责补偿每一个人的得失时，由于他知道这些得失是互相抵偿的，他就可以使用一个较小的储备，大大低于每个人为自己所作的计算。例如，一个单独的家庭大抵希望预先贮存够两三年用的小麦，因为他是多么害怕一场天灾会使他损失两季收成啊！相反的，贸易则设法把所有人的消费量计算得比较准确，使它的小麦贮存超过当年至多一两个月，因为，他要是贮存得太多了，就会损失多余部分的利润，或者会在购入价格上遭到亏损；因为，收成后，陈小麦就不能再同新小麦竞争了。布匹的贸易也许更注意限制社会的后备储备。它想方设法向消费者推销新的花色品种，迎合他们的口味或反复无常的兴致，同时，它又时刻想到，所有它不能迅速出售的货物，都使它遭受巨大损失：预垫资本的利息得由它负担，布匹还会褪色，款式会改变，货仓里的储备意味着商人破产。

事情还不仅这一点：贸易愈活跃，根据常识而论，社会就愈益富裕，而它的后备储备就愈益减少。社会的活动产生一种奇怪的后果，使得社会生产愈快，积存的商品就愈少。正如建立了一家银行后，银行家账房里所要掌握的现金就比较少，而同他做生意的商人所掌握的现金要多得多。同样地，开设一家商店后，每个家庭习惯了每日都到那里购买必需的物品，这家商店拥有的储备就比较少，而它所供应的各家之间，通常所贮存的东西则多得多。自从在各首都办起零售商业和从那里供应所有商店，有时甚至供应外省的所有消费者，一大批批发和零售商的仓库都取消了。自从商品用车辆和轮船运输，流通快得闪电一般，用马车夫货车的缓慢载运的商品都取消了。商品停留在制造商仓库里的时间少了，在路途上的时间少了，在零售商店里的时间少了；商品一经制造出来，就到达那想使用它的人手里。然而，这个速度是算做利润的，或者应该说，这个速度是计算过的，因为有了这个速度，商人才用较低的价格出售商品。只要这个速度中断了，只要在流通过程中的某个环节有一个停顿的时间，商品的持有人就要受到损失；首先是他的本钱利息，然后是他的资本壅塞的损失，还有贸易中断的损失，甚至会使他破产。因此，从其总体来看，贸易要比单独的个人更注意不让后备储备扩大，而相反地要在生产和消费之间保持均衡。

在结成社会之前，人可以看不清他在劳动中应追求什么目的，但每一个人知道自己需要什么，每一个人都拿劳动的劳累同他可以在享受中得到的报酬相比较，每一个人可以预先估计，为了得到他所要的东西，他作出的努力是否合算；为了保存他所得到的东西，他作出的努力是否合算；为了避免发生他所害怕的情况，他作出的努力是否合算；根据这三种比较，他就可以对他每日的消费，他的消费储备，以及他的后备储备等方面，计划他的经济。但是，后来人们结成社会，开展贸易，于是大家的思想，不再向往追求共同的利益，从此以后，只考虑局部的利益了。人们依靠的是局部利益，用来维持政治经济和指导大家工作，使工作能够满足大家的需要。

由于贸易的出现及其发展，处于各种生活状况的人分道扬镳了。对于一些人来说，这就是土地储备，对另一些人来说是资本，对于其他一部分人来说，这只不过是他的劳动力，对于一切人来说，那就是想赚钱，想赚得愈来愈多，并且日益更有成效地利用他们为生产而掌握的力量。因此，业主尽他所能尽的一切办法，使他的土地全部利用起来，使土地得到最好的收成，最后，还要使收成的费用减至最少，以便能廉价出售，压倒他的竞争对手。资本家以同样的急迫心情，竭力为他的资本找到有利可图的用场，建立工业生产，希望由于他的产品有用、新颖、价廉，即使别的工业家的产品卖不出去，他也能够找到销路，因为，要是他不经营他的资本，他的资本就毫无用处。卖力气的人只有劳动时才有饭吃，才能生活，因此，他就设法一天也不让自己没有活干，谁雇佣他，他就为谁劳动；为了争取雇佣，他便显示自己有力气，有技巧，可以用不着多久，就比别人干更多的活，或者表明他工作得更长时间，或者收费更廉。因此，这三种人同样地竭力生产愈来愈多的产品，生产得更加便宜，报酬愈少，就生产得愈多，以便从数量上找回在价格上所遭受的损失。这三种人都竭力这样做，而不考虑消费者的购买能力，根据这一点行事。他们却把这种能力看做是一成不变的，互相进行斗争，竞相招徕，每一个人都设法销售得更快，从中取得好处，打倒竞争对手。

但是，正当各个生产阶级竭尽全力增加它们的生产时，贸易本身原应把财富分配给那些应该使用这些财富的人，却同样坚决地反对生产的这种激增，每一个商人都拒绝接受他们看来不容易和不能很快售出的商品，他们设法在仓库中保留最少量的库存，尽可能频繁地更新他的货色，而一旦他的资本不再以最大的速度周转时，他就会遭到损失。在这种情况下，他们觉得，生产者已经是够积极的了，如果再催促他们，迫使他们不顾遭到拒绝，更大批地投进贸易中去，那就冒失得太出奇了。

看来比较合情合理的是同消费者打交道，因为，只有消费增加了，增加生产才真正有利可图。但是，另一方面，增加消费只不过就是增加开支，这就使人不大明白，向全国介绍的发财致富的方法怎么会就是开支得更多呢？此外，我们看到过许多挥霍无度的政府，看到过许多国家花费得超过了自己力量所容许的地步，比方说，由于要打仗的缘故，而这种挥霍无度经常使它们衰落和破产。

确实，有些政府还有点留恋重商主义的办法，驱使听命于它们的国家多生产，少消费，把超过消费的多余产品卖给外国，希望会收回来黄金和白银，无休止地积累在他们手中。的确，所有的经济学家都一致指出这种办法是错误的；证明贵重金属同其他任何商品一样，当市场上这种东西太多时，它们就会脱离这个市场；当人们有办法用纸币来代替它们的时候，那么，积累它们既没有好处，也没有可能，甚至不去积累它们还要有利。归根结蒂，一个国家从外国购入多少东西，总是相当于它向外国卖出的东西。我们不去重复他们的论据了，因为它们没有得到反应。人们接受这些论据，是认为它们确立了一个已得到验证的真理，但是这并没有阻止英国政府，也就是那么彻底地采纳新学派的原则的那个政府，坚持使英国成为全世界的制造商，它要欧洲、美洲、印度的人民成为英国商人的忠实买主，它要求国民工业每发展一步，就要在外国打开一个新市场。同时，它不是依靠交换日益增加的产品实现消费，而是继续自鸣得意，陆续地把外国生产者从外国市场排挤出去，让英国商人一拥而来，带上价廉物美的产品。

这种办法，掌权的人，甚至也许还有各国人民，在实际行动上还那么顽固地坚持着，尽管在理论上，所有人都把它撇在一边了，我们只想指出：在这种办法下，各国互相竞争，你抢我夺，一些国家的工业兴旺了，却使别的一些国家的工业破产；还有，要是所有国

家都同时采用这个办法，要是所有国家每年都把更大量的东西出口到外国市场去，要是所有国家都压价兜售商品，设法卖得多，买得少，他们的竞争，将会堵塞世界市场，损害所有人，要不然就是，只有一个国家能得到好处，而损害所有别的国家，只有一个国家成为贸易自由的得益者，其他国家只好保护自己的工业，反对要毁灭它的那个工业。因此，有些部长一面鼓励不断增加生产，与此同时，这些部长也采取抑制的办法。

相反的，财富学派的领袖李嘉图先生，让-巴·萨伊先生，麦克库洛赫先生和他们的信徒们赞成在各国之间实行绝对的贸易自由；他们证明，他们的方法不是排他性的，而是所有国家同时都可以采用的；证明各生产者无须互相竞争，而成为彼此的买主。他们承认，在生产和消费之间有一个必要的平衡；但是，他们说，后者总是同前者一起增长的。至于对外贸易，它丝毫不会干扰上述两种数量之间所进行的交换，它只是通过把相等的、但更多样化的价值引进市场，从而满足消费者的各种口味。如果，比方说，英国生产的布每年增加10万匹，那么对外贸易所做的一切事情就是使英国人消费的不是10万匹布这一实物，而是消费相应价值的酒、香料，或者对外贸易可以向他们提供的其他一切形式的商品。萨伊先生和李嘉图先生认为，与创造用来交换的物品的同时，人们创造了贸易，因而也创造了消费。在他们看来，消费同生产相等这一点总是得到证明的，无论是从整个世界市场来看也好，或假定每一个国家是同别的国家分开的也好。

李嘉图先生、接着是麦克库洛赫先生认为可以用他们所特有的那种推理方式作出证明，他们说：“假定100名农夫生产1 000

口袋小麦,又假定100名羊毛加工商生产1 000奥尼[①]呢子。让我们先把一切其他对人有用的产品放在一边,把它们之间的一切媒介放在一边,在世界上就只看见这两种东西。他们把1 000奥尼和1 000口袋在他们之间交换。假定现在工业陆续有了进步,劳动的生产能力增长了1/10;从此以后,还是这些人便用1 100奥尼同1 100口袋交换,于是每一个人都穿得更好、吃得更好。然后,又有了新的进步,可以用1 200奥尼换1 200口袋,如此类推;产品的增加从来只会使生产东西的人得到更多的享受。"

我们已经说过,这种形式的推理是英国财富学派所特有的。但是我们也应该说,我们还未见到过哪一种形式的推理不是这么自信的。事实上,这些哲学家们自认为可以简化一个问题,撇开它的所有枝节,但这样一来,他们就使得自己的推理显得无稽,自相矛盾,叫人难以相信。如果人们试一试,把他们的推理加以发挥,那就会发现难以看出它在什么地方有毛病,因为即使所得出的结果是多么无稽,也不会比作为推论出发点的那种假设更无稽。在这里,人家让我们想象一个庄稼人把他收获的全部小麦换成呢子。请记住,这是最后的交换,换来的东西是用以消费的,这种交换并不是一时的买卖,然后又拿得到的东西去换取庄稼人所需要的东西。可是,哪一个佃农会把自己的小麦全部换成呢子呢?佃农在留下他所需要的那一部分小麦后,就把多余部分换回他所需要的东西。然而,他对衣服的需要丝毫不因为他打了更多的麦子而增加了,正如织呢子的人多生产了料子并不见得胃口就更佳。只有

① 奥尼(aune)为古尺单位,1奥尼合1.188公尺。——译者

吃小麦的人口多了，又有更多的收入来买小麦，小麦的消费量才会增加；但是，如果消费者更富裕了而人数并没有增加，他们的小麦消费不但不增长，还可能会减少，因为，他们由于不能比以前吃得更多，就吃更精美的东西，例如吃肉而不是吃面包，于是，他们要求人家把田地改为牧场，把庄稼人打发走。衣料的消费也许可以有所增长而人口不一定增加；种田人富裕了，可能用同一种料子缝两身衣服而不是一身；但要是他们的收入继续增加，他就会不穿他平常的衣服而要求更美好的了；这样就会打击了现有的成衣业，而促成新的成衣业。李嘉图先生的推理是以两个假设为前提的，我们认为，这两个假设都是不能成立的①。第一个假设是，生产的任何

① 在李嘉图先生生命的最后一年，我同他进行过一次座谈，这珍贵的回忆是我终身难以忘怀的。这次座谈中，他谈吐文雅、真诚、酷爱真理，表现得很突出。我试图在他面前阐述在农业中劳动生产能力的提高会产生什么后果。像他那样，我只限于谈耕作，谈小麦生产；同他一样，只用英国的租佃制度作根据，即农场主雇用短工，可以随时解雇他们。请允许我在这里加插一个冗长的注释，把以前的阐述再说一遍。我认为，纯属假设的计算方法，基础太不可靠了，不值得在本文中提出来。

假设一个农场主在一定面积的土地上维持他一家 10 口人，包括仆人和为他干活的工人的生活，假设他每年在他的土地上可以生产 120 袋小麦。为了使计算不过于复杂，我们把他经营的其他农产品撇开，或者用小麦来代表。假设他给每一个雇工的工资相当于 10 袋小麦。在这 10 袋中，工人每年直接消费 3 袋，然后他通过贸易用 7 袋换取其他物品，包括农业和工业的产品，即除面包外生活上最需要的物品。农场主自己还剩下 20 袋。还是为了进一步简化我们的计算方法，我们假定他既是业主又是农夫。虽然他还有 20 袋，但有 10 袋就够了：3 袋是实物，7 袋用来换取生活必需品，这就可以使他生活得像他的一个工人那样。另外的 10 袋，通过贸易，使他能得到我们所谓的奢侈享受，这是他不同其余做工的人分享的。

让我们再说一遍：土地生产 120 袋小麦，其中 33 袋是生产这些小麦的人就地吃掉的，77 袋用来交换生活必需品：因此，它们是给生产商品的人吃掉的，这些人生产的商品是供穷人购买的；有 10 袋是用来换取奢侈品的；因此，它们是给生产商品的人吃掉的，这些人生产的商品是供有钱人购买的。我们用富人这个词，因为我们是这样称呼

增长都是收入的增加，而我们认为，有时往往只会造成损失；第二个假设是，收入的任何增加决定了消费的增长，而我们认为，在大多数情况下，只决定了消费的东西不是数量更多了，而是价格更高了。例如，农人由于农业科学上的某种进步，能够增加他的劳动成果，这时，他对他过去消费的制成品并不要求得到更多些，也许，他还要得少些。但是，他将会把他收入的多余部分用于奢侈品方面，

一部分人，他们在满足自己的需要之后，还可以把自己收入的一部分用于享受上。

这个时期，机械学上的新发现，耕作土地的新机器的发明，还有驯养家畜，使其代替人去劳动等方法，使人的劳动成果增加了 50％。如果我们假设的是一个农夫兼业主的家庭，它的所有成员都享有差不多平等的权利，那么，新发现对于所有人都是一样有利的，这一家 11 个人一天劳动 8 小时就够了，就可以得到以前用 12 个人才能得到的果实；如果以后他们得不到任何工作的机会，使他们所有人同样地得到好处的话，他们每天就多休息 4 个小时。

但是，我们假设的是一个组织得同现在一样的社会，一方面是业主一个人领导全部劳动，他一个人取得全部成果，他一个人得到新发现的好处：另一方面是劳动者，他们的全部财产就是他们的劳动力，他们的全部收入就是他们的工资。过去，我们这个农场主的每个工人生产 12 袋小麦；现在利用新发现，每人可以生产 18 袋。但是，农场主想生产的小麦数量受到了限制：一、他的田地面积的限制；二、他的农业资本价值的限制；三、市场需求的限制，他收成的多余部分就是向这个市场输送的。他算了算自己的账：7 个工人，以每人 18 袋小麦算，可以为他生产 126 袋，比以前增加了 6 袋。为了把小麦卖出去，必要时，他可以稍压点价。因此，他解雇了 3 个工人，以后继续经营他的农场，土地还是那么多，还是那么多资金，但是工人只有 7 个，而不是 10 个，起初，他继续给他们同样的工资。让我们也算一算我们的账吧。

这块土地生产 126 袋小麦；我们有 7 个工人和 1 个主人，我们供给他们生活必需品，以每人 10 袋小麦计算，一共是 80 袋，还有 46 袋留给主人，供他奢侈享受。至于第一部分，24 袋小麦就在农场给直接吃掉了，而过去是 33 袋。有 56 袋而不是 77 袋被用来交换日常必需品和给生产商品的人吃掉，这些人生产的商品是供穷人购买的；关于第二部分，46 袋而不是 10 袋应该用来交换我们在前面叫做奢侈品的东西。因此，这些小麦是给制造奢侈品工厂里工作的人吃掉的，当然，首先必须有这些工厂，它们还有待于建立。因此，随着产品稍有增加，我们可以看到，现有的两个行业，即农业和穷人的制造业，消费明显下降。另一方面，我们可以看到，一个刚刚兴起的行业，即富人的制造业，需求比以前几乎增加了 4 倍。

为了进一步突出消费的这种改变，也就是说生产方法上进步的结果而不是更大的

简而言之，我们称之为奢侈品的是所有超出他必需的东西。这样一来，他就打击了现有的制造业，也就是制造必需品的工业，同时又促成了当时还没有的制造业，也就是奢侈品工业。同样，当布匹制造商由于工艺上的进步，由于采用了科学上某种发现的成果，能够生产得更多，赚钱赚得更多，这时，他消费得更多的不是小麦，相

劳动需求的结果。让我们从另一个角度去考虑这个进步。我们在前面假设 14 袋的小麦，恰好相当于一个人的工资，他吃掉 3 袋，用 7 袋去进行交换。这样，他工资中相当大的一部分就变成其他工人的工资，这些人是为他工作的。农场在最初阶段生产 120 袋小麦，把工资付给 10 名工人和他们的主人，以及一个奢侈品工人；还有 84 袋小麦，是这 12 个人用来进行交换的，他们除面包外，需要别人供给他们其他主活必需品。这就意味着还有 $8\frac{2}{5}$ 个工人为他们工作。可以设想，这些人自己又用他们不直接吃掉的 7 袋小麦去进行交换；而那些为他们工作的人也这样做，直到全部小麦都分给 40 个人为止，平均每人分得 3 袋。在这 40 人中，只有 1 人享用奢侈品，也只有 1 人生产奢侈品。

于是，生产方法迈出了我们所设想的第一步：由于农业上的新发现，农人的劳动产品增长了 50%。农场主解雇了 3 个工人，并且把他的产量提高到 126 袋。从这时起，他的农场付出 80 袋的工资给他自己和其他 7 个工人。他们 8 个人之间，需要穷人提供的劳动量相当于 56 袋，也就是说 $2\frac{2}{5}$ 个工人：这些工人又求助于别人，直到全部 80 袋小麦都给从事生产日用必需品的 $26\frac{2}{3}$ 名工人提供了面包为止。这 80 袋代表着收成所需的劳动量。把这种情况同以上的憎况相比较，还有 $13\frac{1}{3}$ 个工人没有算在内，也就是说还没有分到面包。确实，人们希望他们从奢侈品生产方面赚到面包。事实上，业主提供 46 袋用来交换的小麦去换回奢侈工业的产品，或者是供他个人享受的产品，由于还没有人干这种工作，他就得用更高的工资去鼓励它；因为他钱多了，所以想得到新的享受，谁向他提供这种享受，他就给 12、14、15 袋小麦，而不是原来的 10 袋了；再说奢侈品工人，他得到了额外工资，也用来追求奢侈的享受；剩下的钱则归穷人工业。但是，只有在奢侈品工业建立之后，只有在分配时落入主人手中的那 46 袋小麦经过了奢侈品工人的手之后，只有在剩余部分已经在他们之间交换之后，我说，只有在这一切之后，面包才到达提供劳动的所有人那里。当这一分配完成了，就会有 42 个人每人得到收成的一份，他们之中，有 $37\frac{3}{5}$ 个工人从事生活必需品的生产，$4\frac{2}{5}$ 个工人从事奢侈品生产，人口则增加了两名（*）。

就像李嘉图先生那样，我们发现，到流通结束时，如果不论在任何地方生产都没有停顿，生产就会创造消费；但是，正如德国的玄学家们所做的那样，这里面没有考虑到

反地也许还会消费得少些，可是，他原来花在伙食上的收入，现在则拿来用在奢侈的食品上，用在鼓励生产奢侈食品的农业上。因此，比方说，农人和布商都以同等的步伐向完善各自工艺方面发展，同以前比较，他们并不会在更大程度上成为彼此的买主。还有一点是重要的，应该看到，奢侈品制造业所使用的不是更多的劳动

时间和空间，没有考虑到一切可能使流通中断的障碍；而我们愈仔细地观察，我们就愈发现这些障碍是很多的。

(*)我们是这样设想的：10 袋小麦相当于工人所需要的一切物品，在他们的阶级中，他们劳动的方便程度是一般的。因此，46 袋小麦只能维持 4⅗个奢侈品工人的生活，不管分配是怎样进行的。如果他们的工资提高到 15 袋，主人就会只用 3 个奢侈品工人；但是，这 3 个人又在他们之间使用第 4 个人，而第 4 个人又会使用第 5 个人的一部分时间。

由于设想中的改变，3 个工人从农业中给解雇了。而在工业中，有 10 个工人，他们过去的生计是有保证的，现在则多少受到了影响，这个活计取决于一个偶然因素，即建立新的工业。

因此，现在是靠迅速培养那些奢侈品工人来恢复平衡了。但是目前还没有这种工人，必须促使他们出现。农场主靠他的农场只能赚 10 袋小麦，所以，那种要等到他赚 46 袋小麦时他才感到需要的工作，现在他是远远不会想到的。车匠、玻璃匠、钟表匠、也就是他希望从他们那里得到产品的人，这时还没有诞生。如果他必须等待的话，从他们投胎一直等到他们能干活赚钱，如果要饿着肚子去等他们学会干活的话，这过程就显得太长了。他的耐心还要受到残酷的考验，因为，即使成年人愿意去学新的手艺，无论我们把学艺的时间设想得多么短暂，总得要有时间啊。

还有一个难处：为了建立新工业，即奢侈品工业，要有新的资本，制造新的机器，运来原料，使远距离的贸易活跃起来；因为有钱人很少满足于就近享乐的。然而，我们从哪里可以找到这笔新资本呢？况且，它的规模要比整个农业所要求的还要大。发明犁头，或者发明用牲口拉犁的方法，推动了整个社会机器，但这个发明并没有创造任何新资本。我们的奢侈品工人还远远没有吃到我们农夫的小麦，没有穿到我们普通制造业所提供的衣服；他们还没有训练出来，也许他们还没有生下来呢。他们的行业还不存在。他们要加工的原料还没有从印度运到。所有那些应该由他们分给面包吃的人都白等着。

我们试一试另一个设想：我们的那位农场主发现了新方法，可以提高劳动的生产

力，而是有技巧的劳动力：正如在奢侈农业方面，要把畜群养肥而使用的劳动力不是更多了，而是少了。

人们没有充分注意到，我们是处在一种崭新的社会环境中，是我们从来没有经历过的。我们想把任何种类的所有制同任何种类的劳动完全分开，把雇工同雇主之间的任何买卖关系割断，把前者

能力，但是他不去解雇 3 个工人，而是把 10 个工人都留下来。事实上，这些工人只能够依靠自己的劳动为生，是不会甘愿垂手等着饿死的。他们除了耕田以外，其他什么活计都不会，只要他们活着还有一口气，他们就继续压价出卖他们的劳动力来生产小麦，同时，新的发现还加强了他们的能力。这种竞争直到所有耕种土地的工人都降低了工资；假设工资只降低 1/10，无疑，这并不太过分，因为应该考虑到没有工作的短工人数多，而农场主要扩大经营 1/3 并不容易(*)。

(*)也许会有人说，要是确定了 10 袋小麦相当于必要的工资，那就没有什么道理去设想工人会满足于低于必需的收入了。但是我们不知道工人用来维持生活的那一部分到底是多少，我们并没有听说过这一点。在社会的每一个不同程度繁荣的等级中，都有一个一般工资，不仅足以满足需要，而且可以满足能同手工劳动相容的那种享受。简而言之，这个工资就是我们称之为的必要工资；我们很难说到底可以把它压缩到哪种程度，而工人的生活又在多大程度上可以缺少一切享受。

在这个新的假设下，农场生产 180 袋小麦，但是 10 名工人所得到的份额只有 90 袋。除此之外，我们还加上 10 袋，是代表主人所需要的生活必需品的。在这 100 袋中，33 袋是在农场里直接消费掉的，67 袋是用来同穷人制造业交换产品的。在新发现之前，穷人制造业消费 77 袋，由此可见，这里工资减少的百分比要比在农业中的更大。然而，所有人照样生活，照样工作，每一个人都可以等候另外 80 袋小麦将会产生的作用，它们是在分配时落入业主手中，并用来鼓励新的奢侈工业的。

如果确实做到培养出 8 个新的奢侈品工人，而他们一旦支配了他们分到手的那 80 袋小麦也用来鼓励穷人的制造业，那么，在流通结束时，人口将增加 1/3，这时应该是 60 人而不是 40 人去吃设想中那个农场的小麦了；但正是在这第二个假设中，我们排除了时间和空间的考虑。

必须排除空间的考虑，因为新发明用 7 个人就足以耕种以前用 10 个人耕种的田地。为了不辞退那 3 个人，为了不致使他们饿死，那就要假定有一个新的可耕种的空间，有新的可以开垦的土地：这种可能性不是绝对的，不是在一切地方、一切时间都有的。另外，只有可耕种的土地是不够的，还得有人手，此外，这些人手只要可以得到利润就要马上动工耕作才行。然而，请看看欧洲的荒地如何受到限制，如何使那些要求

同后者的利益的任何结合排除。这个社会组织是多么新颖，因为它连一半都没有建成。只有技术最好，最富有，我们正在尝试的体系中最先进的国家，农业和制造业才一样是由工人去从事的，工人是可以在每星期末解雇的：这就是我们所向往的；这就是我们指出危险所在之处，危险并不在于科学上的新发现。

用自己的劳动去开发的人无法如愿以偿。这里，人们遇上一些不能转让的公地，那里，虽然有土地，但想耕种的人却没有能力，也没有资金提供保证，去满足那些可以把钱借给他们的人。还有些地方，出于虚荣心，要把一切保持老样子。王室、教会、贵族、百姓的权利，轮番地反对市场活动，而经济学家所依靠的正是这种市场活动，他们认为其力量是不可抗拒的。事实上，英国人比较容易做到的是去开垦加拿大或卡菲尔(指非洲南部好望角地区。——译者)的荒原，而要开垦伦敦附近的公地就难得多了。

必须排除时间的考虑，因为假设是农人由于机械上或农村工业上的某种新发现，找到了一个办法，使他的工人增加生产能力 1/3，以后，他还找到了足够的资金去扩大他的经营 1/3，他的农业工具、马匹、牲口、谷仓也增加 1/3，流动资本也增加 1/3，使他能坚持到下次收成。

必须排除时间考虑，因为人们假设有奢侈品工人，有资金来建设奢侈品工厂，足以消费这一年内供给他们的 80 袋小麦，而不是前一年的 10 袋小麦。必须排除时间的考虑，因为人们假设有 60 人去吃今年收下来的麦子，而去年只有 40 人吃收下来的麦子。

同样，这还因为劳动生产能力方面的新发现，在应用于农业时，并不是先由劳动需求引起的。另外，社会的组织方式是只有一个业主，而所有其他人为了生活，都要拍卖自己的劳动力；只有一个人从科学进步给他启示的新发现中得到好处；资本、原料、人才和工艺都缺乏，不能使社会的其余部分同农业前进的过速步伐取得平衡。

我们的推论可以适用于一切类别的生产劳动，也适用于小麦的生产劳动。但是，如果说，我们有理由害怕，即使对小麦生产来说，我们的计算方法也显得太烦和太不可靠的话，那么，要是我们原来拿制造业来举例，那就肯定会使读者觉得厌烦，因为从事制造业的人消费自己的产品，要比农人消费自己的产品少得多。然而，请想一想这种情况：有一个新发现，可以节省 1/3 的劳动力，它陆续地应用于生产穷人的衣服、器皿、家具等各个部分的工厂。另外，无论在哪里，都是制造业的主人得到好处；无论在哪里，如果他解雇 3/10 的工人，他就生产得多一成半成的，使用的人也少一点；无论在哪里，他都使他的工人消费自己的产品少 3/10；他也使那些为他们工作的工人消费少 3/10。在这种情况下，就使得新发现削减现有工场的需求，同时，作为补偿，又创造新的需求，可是用来满足新需求的工场还不存在。每一个新发现都使穷人制造业的一部分必须依靠创造新的奢侈品制造业才能维持下去。但是，奢侈品工业没有资本，没有我们的眼睛看惯了社会的这种新组织方式，看惯了这种普遍的竞争，在富有阶级和劳动阶级之间发展成为冲突，我们是那么习以为常，以至再也想象不出别的生活方式了，连仍然用那些生活方式的破烂货从四面八方包围着我们的那些东西，我们也看不见了。人们连过去制度的缺点都不提了，因为觉得用这种办法来回答问题简直是无稽。事实上，要说到社会下层阶级的组织，以前就陆续有过两三种制度；但是，因为它们不值得怀念，因为它们开头做了一点点好事以后却给人类带来了可怕的灾难，就说我们今天已找到了真理，说我们将不会发现短工制度有什么基本缺憾，说我们再也不能像过去那样发现奴隶制度、封建制度和行会制度的缺憾了，难道能得出这样的结论吗？当这三种制度盛行的时候，人们同样地看不出以后可能发生什么事情：同样地，当时看来，要改革秩序若不是不可能的，就是荒唐的。也许会有一天，我们的子孙会判定我们一样野蛮，因为我们让劳动阶级得不到保障，他们将会认为，而我们自己今天也认为，那些把劳动阶级变为奴隶的国家是野蛮的。

这些制度中，每一种都先后被看做是成功的发明创造，是文明

工人，不损失时间是不能建立起来的，而那些生计中断了的人是忍受不了时间损失的。

一个制帽商使用 6 个工人，每年至少制造 1 200 顶帽子；他本人以及他的工人只消费 11 顶，而他的周转只有在他能够让 1 200 个脑袋都戴上帽子才能完成。然而，如果我们假定他所处的情况同农人一样，那么，我们就会看到他首先完成 1 100 顶帽子，给 1 100 个脑袋戴上，以便取得他本人和他的 10 个工人所需的工钱；这时，新发现使他们的生产能力增加了 1/3，于是，他的工场从此就只消费 8 顶帽子。同穷人的工业和农业直接交换的帽子只用了 792 顶；与此同时，他提供 460 顶给奢侈品工业；他还需要 60 个新脑袋来戴他的帽子，但是却有 300 名穷人只好不戴帽子，直到帽商所鼓励的奢侈品工业充分开工为止。

的进步。奴隶制本身，尽管现在回想起来是多么丑恶，但在它以前的是遍地烽火的野蛮状态，人们不停地打仗，没有一点空闲的时间从事生产，没有保证可以得到自己劳动所生产的果实。奴隶制度不再屠杀俘虏了，是社会上一个进步；这个制度使得有可能积累财富，它在希腊人和罗马人那里，成为一种文明的基础，几乎相当于我们的文明。只要主人仍然是穷人，只要他仍然同奴隶们一起吃饭，一起干活，那么奴隶的处境还是可以忍受的，人口也继续增长。这个制度的进步本身，主人的富有，他们的奢侈，他们对一切劳动的无知，他们对用汗水养活他们的那部分人民的蔑视，他们的无情，他们的悭吝，以至不断地克扣那些做牛做马的人的衣食，这一切在劳动阶级中造成大量死亡。他们消灭这个阶级，正是罗马帝国的鼎盛时期，那时要是有经济学家，也许会为那日甚一日的骄奢淫逸鼓掌喝彩呢。

侵蚀古代肌体的恶痈是奴隶制度，这是由于奴隶身受压迫，生活困苦，使罗马帝国人口遭到毁灭，国家沦落野蛮人手中。经过了几个世纪，这些野蛮人发明了一个比较宽容的制度，他们用保护和买卖关系来代替皮鞭，而长期以来，奴隶是用皮鞭来管理的。

封建制度有过它光辉和兴旺的时代，当时，武士挥舞着刀剑，在领主左右战斗。当领主富足了，只想攫取一天比一天更多的财帛，排场一天比一天更奢华，他就重新把枷锁压在穷人身上，于是，封建制度就变得无法忍受了。

这时，人民赢得了我们今天的自由制度；但是，当他们打碎长期以来戴在身上的枷锁的时候，卖力气的人已经不是什么财产都没有的了。在农村里，作为对半分成制佃农，作为纳税人，作为佃农，他们是同土地所有权结合在一起了。在城市里，作为行会的成员，他们组织起来进行自卫，他们是同他们行业的所有权结合在一起的。到了我们今天，到了目前这个时候，财富的发展和竞争才打破了所有这些结合。革命连一半都没有完成，可是，佃农富裕了，不再亲手劳动了；他同雇工分手了，轮到他去压价同雇工交易了。工场主富裕了，不再同一个伙伴或学徒在一条板凳上干活了，他抛弃了手工劳动，而把数以千计的工人集中在他的工厂里，并且压价同他们交易。这是一种把所有拥有财产的人同所有劳动的人对立起来互相斗争的社会秩序，我们在这方面没有什么经验，因为这种社会秩序还只不过刚刚开始罢了。

关于人类劳动生产的产品壅塞问题，我们已在上面试图阐述过，这种现象在社会以前各个时期是几乎不会出现的。在野蛮状态下，当每一个人都是为自己劳动时，每一个人都知道自己需要什么东西，用不着害怕他们会强制自己辛辛苦苦去创造他们自己不想要的资料。继之而来的是奴隶制度，奴隶制度容许发展相当规模的文明，在这制度下，主人要求奴隶生产的手工产品只是他已经预先规定其用途的。他的要求在工作之前提出来，并且是这个工作的根源。紧接着工作之后的就是他的消费。壅塞现象只能在一种情况下发生，那就是在奴隶主成了工厂主兼商人的时候，就像今天牙买加的种植场主一样。在封建制度下，贵族向陪臣提出的要求更多的是服务和打仗，而不是有钱可赚的工作。这样一来，工业不仅得不到刺激，而且积极性还会受到打击，因此，构成威胁的并不是壅塞。在行会制度下，工艺的一切进步都有利于运用这种工艺的人，每一个人都根据他应该供应的市场的规模调配自己的力量。庄稼人是宁愿休息，也不愿意生产他卖不出去的小麦的。人们往往指摘城里的行会只会用限制的办法去保持对市场的控制，指摘它们总是想劳动得少些，低于人家对它们的要求，以便把劳动卖更大的价钱。今天我们接触到的情况是崭新的：劳动者是自由的，但是如何维持劳动者的生活，这一点并没有任何保证。他们必须靠自己的劳动生活；然而消费这一劳动产品的人，他们却看不见，也不认识，他们无法衡量应该作出多大的努力，才能得到他所希望的报酬。当数以百万计的人的命运取决于一个从没有得到实践验证的理论时，用一定的怀疑态度去考虑它是对的。

此外，不要认为在古代人们就从来没有思考过我们所关心的这个难题，就从来没有研究过，就从来没有找到过答案。如果政治经济学的根本问题，同我们所认为的那样，就是消费同生产的平衡，如果工艺、工业和文明进步的一个必然后果就是每个劳动者的生产都超过他所消费的价值，因而生产者本身是不可能有足够的力量去消费一切的，所以，每逢劳动生产能力有所增长，就必须有一个阶级的人，他们的消费也要有相应的增加，这些人是什么也不生产的，或者是，他们的产品不是用来卖钱的。这就是马尔萨斯先生在他最后一部政治经济学著作中所得出的结论；他还在那里面找到了一个理由，证明有时政府的挥霍浪费是为公共财富服务的，因为它创造了一个游手好闲的消费者阶级，要是没有他们，生产很快就会由于市场壅塞而中止。

我们觉得，古人在考虑社会的整个发展方面，要比我们深入得多。我们既不认为雅典政府的挥霍浪费是他们政策造成的，也不认为英国政府的挥霍浪费是马尔萨斯最后提出的原理造成的。但是，他们曾经承认，为了保持各种社会所必需的、生产和消费之间的这种平衡，可以有三种办法：第一种是用卖钱的产品的多余部分去养活那些劳动力卖不出去的工人，去建造宗教的或非宗教的公共纪念物；第二种办法是鼓励有钱人追求奢侈，使他们消费穷人的劳动；第三种办法是让全体公民从事脑力劳动，爱国工作，以便填补空白时间，即生产方法的进步使他们能够从劳动中节省下来的时间。

第一种办法是古代各国最常用的，它在埃及得到最大的发展，是任何其他地方都比不上的。这块土地上满布农业人口，数目之大，难以想象；由于那里兼有着各种优越的条件：阳光普照，万物生长，土地肥沃，水源丰富，这里土地生产的各种食物大大超过了它可能消耗的良物。埃及人还对航海具有一种政治上或宗教上的明显的反感。因此他们设法自给自足。他们同外国人很少交往，他们既不输出他们的小麦，也不输出他们的工业产品，再说，他们的工业从来没有达到很高的水平。他们的政府形式只容许为数不多的名门贵族去挥霍浪费他们同胞用汗水生产出来的东西。的确，埃及遍地都是庙宇古迹，但没有遗留下宫殿。的确，那里有整整一个阶级的权力很大的祭司，但是，他们的宗教奉行禁欲主义，禁绝一切奢侈享受。他们的个人消费只不过稍稍高于普通的工人而已。这些祭司设法使大多数埃及人养成埋头干活的习惯，使他们满足于他们工业所生产出来的一点点东西；希望他们永远愚昧无知，永远俯首帖耳，希望他们有了空暇时间不去发展他们的思考能力，而只发展体力。于是，祭司便把巨大的任务交给他们，让他们为奥林匹斯的所有神祇建造庙宇，世界上空前绝后的古迹遍布在埃及;它们的规模是那样巨大,以致几乎无法相信光靠人力就能把它们建造起来;它们的加工是这样精美,好像来生是属于它们的建造者,因为他们是通过连续几代人的劳动,把时间花在那上面的。还有尼罗河谷两边大山里的地下墓穴,它蕴藏着同样多的奇迹。这些工程浩大无比,使我们见到后无法相信自己的感官和理智。这里需要几百万工人用几百年的时间,不间断地劳动,才能创造出这个神奇的世界。也许是这样;但是毕竟要有数以百万计的人来吃埃及土地上的小麦啊!要有整整一大群瓦工、石工来消费尼罗河谷勤劳的人民不停地生产出来的东西啊!

古代印度斯坦也蕴藏着许多古迹,在规模上和在完美程度上,几乎可以同埃及相比。那里也是宗教指使大家进行无用的劳动,但是劳动规模庞大,因为那里的社会组织使生产成倍地增长,同时,却几乎消灭了那些不干活而光消费的人。埃特鲁里亚人[①]以及所有由祭司团行使大权的民族,或多或少都采用相同的政策。在罗马,也可以找到许多古迹,是建于历史早期之前的,比罗马富裕时期还要远久得多。它们之所以建造起来,只能有一个解释,那就是祭司集团对当地居民所行使的权力。由于这种政策,全体居民都可以从事劳动,而不至造成市场壅塞。那里的风气保持纯洁,肌体保持健壮,平等不受干扰;每个人都平均地享有用整个国家共同劳动建立起来的纪念物。但是,所有人的经久劳动却阻止了精神的发展,因此,整个国家就不攻自破,权力落到祭司阶层手中,并

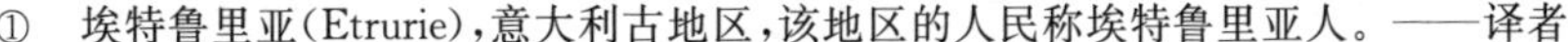

① 埃特鲁里亚(Etrurie),意大利古地区,该地区的人民称埃特鲁里亚人。——译者

由他们去统治。

古代的第二种制度，同我们今天的制度差不多；在西巴里斯[①]，科林斯[②]，锡拉库斯[③]，蒂尔[④]，迦太基，以及后来在罗马，当这个京都已开始逐渐衰落的时候，人们便任由商业和制造业自然发展；于是，生产大大超过了生产者的消费。巨大的剩余最初被用来经营大规模的出口贸易；但是不久便形成了一个骄奢淫逸的富人阶级，他们唯一的事情就是不停地追求享乐的新花样：这些富人活着就是为了舒服，为了消费，为了享受，就好像他们其余的同胞活着就是为了劳动。由于劳动几乎完全是由奴隶进行的，所以就不会发生像今天的那种斗争，以便迫使手工工人贱价出卖他们的劳动。即使某些行业的市场发生壅塞，那么，奴隶可能因此而遭受的苦难，同代人是不会去注意的，在历史上也就不会留下什么痕迹。

但是，古代的立法者对比了很多自由的国家，比我们要做得好得多，他们更长久得多地考虑了这种想法，即认为建立政府就是为了这些政府所治理的人民的幸福，是为了全体的幸福而不是只为了一个阶级的幸福。他们完全否定西巴里斯人的制度。在他们看来，决定让一部分人劳动以便让另一部分人去享受是违反共和政体的平等精神的。他们认为，过分的卑鄙无耻和奴颜婢膝总是同过分的豪华富贵分不开的；他们认为，软弱懒散使人委靡不振，寻

① 西巴里斯(Sybaris)，意大利南部一古都，该地民风以骄奢淫逸著称。——译者

② 科林斯(Corinthe)，希腊古地名。——译者

③ 锡拉库斯(Syracuse)，意大利古地名。——译者

④ 蒂尔(Tyr)，黎巴嫩地名，为古代腓尼基城市，以生产和出售大红颜料著名。——译者

欢作乐无度，同无休止体力劳动的劳累一样，不利于精神的发展。他们认为，如果让所有公民都能享受由于生产上的进步而取得的一份休息，就会提高他们的情操；还认为如果让一部分人完全游手好闲，就会同时注定他们追求淫欲。因此，立法者同所有哲学家、道德学家，特别是基督教会的所有神甫，都一致主张禁止奢侈，认为它必然使风气败坏，国家衰亡。颇为奇怪的是，有些人，他们在所有其他方面的决定，我们都十分尊重，唯独今天，在这个问题上，对我们的舆论却一点也不施加影响。

在这个原则上建立起来的第三种制度，是雅典也好，斯巴达也好，兴旺时期的罗马也好，是古代所有最著名的共和国都采用的。对于有些人，除了劳动以外没有别的收入的，为了让他们找到足够的劳动需求，共和国几乎天天都照顾着他们，并因而阻止他们自己也去提供他们可以出卖的劳动力。古代的立法者，远不像我们那样，他们不鼓励积累财产，不鼓励奢侈，他们不断关心在儿女之间平均分配遗产，在祖传财富之间，维持一定的平均，特别是要压制懒散和铺张的习气，让公民放弃消费无度的欲望和机会，提倡朴素、单纯和戒欲。他们主张，既然每一个人都参加体力的活动，所以也应该参加精神活动，也参加享受。为了维持这种平均分配，他们使公民少从事体力劳动，让他们只用一小部分时间去从事农业或经管工艺和各行各业。他们号召公民到公共场所去辩论；到法庭去参与审判；到学院和画廊派[①]那里去磨炼他们的智慧，以及通过高尚的教育，提高他们的精神境界；号召他们到剧场去培养他们

① 画廊派哲学即斯多葛派。——译者

的爱好和启发他们雅典式的高雅作风；号召他们到庙宇去丰富他们的想象，使他们把未来的希望同生活的享受结合起来。

人把机械学用于工艺和工业上，逐渐减少了为维持人们生活所必需的劳动量，但是，这并不是一个理由，社会秩序不能因此就让一个人专门休息，专门消费，专门享受，1 个人等于 2 个，4 个，10 个，100 个，1 000 个人；不能因此就让一个人占有全部利润，甚至随着生产增长，还去克扣工人的份额：从大家劳动上获得的节余，应该让大家都得到好处。雅典公民，尽管工业有了进步，但只用最次的粗布来做大衣，只用面包和无花果干来做食粮。但是，没有奢侈并无损于他精神的高贵，无损于他爱好的优雅。作为立法者，他禁止享受，但并没有因此失去作为个人的性格的积极性和作用。当雅典人不是为了自己，而是为了祖国而需要财富时，古希腊贫瘠的土地就能供应这个共和国以武器，使其震撼小亚细亚和西西里，它就能为这些殖民都市供给装备，使其能在最遥远的海岸上传播真正文明的原理。雅典的唯一奢侈就是这个共和国所造就的人。幸福属于能造就这样的人的国家！要是希腊在自身的解放中能很快就使这样高尚的榜样再次出现的话，那么，全世界人民就会幸福无比了！

也许别人会认为，我们离题太远了，离开了李嘉图同我们所讨论的那个问题，最好还是谈谈我们该怎么办，而不是谈论古人做了些什么。但是，今后怎么办，这是一个无比困难的问题，我们今天一点也不想去讨论它。我们希望能够充分地说服经济学家们，就像我们充分相信的那样，我们的理论走错路了。但是，我们对自己却没有足够的信心来向他们指出，哪一条才是正确的道路。对于我们来说，我们的智慧所能作出的最大努力，就是设想今天社会的组织。然而，这个人是谁呢？他要有足够的力量去设想一个还不存在的组织，去观察未来，而我们连观察今天都已经那么困难了。但是，如果所有清醒的头脑都一致认为要研究一下，社会到底应该向哺养它的各个阶级提供什么保障呢，果真如此，那么，一个人做不到的事情，也许集合所有人的智慧就有可能做得到。

因此，关于我们自身所处的制度，就让我们完成对它的分析罢，然后再去想，应该用哪一种制度去代替它，判断它，而不分心去拿它来同一种完全理想的理论去对比。如果我在这里介绍一种药方，我认为是可以医治社会现有的病症的，那么评论界就会放下这些病症，不去研究或估计病情，而只去议论我的药方，大概最后还会把它否定掉，至于消费和生产之间的平衡问题，也就不去过问了。

我只想声明：假定我能够相当彻底地说服一些人，因此能够在立法方面取得了我所希望的一切改变，即使这样，我也一点不想妨碍生产进步，或者拖延把科学应用于工艺上，拖延发明创造机器。我只是寻求办法，保证劳动的人得到劳动的果实，让开动机器的人能享受机器的好处。如果我终于取得这个结果的话，我接着便根据生产者的利益断定，凡是别人不要求生产者干的活儿，他们是不会去做的。只要生产者可以被看做单一个人，是根据单一种利益行事的，那么，指导他行动的总是这个家喻户晓的原理，与其白干活儿，不如休息。因此，即使给生产者干活儿的一切方便条件，他肯定也只生产别人要求他生产的那么多，而不会更多；他干完活儿后，可以休息，可以享受，至于他是用了 12 小时还是 2 小时干的活儿，那并没有关系。相反的，生产者进行竞争，抢夺同一件活儿，他们之间的利益矛盾，雇主和短工之间的利益矛盾，导致市场壅塞。他们之间的平衡使人忽略了另一个更重要的平衡，即生产者与消费者之间的平衡。雇主决定进行一项工作，并不是消费者要求他去做的，而是因为工人们向他表示愿意压价去做。

为了做同一件工作而进行竞争的人，他们的利益应重新结合在一起，而不是互相对立起来，这个任务便落在立法者身上。任务可能是困难的，但是，我不相信会难到一般人所设想的那种地步。如果能够阻止立法完全违背这个社会利益而行事的话，如果把现在的法律，凡是阻碍把遗产分开，方便建立或保存巨大的财产，阻止资本和土地所有权分成小部分交给从事劳动的人，凡是保护联盟，反对工人，剥夺工人反抗的天然手段①的，都一概取消，那么，本来可能已经做出很大成绩了。这一些或那一些法律，以及可能迫使雇主保证他雇用的工人的衣食等等的法律，要一一加以探讨，那就太费时了，而且十分困难，所以，我们今天并不去这样做。我们满足于已经指出了我们应该在这方面去寻找药方，去治疗社会所身受的疾病，或防治可能威胁到社会的疾病。

这个时代也许还很遥远，到时，经济学家的各种愿望，综合起来，可以给最高当局指出在法律的体系中应该作出什么改变。但是，在此之前，我们觉得，我们刚开了个头的这场讨论，今天已经可

① 正当本文首次印刷出版时，我在报上看到一条消息：在麦克尔斯菲尔德，丝绸工人每天原来只工作 11 小时，要是他们工作 12 小时的话，那么额外的 1 小时是要另付工资的。1823 年 4 月 3 日星期六，厂方决定，从星期一开始，工人要工作 12 小时，工资同平日一样，不增加。工人反抗了。为了对付他们，宣布了军事管制法。但是，雇主为什么要这样做呢？是因为价格下跌了。因为他们的商品太多了，所以，他们就要求有更多的、价钱更便宜的商品。

以有点实际的结果了。我们认为：在人类社会中，对劳动日益增加的需要是人类进步永恒不变的、合乎规律的、年年如此的结果。这种需求又是促进一切工业发展和一切工艺完善的原因。在出现新的劳动需求，也就是新的偿付手段和新的消费需要时，社会为了满足这种要求而取得的一切进步对所有人都是有利的。一方面，会出现增加人口的要求，会有更多的婚配，有更多的青少年得救，有更大的学艺的积极性，有更多已经长大了的人去使用劳动力。然而，所有这些结果，只能逐渐地，在一个相当长时间内去实现，要做到不打乱平衡，不造成壅塞，要使新人口，即在未来 10 年、15 年乃至 20 年进入工作年龄的人，到时候不是为了干现在所需要的工作，而是为另一些人服务，这些人是由于他们今天的工作而后来富裕起来的。

另一方面，会出现增加人的机械力量的要求。今天所需要的劳动不可能只由今天已有的人去完成；因此，他们必须每天用更多的钟点去干他们的活儿，要不然就是凭借科学给他们提供的手段，活儿干得比以前更多。每逢他们的生产能力有所增加，只要他们不超出要求他们干活儿的人所能偿付和消费的限度，我是说，每逢出现这种增长，就会创造出新的财富，而新的财富又刺激新的需求。这些工人更加熟练了，或者更有生产能力，他们就可以得到高工资，他们的享受也随着他们的收入一起增加；这样一来，他们又要求更多的工人为他们工作，或要求原有的工人干活儿干得更多；因为他们有能力偿付这部分增加的活儿。还是这笔钱，原来引起新的需要并用来偿付新的需要的，又重新出现在一系列市场上，使原有的工作活跃起来。尽管机械的进步，现有的人还不足以完成需要他们去干的工作。于是，在这个时期获得生命的人长大了就可以得到正在等待着他们去干的工作。这时，人口将会增加，农业也应增产以便养活他们。

社会的一切运动都是息息相关的，它们互为因果，就像钟表齿轮的各种运动一样。但是，也正像钟表一样，为了使这些运动互相衔接，动力必须在它应发生作用的地方发生作用。如果人们不是等候劳动的需求去产生动力，却想通过提前生产来创造这种动力，那么，就像对一个钟表，你不去上紧那个带链条的齿轮，却猛地倒拨另一个齿轮，结果不是把整副机器弄坏的话，就是使它全部停下来。

然而，社会也具有人所特有的那种内在的生命力，使它能够战胜部分的干扰和自发地修补它所受到的损害。当工业的某一个部门，生产超过了需求，市场发生壅塞，工人们便设法改行，换个地方，总是设法适应新的处境，他们在或长或短的时间内，总是做到这一点的，只需人家不去加速在商业利益上发生的变革就行了。在这样一种危机中，反对采用新发明的成见，交通或仿效上的困难，各种各样的障碍，看起来是推迟在工艺上应用科学进步的成果的，其实，这一切对人类都有好处；这一切提供了时间，使生命力发生作用，使那些受到了打击的人能够治愈他们的创伤。这些成见，在许许多多情况下，是社会最可靠的保障，它们一般只对个人利益设置了障碍，足以使平衡得到恢复。可能往往发生这种情况：一个工业家发明了一种新的应用科学的好办法，或者发现外国人一种有利的经营办法，从而建立了一种新工业，并创造了别人并不要求他生产的产品。于是，他就把希望寄托在夺取某些旧有工业的主顾上，寄托在**损害这个行业上**。这是个专门术语。但是，他之所以损害这个行业，是为了别人干的，也对自己有利。一般来说，在个人利益之间有一种平衡，阻止其中的一方能够完全打翻所有其他各方。这个发明家竭尽全力去保守自己的秘密，并独自从中得到好处；另外，他遭到了他竭力要损害的所有同行的反抗，也遭到工人们的反抗，因为他们看得很清楚，是他设法减低他们的工资的。他也遭到老百姓的一切成见的反对，一切成见总是倾向于拒绝革新的。他也遭到了资本家们的反对，因为资本家并不乐意支持他们不明白的或不熟悉的企业。发明家将战胜所有这一切反抗，但是这个过程将是缓慢的，要做到不引起震动，让那些受到排挤的家庭有时间安排，找到新的生计，或甚至让消费者去促成劳动的新需求。

因此，一般来说，这并不是工业的自然发展，即个人利益所促成的发展，造成市场壅塞和使数以千计的工人注定失业和挨饿。这是由于一种同个人利益不相干的势力系统地**损害各行各业**，有时是因为政府把所有工业放入温室，想看到它们的国家采取同其他国家一样的做法，让它生产人家并不要求它生产的东西；有时是因为热心的公民或科学家，他们认为，只有把外国赖以发财致富的一切发明创造都引进本国，才能有效地为祖国服务。他们攻击一切成见，打破一切习惯，迅速传播所有新发现，能传播多远就传播多远，并且以爱国主义的名义，要求资本家建立一些工业，而过去，即使说是为了他们的利益也是在没有得到他们同意去干的。

今天，让我们暂且把政府放在一边，它们的刺激政策已经引起了许多争论。我们只是想同那些因心肠太好而想错了的人谈谈。他们全力赞助生产谁也不要求他们生产的东西，自己从中也并未得到好处。如果我们能够使他们确信，这样生产下去，不一定能促进消费，也许可以使他们回过头来注意他们自己的政治经济学体系的基本原理。他们要求工业绝对自由，因为他们认为，个人利益，通过互相补偿，是全部集中于总体利益的。因此，他们应该看到，是他们自己干扰了个人利益的平衡。当他们因爱好一种工艺而建立一种制造业时，由于他们并没有遵照市场的指示行事，他们往往就为了一种抽象的理论而把人和真正的利益牺牲掉。科学家们的任务是，通过机械、化学和研究大自然方面的进展，时刻准备好去满足市场的一切要求；还有，他们应该随时能够有力地支持人的劳动，只要更大规模的劳动需要人去做时，就给以帮助；但是，只要现在的组织体系继续保持下去，只要穷人仍然任由自由竞争的作用摆布，科学家们就不应把额外的分量加在天平上用来支持工场主去反对工人；他们应该记住他们学派的经济学家的基本原理，这就是：**自由放任，自由竞争**；对那成为多余的几代人，也应让他们有时间**自由放任**。否则，由于冒冒失失的热心，他们加速采用每一种新发现，从而不停地时而打击这个阶级，时而打击另一个阶级，以致整个社会备受变迁的痛苦，却得不到改良的好处。

第二篇　论社会收入

今天，由于我们的习惯和风尚改变了，经济世界正经历一场革命，其中最使我们吃惊的现象，莫过于生产无节制地增长了，这种增长并不是由市场的需求决定的；还有，人通过劳动创造了财富，但在消费中陆续使用这些财富的过程既缓慢，又艰难。但是，关于这个现象，我们很快就看见从那里出现第二个现象，它同样值得我们注意，那就是，当工业超过消费的需要时，便出现困难和痛苦，市场发生壅塞；以及生产财富生产得过多时，所有参加劳动的人便备尝困苦。

提出这个现象本身似乎就是个矛盾：我们谈到人类劳动的产品增加了。别人便对我们说：这些产品就是财富，产品的增加怎么可能是贫困的原因呢？我们谈到消费者用来购买他们所需物品的财力减少了，他们的财力怎么可能减少呢？这些人作为生产者，不是有更多的东西可以拿来进行交换吗？然而，这个现象是肯定的，事实是不容置疑的；市场发生壅塞，或者说市场可能发生壅塞，当生产的商品找不到销路时，整个商业就陷入极大的痛苦中。无论你去问哪一个商人、哪一个工业家，他都会证实，事实的确如此，他甚至肯定地说：市场壅塞和销售困难同时也是商业最经常的、最可怕的灾难。既然事实是肯定的，那么，它就不可能是矛盾的，或者应该说，如果事实表现有矛盾的地方，那么，用大家常用的话来说，矛盾是出于人们所采用的定义上，而不是出于事情本身。

我们设法避开这个困难，所以一开始并没有去谈我们使用的字的定义，或者去估价事物的本质。我们谈到了财富、价值、生产、消费，而不去给这些字下定义，因为我们只能同时也用别的字才能做到这一点。我们使用这些字是根据习惯上的用法，只限于让这些字在读者的头脑里留下点泛泛的印象。我们设法使概念明确，然后让概念自己去确定字的价值。要是通过更为准确的分析，我们在某一方面找出了矛盾的话，那么，要让步的不是概念，而是字。推论的毛病出在定义上，而不是出在事实上。看来正是因为背道而驰，今天，科学才陷入同不可能的事情搏斗的局面。如果人们不是抽象地去考虑财富、生产、消费、交换，而是进一步深入社会组织；如果更仔细地去研究一下，是谁在生产，是谁在消费；如果人们着手搞清楚，可交易的东西是在谁的手里，并且设法看清，是否还是这些人需要这些可以交易的东西；最后，如果人们眼睛里总是看到处在各种不同地位的人，而不是他们的财富，更不是从抽象角度看到的财富的本质，那么，人们就不会为自己所制造的困难或矛盾所难倒，就不会认为极大的丰富和极度的贫困同时存在是不可能的，人们也就不会否认这种确凿的事实，即市场壅塞和生产过度是所有的人痛苦的一个原因。道德科学的内在关系是十分微妙的，是不能用数字来表达的；社会生活的关系极为复杂，是不能抽象地对待的，否则就会把不同的事物混淆起来，也不能把一个社会地位孤立起来看，否则就会把它曲解和歪曲。

丰富或匮乏，富有和贫穷的概念对于每一个人来说，都是很明

确的。根据每一个人为了生活而要进行的斗争来看,也许每一个人最经常处理的就是贫富关系。但是,他要做到推广这个概念,而把它应用于整个社会上是十分困难的。事实上,每一个经济哲学家都给它一个不同的定义,其次,对于一个国家,怎样才是富,怎样才是穷,从来就只有一个抽象概念,一个不完全、因此也是错误的定义,这个定义使得政治经济学方面每一个创造体系的人都感到失望。我们的先驱正是由于相信金、银就是国家的财富,所以发明了重商主义和贸易平衡,他们还继续追求社会的虚假繁荣,强迫社会接受各种代价高昂的规定,各种禁令以及形形色色的困苦。另一些哲学家则因为相信纯产品就是财富,所以发明了同样令人失望的重农主义,并且竭力用他们所谓的直接税来代替一切赋税。各国政府正是因为现在认为国家财富就意味着多生产,少消费,所以竭力活跃工业和出口贸易,而同时阻挠进口。我们今天的经济学家以为财富就在于无限地增加生产和消费,在他们看来,消费是生产的必然结果,所以他们不顾正视无产者日甚一日的贫困,与此同时,生产价值和财富则不断增加。

然而,科学的真正改革家亚当·斯密过去就给科学指出过一条新的道路,他感觉到我们的眼光不够敏锐,或者不够全面,不能囊括整个社会;他觉得我们总是需要把我们的目光固定在单一个对象上来充分地认识它,于是,他便设法让我们了解社会的组织,他的做法不是去调查社会的职能是什么,不是抽象地论述社会的劳动和商业,而是不断地从社会上走下来,同人接触,考虑到他复杂的地位,他和他的同类之间的关系,并且确信,社会不过是人和人的财产的结合物,确信凡是使每一个人得到幸福的,也能使所有

的人幸福。

我们采取同一个方法，采取我们导师的方法，去设法了解出现在我们面前的现象，即市场壅塞，并设法找出解决办法。我们看得十分清楚劳动怎样为单个的人、单个的家庭提供生活资料和享受。我们清楚地感觉到，每个人为自己工作时，他创造的是自己所需要的东西，他觉得怎么合适就怎么干。他并不是准确地根据消费多少而生产多少，因为他积累的储备已经使他感到舒适和富足。如果他的储备太丰富了，来不及使用便坏了，那么，可能有一点劳动损失掉，但不会因此而造成痛苦。浪费的只是多余部分，是白白生产了，之所以如此，是因为产品的其余部分已足够满足他一家人的需要和享受了。这种与世隔绝的状况并非幻想，相反的，这是所有初期社会的原始状态，是差不多正常的状态。请看看正在进入文明阶段的小国吧，或者还有更好的例子，请看看一个新的移民集体吧：社会是由分布在一定地区内的家庭组成。每个家庭为自己耕种自己的一份土地，每个家盖起自己的草房，开垦自己的一部分土地，把另一部分土地用来做牧场，播上小麦、种菜，栽培自己可以吃的水果；每一个家庭纺织自己的大麻和羊毛并且缝制自己的衣服；每家都生活得富足，没有贸易。虽然家庭与家庭之间也互换一部分多余的产品，但很难称得上贸易。可以肯定地说：任何移民地或新社会如果开头不是这样的话，是不可能成功的。在我们眼前出现的，而我们生活在其中的那种更为复杂的形式，每个人的生活资料都仰仗商业和交换，这种形式是过分人为的，因此，新生的社会，如果要靠商业来养活自己的话，就会有挨饿或闷死之虞，这个风险，它是冒不起的。

然而，随着财富的发展，出现了不同地位的划分和职业的分工。交换的对象不再是每个人的剩余而是生活资料本身了。每个人劳动，从事生产，生产的东西是他认为可以满足一种需要或迎合一种口味的，不是他本人的需要或口味，而是公众的需要或口味。他期望公众回头付给他生活资料的费用。于是，在这种新情况下，对进行劳动和生产的人来说，起决定性作用的不是竞争，不是他工作的成就，而是销售。活儿做得好还很不够，活儿必须是人家所需要的。需要的多少要同生产恰恰适应。生产者东西卖不出去就无法生活。为了肯定东西能卖得出去，生产者必须知道两件事情，对此，即使最灵巧的人也只有一个模模糊糊的概念罢了。这两件事情是：他生产的东西，公众到底需要多少；所有同他操一样职业的人生产多少。这两个数量，他是不可能作出准确估计的，因此，他要靠销售才能得到的生活资料就永远是不稳定的。可是，消费者的需要，或需求的增长对他来说是繁荣的象征；相反的，生产大大超过需要和市场壅塞对他来说肯定是贫困的象征和先兆。

这一需求对他具有多么重大的意义啊，这个需求，在某些产品方面，是他自己促成的并且是他同别的人一起加以满足的，它到底是以什么为标准的呢？在这里，人们因为想从总体方面看社会，所以迷失了方向，所以先后认为，决定需求的尺度是流通中的贵重金属，是重农主义者的纯产品，是生产本身。当每个人轮流以各种身份出现，买者和卖者，生产者和消费者，在他们那种互相交叉的、日益复杂的运动中，哪个才是主要的运动，我们是不可能分辨清楚的，我们也不可能抽象地去估价社会的需要或者它满足这种需要的能力。我们必须走下来，到各个家庭中间去，研究每个家庭是用什么作它的消费标准的，并探索一下，是什么限制了这个消费，使它不能更大量消费。

在这里，我们将可以看到，对每个人来说，对每个家长来说，关于什么是财富这个问题，最重要的观点就是：财富就是收入。他的消费标准就是他的收入。他应该知道的第一件事，按照民间常说的一句话就是：这个人每天或每年能吃多少？关于财富的所有其他概念，他都可以不大清楚，对于什么是价值，什么是他的资本、他的工业、他的土地资产，他都可以只有一个十分模糊的概念；他甚至知道这个估价可以大大改变而他的地位却不受影响；同时，他头脑中十分清楚的头一件事就是，他的财产中有一部分可以消费掉，而他不会变得更穷；因为，只要他像过去一样生活，像过去一样工作，他的这一部分财产每天或每年都在再生产，而他也就可以在同一时期内消费它。他也看到，还有另一部分财产，他是不能去触动的，否则就有破产之虞。因此，他就把他的资产同他的收入区分开来。他把每天或每年不论从哪一方面赚来的钱叫做收入。我们在这里给收入这个名词以更广泛的意义。在这个名称下，我们不仅把地租，贷出的资本和出租的房屋包括进去，也把一切工业、商业、农业，任何劳动的工资，公职人员和私用人员的薪金，俸禄都包括进去。但是，一个一家之主，如果他贫穷的话，习惯上就只算他每天的收入，他知道他每天要吃多少，亦即每天消费多少，可以开支多少而不至于变得更穷。相反的，如果他很富有，或者如果他仅仅是个种田人，他指望的是一年的收入，因为一般来说，年收入是一次得到的。

国家不过是许多个人的结合物。一件事情对每一个人是这样

的话，对所有人肯定也是这样。国家的消费，至少是那么一部分，它可以一年接着一年继续下去，而国家不会因此变得更穷或破产的，这就是每一个成员的消费的总和，也就是说，他们各自可以消费不超过他们各自的收入。管理任何私人财产的关键是使收入同开支相适应，这也是管理公众财产的关键。如果说，老百姓提出的第一个问题依然是："这个人每年或每天可以吃多少"，那么政治经济学上的第一个问题也应该是："这个国家每年或每天可以吃多少？"事实上，这个问题的答案，对于估计一个国家到底可以开支或消费多少而不至于失调或破产，这是有决定意义的。这一消费，或者说，决定消费量的收入，应该是再生产的标准，这样才能使生产者找到地方出卖他的劳动产品，才能使销售他产品的市场不会壅塞，才能使他不致因东西卖不出去而破产。这样，整个社会结构就真正地同维持、增加或减少社会收入联系在一起。

在管理私人财产时，收入是开支或消费唯一合理的尺度。每个人都知道得很清楚，要是他把资产连同收入都一起吃掉，他就要破产。每个人只是把收入可以满足的全部享受叫做富足，而把人力所不能及的享受叫做挥霍，因为它必然带来真正的贫困。对于一个国家或整个社会来说，情况也一样。它的财富不过是所有私人财产的结合，它的资本就是所有的人的资本，它的收入就是全体的收入。无论对一个国家还是对一个人来说，情况都确实是这样，如果它把它的资本连同它的收入都一起吃掉，它就要破产；它的全部消费也可以表明它是富足的，但我们首先必须能够肯定那里没有挥霍浪费，肯定它的开支没有超出它的收入。

任何一个家庭的家长都知道，他要发家致富，就只能靠节约，把他每年所赚的一部分钱，拨入他的资本。他还知道，如果他的赢利不能随着他的工作增长，那么，他是不能单靠生产他的产品而发财的；他知道，有一种生产是有利可图的，而另一种则无利可图。一个鞋匠知道，要是他去年制造了 100 双鞋，每双鞋他赚 3 法郎，今年他做了 200 双鞋，每双鞋赚 30 苏，他的收入还是那样多，但劳动却增加了 1 倍。这样，他增加了生产，但却没有得到好处。要是他生产的那 200 双鞋，每双只赚 20 苏，他就眼看着他的劳动增加了 1 倍，而收入却减少了 1/3。对于一个国家，情况也可以是这样。生产和消费同样不一定是繁荣的标志；只有收入增加了，才能更繁荣。

任何家庭的当家人都差不多分得清什么是真正的利益，什么是靠不住的利益，像赌博似的利益。他只把头一种利益算在他的收入内，而把第二类列为侥幸，不见得会收回的。真正的利益并不占任何人的便宜。拿出这种利益的人从中得到自己的好处，接受利益的人也一样。例如，人通过农业，使土地增加产量，他播下 1 袋小麦，收获 5 袋小麦，或者通过工艺改进质量，他用 1 捆羊毛织出 1 匹呢子；或者通过商业得到最大的方便，把从海边收集来的盐运到城里来。但是靠不住的利益，赌博的利益，对于赌输的人来说就是损失。赌徒不管是拿纸牌来赌也好，拿公债来赌也好，拿商品来赌也好，他知道得很清楚，他只能靠损害同他打交道的人来发财致富。他所做的事并不增加财富，而只不过是一种简单的转移而已。他明白，这确实对他没有多大关系，虽然他赌赢了钱，增加了自己的收入，但是并未为国家的收入增添任何东西，因为必须把这笔钱从他对手的收入中扣除出来。但是，一位家长由于自己有更大的利害关系，所以知道得更清楚，他只能信任那个获得真正利益的人，而不能信任赌徒，因为赌徒如果是在机会均等的情况下赌博，那么，他输赢的次数应该是各占一半；如果赌徒设法占便宜，那么他就是个骗子。当家人还懂得、或者根据经验知道，一个企图侥幸的人逐渐会失去所有使他能管理好财产的品质。由于他不知道前途如何，所以就追求一切眼前的享受。对于个人是这样，对于一个国家，那就更是这样，把真正的利益同靠不住的利益区分开来是很重要的。他的收入只能来自前者，后者则给他提供正、负两种数量，彼此抵消；但是后者同时在人民当中散播流毒，足以毁掉他的事业和预见性，几乎同浪费资金一样，肯定使他破产。

任何会持家的人还知道，他应该根据他的收入来组织和扩大他的家庭。他知道要娶妻就必须先有饭给自己和给她吃，否则就不能娶妻。他知道要想有孩子就首先要有足够的收入来同他们共享，要有把握身后能留给他们一份收入，多寡相当于他自己的，否则他就不该有孩子。一个人心灵受到最大激情的冲击时，往往会产生幻想；但是，他的收入愈是定得精确，他的不可靠因素愈少，产生这种幻想的可能性就愈小。每个工人都知道，他的孩子生下来以后，不仅在多年内分文赚不到，而且还会妨碍父母把全部时间用来干活儿，因此就减少了他们的收入。一个家庭人口增加了，开支就必然增加，但偿付开支的能力却减少了。但是，如果一个家庭的家长可以满足开支的需要，而不触动他的资本，他就牺牲其他的享受来满足他做父亲的愿望。如果他有把握一俟孩子身强力壮就能为他找到一个能有收益的工作，那么他就可以放心扩大他的家庭而无后顾之忧了；对于他来说，对孩子的教育是个储蓄箱，他把节约下来的钱放进去，变成资本，将来有一天会给他带来收入的。但是，如果情况相反，他发现他每年的收入不敷他的需要，如果他不能用他的劳动保证他这些亲爱的人有足够的收入，那么，每生一个孩子，对他来说都是一场灾难。如果他为人正直，生活富裕的话，他是不会去冒这个险的。但是，如果他身处这样一种不幸情况，无法估计自己未来的收入；如果他的处境取决于他所不能支配的条件，取决于社会赌博的运气，其中穷人往往要吃亏的，要是这样的话，最经常发生的情况就是他什么也不在乎，而让过早的夭折来抵消过度的出生率。

收入是人口增长的尺度，无论对社会也好，对家庭也好，都是这样，收入是每个人消费资料和富足的标准，收入的总和就是所有人的生活资料和富足的标准。一个国家的总人口中，幼龄儿童占的比重愈大，那么它的开支就要增加，收入就要减少。相反的，一个国家的总人口中，20 到 50 岁的人比重愈大，它的劳动力量也就愈大：只要劳动得到报酬，使劳动阶级的人增加收入，人口就要增长。于是，出生的人增加了。父亲垫付孩子们的教育费用，希望有更幸福的前程。在整个劳动阶级中，人也更长寿了，因为富足是健康的一个原因，富足又是需要的劳动的成果。

但是，如果情况相反，收入减少了，而工作却增加了；特别是如果工资减少了，而穷人为了从数量上得到补偿，设法活儿出得更多，他就会因劳累和贫困而未老先衰，年纪很轻就去世或长期卧病，苟延残喘，于是健壮的人数就大大减少。如果一个国家里，谨慎和循规蹈矩的习惯占上风的话，那么出生的人数就要减少。如果人们堕落到只想到现在，只想到肉欲，人口也许反而会增长。例如，人愈是穷，愈容易染上酗酒的恶习；可是，贫困的受害者首先是孩子。生下来的愈多，保得住的就愈少，就像保得住的愈多，生下来的就愈少一样。在这种情况下，尽管收入减少了，人口的数目可能继续保持下去，甚至还可以有所增加。但是壮年人口却减少了。平均寿命缩短了。通常大量人出生被视为繁荣的标志，现在只不过表示大量生下来的人只在等死而已，既尝不到生活的乐趣，也不知道在生活中应尽什么义务。

马尔萨斯曾经把生活资料的界限定为人口的界限。他说，人类是按几何级数增加的，而生活资料则是以算术级数增加的。因此，人类正在走向可怕的饥馑。无疑，的确有一个界限，超过这个界限，生活资料就再也不能以几何级数增加了；但是，我们现在离这个界限还无限地遥远，地球上还有地方可以让作物大大发展，而所有充当我们生活资料的产品，畜产品也好，农产品也好，都以几何级数增长，比人口增长快得多。的确，人可以在25年内增加2倍或4倍；他同一切有机生物一样，都具有这种机能，虽然在一切动物和一切植物中，人在这方面的能力是居最末位的。但是，人的使命并不是一般地运用这种机能，也永远不会这样做。只有在少数情况下，例如，人口遭到严重的毁灭，或者在迁居到处女地后，劳动的需求量很大，而劳动又大大增加收入，这时，居民就相应的迅速增加，因为原来可能死于贫困的那些人现在能够在富裕中保存生命。原来的水平一旦恢复了，人口的增长就十分缓慢。在绝大多数情况下，这种缓慢恰恰是高度繁荣的一种标志。这时，人的平均寿命最长，这个时期出生的人可以活到高龄；也是这时，像在日内瓦那样，出生人数同死亡人数接近于相等。也是这时，结婚人数

在比例上是最高的，最多的人分担婚姻的义务，分享婚姻的好处和幸福；也是这时，结婚的每对男女孩子生得较少。在日内瓦平均不到 3 个，两个孩子代表父亲和母亲，并将取得收入，多寡相当于以前他们双亲的需要。第 3 个不足一个整数，只是个分数，代表着还未到结婚年龄的人，或者终生独身的人，英国经济学家经常拿来吓唬我们的财产一分再分的问题在这里是不存在的；因为人口总是同他们的收入相适应，所以生活保持在一种经常均衡的、或甚至日益增加的富裕之中，无法说清人口的增长到底是几何级数的还是算术级数的了。

马尔萨斯所假定的法则，连同他的那两种增长，一是几何级数的，一是算术级数的，还有他用来吓唬人类的饥馑只有在一个完全是假设的时间里才会应验。这种时间，人类大概是永远见不到的。然而，今天或每天人口的增加都应该同生活资料相适应。人民有疾苦并不是因为市场上缺乏小麦和肉，而是因为他们没有钱去购买。他们生活富裕并不是因为有更多的食品摆在他们面前出售，而是因为他有足够的收入去购置他所需要的东西，而且买得更多。马尔萨斯自己，虽然只谈到了生活资料的这种物质的、粗略的界限，也是唯一同他的两种增长率有关的界限，看来他对人口同收入之间的比例隐隐约约是有个概念的；他曾解释说他心目中的生活资料就是一个人根据他的地位所需要的一切，但却不去注意人类制造的产品以几何级数增长，比人口增长还要快得多。

但是，如果说收入是一切人的富裕和繁荣的尺度，如果说它是消费的调节因素，是人口的调节因素，那么为什么马尔萨斯并没有谈及它，为什么任何经济学家都没有指出过它的重要意义，甚至几乎没有提起过它的名字呢？怎么能解释这种遗忘呢？另一方面，亚当·斯密——科学的真正革新家——之所以能够促进科学的发展，完全是因为他经常地拿私人财产同公众财产进行比较，因为他正确地把家庭经济的一切规律应用于政治经济学问题上，造成这种遗忘的原因是所有教条主义的作家，所有想树立一种学说的人都需要把这种学说同一种引人注目的、能为大家所理解的想法联系在一起，而社会收入，这个推动整个社会机器的动力，他们愈是想抓住这个概念，这个概念在他们眼前就愈加模糊起来。由于它千丝万缕的关系，由于它不断的变化，由于天天进行的交换，无论是在生产方面或消费方面，一个人的收入换为另一个人的资本，大家对收入这个概念就熟视无睹了。经济学家眼睛望着所有的社会财富时永远不能说这东西就是资本，那东西就是收入，而不遇到别人出来反驳他说，你所说的资本是我的收入，你所说的收入是我的资本。既然无法为物质的东西找到一种特性，从而把它们归类，既然必须把分类看做是抽象的，看做是只存在于每个人判断中的，这就使人们认为，更方便的办法就是完全把它否定，只管社会生产而不管社会收入，只管社会消费而不管社会开支。然而，我们应该可以从日常经验中知道，无论国家也好，个人也好，有时会发现，随着生产增加，自己却没有以前富足了；有时会发现，增加消费远不是一种开支，而是一种发财的手段，而消费掉的资料不断大量地再生产，以致在消费的同时，也积累了资本。

要真正探索社会眼前的疾苦，要能够对这些疾苦找到一个药方，就必须抓住资本和收入的划分，不管这种划分如何抽象，如何不可捉摸。要是人们事先不能肯定人民是否有足够的收入使他们

可以储蓄其中的一部分钱的话，那就用不着去开设储蓄所。如果事先不能肯定，人民为挣得收入而必须工作的时间外，还有点空暇让脑子休息，还有点精力去思考，那么就用不着为他们的训练和教育去费力气。如果不能肯定进行新的生产能产生新的收入，并同生产需要人们付出的努力完全相适应，那就用不着推动人民去进行新的生产。如果不能肯定卖东西给外国人能够增加自己的收入，而人们能够储蓄的那部分收入不会因从外国人那里买东西时使另一笔更大的收入化为乌有，如果不能肯定这一些，那么就用不着去建立对外贸易。人口、生产、消费、积累、繁荣、贫困，一切都同收入联系在一起，一切都可以用收入来解释。

有人是否还要问，社会收入到底是什么？社会收入就是所有个人收入的总和。但是这个总数有多少呢？我们不知道。它是由财富中的哪一物质部分组成的呢？我们也不知道。我们只能从每个人的手里看到这种收入，只能从每个人为自己结算的账目中去识别它。科学揭示了一些奥秘，但并未能解释清楚。政府在做不到准确计算时，就只好推测。另外，关于公众财富的问题，只要有那么多的正数或负数得不到完全的平衡，只要价值概念本身有那么多不同的定义，只要成本价格、市场价格或竞争价格折算为劳动日，只要实物或货币的价格不停地把那么多对立的概念混淆起来，人们就永远点不清财富，永远不可能用数字或用推测以外的数量来表示财富。

重商主义认为一个国家的财富就是它拥有的黄金和白银，根据重商主义者的想法，这些黄金和白银，国家在不断地积累起来。重农主义则只承认土地产物是财富。这两种学说都给亚当·斯密胜利地驳倒了，但是这两种学说仍对许多人有很大影响。因为，对于“什么是财富”这个问题，它们都作出了回答，诚然，回答是错误的，但却是肯定的，大家都记得的；而亚当·斯密回答问题的时候，只举出了一些不完全的事例，即使把它们的精神实质抓住了，也很快就会忘个一干二净。

亚当·斯密认为，公众财富就是构成每一个人财富的一切：房子、田地、工具、牲口，人本身和他自己学会的技巧以及他的工作能力；然后是人所制造的一切产品，虽然其中有些只是昙花一现，没法积累的。这种举例似乎是很空泛的，但是已足以消除某些误会了。在每一个人的财产中，要是拿所有这些各种各样的资料来同每个人所拥有的黄金和白银来比较一下，那就可以看出，无论在公众或私人的财产中，钱财只不过占很小一部分而已。然后，又很快可以看出，某一个人对另一个人所拥有的债权，并不是公众财产的一部分；因为，这只不过是正或负的两个数量而已，它们是互相抵消的。公债同样也要消失的，因为这只不过是贷款人对纳税人财产的债权而已。钞票纸币也要消失的，因为这只不过是答应付现金的凭证，或者是对流通中的贵重金属拥有抵押债权而已。只要把公众财产清点一下，即使是泛泛的，也足以消除一些人的错误想法，他们把信贷说成是创造力量，其实，信贷只不过使一个人能支配另一个人的财产罢了，它既不增加财产的数量，又不增加其实力。

要列举所有人的收入，也许就更为空泛了，但是这也可以消除某些幻想。

假设一个人从事农业或生产技艺，或使土地生产果实，或对这些果实进行加工，使之更适合人来使用，这样，他就增加了他所加工的材料的价值或数量，把它们变成自己的财富。这财富的价值高于他用来取得这财富而预付的代价。人类劳动每年的生产量同他预付的代价相比，超出的部分就是全部社会收入。但是，这一剩余价值有两种不同的估价法，一种是根据它所需要付出的劳动作出的，另一种是根据使用它的那些人对它的需要程度作出的。

当一个家庭生活在一个完全孤立的状态下，不管它的成员有多少，它是根据共同利益行事的，它总是根据每一个成员的需要而规定工作量多少，那么，就永远不会有一件产品是在人家不需要，或者其用途不是事先定好的情况下制作出来的，就不会有货币价格，因为那时还没有交易。然而，在那里，这个概念的发展，要比在我们今天的复杂社会里清楚得多，而在今天的社会里，人们不再愿意给全体的利益以特别保证，人们自夸，通过贸易把许多个人利益纠缠在一起，这样就可以达到相同的目的。在这个我们假定人口众多的家庭里，人们认定每年需要一定数量的食粮、衣服、家具等；家庭的各个成员已经拥有材料、存粮、工具和以前劳动的产品，其中一部分可以视为他们已经积累起来的资本，例如供播种用的麦子，他们准备用来织衣料的羊毛，他们使用的工具；其他的是去年的收入，他们一面消费这部分收入，一面创造新的一年的收入。家庭各个成员都投入工作，在他们之间进行分工，他们耕耘，播种，加工皮革，纺织羊毛，最后集中起来完成来年可以使用的储备：那就是他们的食物和他们穿在身上的衣服。在这储备中，我们可以看到三个部分：其一是资本，是预先用在农业或工业，用在庄稼人的种子，织布工的大麻和羊毛等等开支的复原；另外一部分是既有资

本性质又有收入性质的，这就是一家人劳动的一年中的生活资料，他们所消费的食物，他们所穿破的衣裳等等。作为去年的产品，这就是收入；但是，作为积累的产品，每年开始的时候总是要有的，以便能够重新开始劳动，使劳动能够有所收益，作为这类产品，这又是资本。还有第三部分是纯粹的收入，那就是今年生产超过去年生产的实物数量，或者说劳动的收益。

由此可见，即使在社会的这种最简单的阶段，收入也保存着它的某种神秘的、不可捉摸的性质。它转变为资本，资本同收入一样是可以消耗的：这是给人身体输送养料的血液，它转变为躯体的一部分，而同时自己又不断地更新。然而，在这种情况下，社会的某些法则只有在复杂程度更高时才会清楚地显示出来，人们发现，随着生产方法日臻完善，随着机器愈来愈好，劳动的产品也愈来愈可观；但是人们也感觉到，产品的增长并不见得都是有利可图的。社会的需要是有限度的；所有它不能消费的东西对它毫无用处。一定数目的个人能够吃掉的食物量的指标很快就达到了。只要继续增加这个数量，就会在劳动上造成损失，这时，生产养料的多余劳动就应该只用来改善质量，而不是增加数量，就应该用来使食品更加有益健康或更美味可口。一定数目的个人所需要的衣服数量就不那么精确了。虽然同一件衣服可以够穿一年，但再做一件新的是愉快的事情，如果愿意的话，每年可以做 4 次、8 次新衣服，这样一来，每件衣服就只穿 6 个星期。但应该到此为止了，再做更多的衣服会白白浪费劳动，对社会没有好处，也没有收入。如果由于技巧和工具的不断完善，生产能力还是不断提高，那么很快就会到达这样一个阶段，数量应该停止增长，而把力量用在改善质量上，人

类劳动所生产的产品，没有哪一种是不能应用这个规律的。与此同时，质量的改善也有限度，这个限度是社会应该从事的劳动本身形成的。一切生产，人们只有能够享受空暇的时候才能享受它们。除非社会能把这些空暇时间保留给自己，否则，这些生产就毫无用处。

因此，生产是有限度的，不能逾越，只有把活动限制在这个范围内，增加生产的实力才有好处。生产的数量应该根据人口的数目而定，质量应该根据人的空暇时间而定。当人做到能够利用最高级的科学，当机械学的进步使他可以用无限少的时间生产无限多的东西的时候，他同时也应该中断他的生产能力，中断时间要长得多，他也应该给自己留下多得多的空暇时间；因为，精美的食品，高价的衣服和所有高度完善的东西，只有有空暇时间的人去使用。

这些规律，只要是有关家庭的，不管其人口如何众多，人们是理解的，是看得清楚的。对于社会的任何阶段，虽然它的管理不是根据聪明才智，使人能够弄清楚它内部成员彼此之间的关系，不是根据某种意志，使所有人都为共同利益而奋斗，虽然如此，这些规律也同样适用。个人的利益打破了把各个人团结在一起的联系。他们依靠贸易，依靠货币，可以各自满足自己的需要而不顾共同的利益；他们处于互相对立的状态，只是慈善家认为，最好是说，最好是相信他们之间的对立使大家都满意；他们也采取联合行动为所有人的好处奋斗，就好像他们真正见到这些好处似的。

生产的利益自认为是独立的，同消费的利益无关，而生产的利益又分为大量互相竞争的利益。谁手里掌握了若干数量积累起来的财富，一般情况下就负责领导一年的生产：他们分为两个阶级，以便有一些人去从事农业，另一些人去从事工业。他们对地主说：你让我们来使用你的土地、房屋和改革成果吧。我们来管理一切工作，而在生产成果中，我们留给你始终相等的一份，地租或租金：这将是你的收入。他们对庄稼人说，让我们来经管你的工作吧，我们负责收集成果；但是在你得到成果之前，我们按日子付给你工资，工资从我们的资本中提取，并且成为你的收入，我们方面，还预支一笔新资本，以实现各种改进；你的劳动成果将会比你自己管理时还要大，但这将是我们的利润。随之而来的是政府和教会，它们从地租、工资和利润中，提取新的一部分，用来分给各种级别的公职人员，作为收入。

与此同时，其他的资本家着手经管工业，他们付给工人工资，付给工厂主和机器主租金，付给其他资本家利息，这些资本家只限于借钱给他们而不愿管任何事；最后，他们还向政府纳税，他们为自己保留一份利润；这样，他们就成为分配者，把每年的收入分配给 4 或 5 个阶级的人；但是，这收入，不论在农村也好，在城市也好，永远只不过是劳动价值的剩余部分，为了进行这一劳动，事先必须预支一笔资本，劳动就是用这笔预支资本进行的。

如果劳动是同劳动的理应消费者共同进行的话，生产本来同消费总是保持适当的比例的。但是商业愈扩展，距离很远国家之间的贸易愈发展，生产者就愈无法准确地衡量他们所要供应的市场的需要了。另外，他们也不关心这件事，每个人只想到自己。他不考虑自己的努力是否真正地增加社会的收入，而只想到如何把最大份额抢到自己手里，不惜损害他人。往往为了达到目的，最简便的办法就是把所有人的份额都减少了。

资本家，从事工业的企业家，如果在他所供应的市场上，消费者对这一工业产品的需求增加了，那么，他就肯定看到自己的收入增加；但是，这一增长，如果是遍及整个社会的，那么肯定就会是出奇地缓慢和渐进的。为了扩大对食物的需求，办法不应该是让更大量的人出生，因为这种情况，如果没有别的因素，会带来更大的开支，而减少收入，广大人民群众就会吃得更坏，大多数孩子就会在低龄时夭折；问题应该是提高生活水平，特别对穷人来说是这样，因为在他们的开支中，食物占去3/4，而在富人的开支中还不到1/10。提高生活水平将会延长穷人的寿命，并使更多的孩子能够成长。然而，在人口增加最快的国家，原因可以是出生多或长寿，除了爱尔兰和殖民地外，人们还从来没有见过人口在一个世纪内增加了1倍的；尽管有人曾经计算过，如果人口继续按近年来的速度增长，那就会在更短得多的时间内增长1倍。一般来说，在真正繁荣的国家，人口增长并不显著。然而，人口的进展是生产粮食的农业应该给自己规定的界限。让我们不考虑丰收和歉收的这种波动，好坏年头总是得失相抵的，人们不应该把粮食产量每年增加1%以上，因为这就是欧洲的幸福的人民迄今作出的最大进展。由于农业每逢有所改善，生产就会增加，生产速度就会加快，所以每逢有所进展，都必须同时放弃生产最大量和生长最快的粮食作物；例如放弃若干马铃薯地，改种小麦，或放弃麦地，以便用来生产肉类和酒；放弃粮食地，改而生产亚麻、大麻、茜草和城市工业原料。事实上，一般发生的情况就是这样，例外的只有某些作物，开头是为人而种植的，后来改用以喂养牲口，但结果是一样的。

在边远的地区，同邻近地区交通不便，对每年可以消费的食物资料，生产者是清楚的，所以不会种那么多的粮食和把它投入市场，以致卖不出去；但是，如果农人比较接近大城市、海港、运河、铁道，总之是一个市场，其规模是他无法估计的，那么，他就什么也不顾了。如果可能的话，他就把他的收成扩大到 2 倍、4 倍，并打算比其他生产者索取稍为低一点的价钱出售。为了降低价格，他首先设法减少那些在生产上同他竞争的人的收入，少给地主地租，少付借钱给他的人的利息，少给工人工资，少付政府赋税。由于把太多的小麦拿到市场而卖不出去，他就必然造成这种结果。因为小麦马上就要降价了，所以所有农人都像他那样向地主、资本家、工人、统治者发出同样的怨言；于是地租减少了，贷款利息降低了，工资削减了。

同时，他又对所有其他农人作出反应。如果他的耕作方法更好，用同样的劳动，预支同样的资本，他可以生产更大量的食物，那么他用同样的价格出售就可以赚钱，而别人却要亏本。这样他就继续发财，而其他人则破产。于是，他便提出把他们的产业都租过来，加在自己的上面，他找到别的资本家帮他的忙做这件事，即使他的管理规模扩大了 1 倍，他的管理工作却不会增加 1 倍。另外，要是他每 20 万法郎能赚 4%，那要比他每 10 万法郎赚 5%有利。小的农庄便消失了，只剩下最大的农户。

这样，从土地得到的收入因这种过量的生产而减少了。地主同意降低地租，资本家满足于 4%而不是 5%的利息；农民满足于 4%而不是 5%的利润；短工满足于每天 20 苏而不是 30 苏的工资。可是，所有这些人都是食品的消费者。他们合起来就是消费者的最大的主体。对于他们每一个人来说，收入减少了，随之而来的就是消费减少，在数量上或在质量上的减少；穷人不再吃肉而吃面包，不吃面包而吃马铃薯。对于富人的影响就更复杂了；收入减少的后果就是需要更多的资本来维持生活，需要更多的土地来取得同样的地租，需要借出更多的钱才能得到相同的利息，需要更大的农场才能得到相同的利润；由于富人总是极力避免他们家庭的衰落，避免非门当户对的婚姻，原来的有钱人数目减少了，原来的贵族家庭的数目事实上一代比一代减少，以致遗产就变得更加可观。因此，有钱阶级的消费从总体来看将要减少，不仅是根据收入减少的比例来说，而且根据人数减少的比例来说都是如此。这个双重作用在英国是十分明显的，尽管使人飞黄腾达的事业很多，也许比任何其他地方都保持更大数量的豪富家庭，但是，在那里，地主的总人数显著减少了，农人的数目也许减少得更厉害。他们所消费的小麦、肉类和上等啤酒也随之减少；至于短工们，他们从吃肉降为吃面包，从吃面包降为吃土豆；他们的消费在数量上和质量上都降低了。

我们着重于谈农业生产，因为在这里比较容易抓住生产和消费之间的关系。然而，在工业生产方面发生的情况也恰恰相同。例如，为了对衣服有更大的需求，办法不应该是让更多人出生，而是让应该穿衣服的人更富裕一些，让国家的所有阶级有更多的收入，因为所有人都把他们收入的一部分用在穿衣上。出生的增加可以只增加死亡的人数，而对各种衣料的消费丝毫不起作用。生命力的增加，延长了充满活力的年代，也就是人们花最多的钱在衣着上的年代，因而会有更加显著得多的影响。然而，我们已经谈到过，不论出生的增加，还是长寿，都不会使人口在百年内增加1倍。

提高生活水平会使衣服的消费增长得更快，特别是提高穷人的生活水平是如此。勤换衣服，不论对健康、对清洁卫生、对享受来说，都是有好处的。地域辽阔的蒙古的王爷们每天晚上都要把身上穿的锦袍撕碎，不想再穿这件衣服了，这是他们引以为骄傲的；也许，欧洲的妇女每年要给自己做30套衣服；这大概是轻浮习气所能决定的最大消费量了。然而，从健康和清洁方面说，每年每人穿4套衣服大概是国民消费所能达到的最高限度了。一俟工厂达到这一数量衣料的生产指标后，生产得更多就没有用处了。这时就应该注意质量而不是注意数量，应该使衣着的材料，使它的品质和花样多样化，并且最后停下来，所有多余的人手应该用于织布以外的工作，不然的话，工人们便会在贫困中灭亡。然而，生产的增加在工业方面要比在农业方面无限地迅速得多；某台机器，用一定的工作量可以把生产提高至两倍，另一台可以提高至4倍，甚至10倍。够所有人穿的农料很快就生产出来了，改善质量方面的界限很快也达到了，至少对所有劳动的人来说是这样。劳动同高质量或华丽的衣服是不相容的；劳动者认为耐穿是衣服最宝贵的优点；但是这优点本身可以使他免于经常缝制新衣服，因而也就减少了消费；至于用呢子来代替粗毛呢，用棉花来代替羊毛，这不是增加消费，往往还适得其反，是减少消费，因为后一种布料比前一种便宜，需要的劳动也较少。

但是，制造商，同接近大城市的大农场主一样，都不了解自己的市场；他迷迷糊糊看不清楚，他想象买主是无数的；要不然就是他不关心他的竞争对手的损失，一心只想把雇主拉到自己方面来。当他发展自己的工业，因而使一家不过是外国的工厂倒闭时，他便

自认为是爱国的，并引以为荣；但是，事实上，他对自己的同胞也一点不客气。他的一切劳动，一切技巧都用来达到一个目的：卖得比他的对手更便宜，办法有时是用更完善、更昂贵、但生产效率也更高的机器来代替迄今使用的机器，有时是设法减低厂房的租金，减低借款的利息，因而就减少游手好闲的富人的收入，有时又是减少工人的工资和勤劳的穷人的收入，有时压缩他自己工业的利润，这一点，只要他在更大规模上生产的话，还是有利可图的，有时又是投消费者所好，提供一些新产品或者创造一些新款式。这样，他增加自己的生产，而减少资本家、工厂主、制造商、他的同行，以及他自己，还有所有工人的收入。对于某些人来说，这种做法是致命的。当他把每年的生产从 10 万法郎提高到 100 万法郎，他就把 9 个制造商置于死地，他们是他的竞争对手，每年每人制造 10 万法郎的东西；当他减低工人的工资，或者迫使他的对手解雇他们，他就会使身体最弱的工人以及他们的孩子陷入贫困而死亡，不久后，也使其余的大部分工人陷入绝境。他的繁荣兴旺对于事物也好，对于人也好，都是一场灾难。有了他的新工厂，他的新机器设备，旧有的就没有用处了，由于要竞争，他扔掉了旧设备，原先用来购置这些设备的资本也就荡然无存了。社会收入遭到损失，因为存钱的利息减少了，工业的利润减少了，所有变成无用了的工厂和机器损失了，工人的总人数和每一个工人的工资减少了。因此，在所有这些阶级中，消费减少了。工厂主发挥他的全部力量增加他生产的布料的数量，提高质量，推销产品，与此同时，他也就同样积极地减少这些或那些产品的买主，并使所有日益变穷的人穿着他们的衣服穿得时间更长，对质量的要求也愈来愈低。

我们如果还是这样谈下去，谈到工业的所有其他产品，所有器皿、家具、武器等等，我们会使读者感到疲劳的；总之，无论在什么地方，我们都可以发现，消费是不能超过一定的限度的，这个界限可能难以划出来，但肯定是有的。只要生产超过这个界限，那么，这种异常丰富的生产不仅远远不是增加收入，而是减少收入。这样一来，物质财富、表面财富的增加，对于整个社会来说，只会造成更大的贫穷和困苦。

我们觉得，通过对社会收入的这一分析，已经充分地回答我们在上面提出的难题了。我们觉得已经说明了，即使是最好的东西，也可以变得太多了。的确，劳动是件好事，但是，如果超过了需求，如果引起工资下降，以及因此减低了劳动者的收入，那么，提供的劳动也可以是太多了。资本是好东西，但是，如果推动生产的是资本家，而不是需要产品的消费者，那么，资本也可以是太多了。这样一来，生产超过了应该用来购买产品的收入的价值。这种失调使得所有要出卖的东西价格下跌，因此，进一步降低一切有东西出售的人的收入；这些收入的主人本身又成为消费者，而他们所受到的损失使他们更加没有能力购买来年的产品。最后，生产是件好事，但是生产也可以是太多了，或者是因为劳动过剩，或资本过剩，或者是科学给予生产技术的推动过于迅猛；因为，如果生产不是根据消费者的欲望去调节，不是根据满足这些欲望的能力，也就是根据收入的多少去调节，产品就会卖不出去，从而使生产者破产。

从我们以上的阐述，还可以得出另一个定理，是同人们所接受的学说相矛盾的；所谓个人利益的斗争足以给所有人带来最大的好处，这是不确实的。正如家庭的兴旺要求家长想到量入为出，生

产多少要看消费的需要而定，同样地，在管理公共财富上，最高当局必须时常监督和约束个人，使他们为大家的利益而努力，当局永远不要忽略了财富的构成和分配，因为正是这一收入应该使所有阶级分享富裕和繁荣的好处；当局特别要保护贫穷的劳动阶级，因为它最没有能力自己保卫自己，往往为了别的阶级而被牺牲掉，它的痛苦成为最大的困难。最后，当局应该特别关心的不是国家财富或收入的增长，而是使之恒久和均衡，因为幸福有赖于长期在人口和收入之间保持一个不变的比例。而当前者或后者遇到变幻莫测的情况时，某些人意想不到的暴富，永远不能被看做可以补偿另一些人的破产和悲惨的死亡。

人们要考虑到更特殊的情况，这才能明白贫困的劳动阶级为什么感觉到需要保护，以及最高当局怎样可以实行这种保护。这些阶级当中，人口最多的就是那些从事农业的人，同时，也是那些财富学派作者最不关心的。然而，今天，也许这个阶级比任何一个阶级更感受到财富学派的原则的副作用。我们将用以下的论述来使大家明白这个阶级的地位，以及主要应该为它做些什么。我们不想把我们的观察普遍化，我们不怕把我们的目光轮番地集中于单独一个国家，以及有关土地的各种经营契约的各种后果上。我们通过分析一些专门的著作去寻求事实，这些著作的目的往往是同我们打算从中得到的东西完全不相同的。最后，我们不会忘记，对于这样一个似乎老在我们眼皮下而又是那么陌生的问题，我们更主要地是阐述现实的情况，而不是指出应该是什么一种情况。

第一部分

论领土财富

第三篇　在领土财富分配上，哪种方法能给社会带来最大幸福

我们迄今探讨了人如何通过劳动创造生活资料，以及劳动的结果对整个社会产生什么影响。我们认识到劳动是我们所说的财富的唯一来源；因为劳动产生、加工或至少是收集自然物品，这是人类用来满足自己需要的；但是，我们也已经觉察到，在错误的领导下，劳动本身也会造成贫困，而劳动的目的却是消除贫困。我们也明白，有时与其催促大家劳动得劲头愈来愈大，倒不如为了家庭和城市的良好规范，为了完善的政治经济学，给这种吞噬一切的活动规定一定的限度，使国家得以避免因自己工业产品壅塞而负担过重，并给劳动者们保证，免除他们承担互相进行竞争的后果。

为了准确地认识应该怎么办，使社会大家庭的最重要和最宝贵的阶级，也就是养活整个社会的那些阶级，能够摆脱看来正在威胁着它们的灾难。我们发现，这些阶级也是我们应该研究的阶级，而不应把我们的目光盯着事物的抽象性质；必须通过观察，认清社会生活中，什么使这些阶级幸福，什么使这些阶级遭殃，一个国家

一个国家地去加以研究，研究它们的风俗习惯，它们的家庭经济，并且只有充分掌握了事实以后才去考虑各种体系。

在对人类及其生活条件的研究中，我们认为应该首先注意从事人数最多，而同时又是最重要的一种职业，也就是使土地开花结果的职业，没有它，任何社会都不能存在，这种职业似乎是最容易取得成功的。只要看看，在想象梦幻中出现的黄金时代就是以这种职业为主题的，就足以证明了。然而，也正是这种职业最受人类贪婪之苦，遭到最残酷的横征暴敛、贫困和奴役的灾难。

的确，如果我们从劳动的角度来看待靠劳动取得生活资料的社会，那么，我们可以看到，它分为两大类别；一个类别是向土地索取其劳动果实的，另一类别是向人索取其劳动果实的。第一类别的人仅仅致力于在交给他们用的土地上施肥，在土地上预支他们的劳动、他们的种子，而期待土地用收获报答他们，无论在价值上和在数量上都超过他们付给土地的东西。无疑，这也是一种交换，但这种交换是在人同大自然之间进行的。农人把他的资本交给了大自然，又从大自然那里得到他的收入；他是靠土地财富生活的；另外，他是独立的，并且可以说不怎么需要其他人。我们可以想象，我们甚至可以观察到，在不止一个国家中，有的社会只是由农夫和牧人组成的，他们只从事田间劳动，他们的妻子则在家里为他们准备衣服。因此，在他们的生活中，没有交换，没有贸易，除了同大自然斗争外，没有其他斗争。

第二类别的人生活在商业财富之中，只在文明的社交中来往，从来不会孤单。他们致力于互相交换服务、劳动或劳动成果，可以说，他们生存的任务是为农民服务，使他们免除由于田间劳动而没有能力照顾的事情，为他们准备生活中的各种方便和多余的东西，而农业则提供生活的最基本需要。

文明的进步，财富的积聚，在一定程度上使这两类性质最初看来那样不同的人混淆起来。一方面，领土财富的儿女陆续放弃他们的独立性，而愈来愈使他们的生产劳动依赖于贸易的运气，同时商业财富的儿女，借助大自然的力量，让自然的力量为自己效劳，取得了同农人相似之处。然而，农田和城市两种生产劳动之间的区别，是足够用来从事科学研究了。

依靠领土财富生活的这一阶级的人是最古老的和最必需的。另一方面，依靠领土财富生活的那个阶级则是文明和进步的产物，因此总是为那些认为国家的力量就在于财富的人们所欢迎。商业是由大量和多样的交换构成的，因而发明了大大方便和促进交换的工具：货币。这些交换涉及商业财富的资本本身，但只包括领土财富收入的一部分，社会愈不发达，这一部分也就愈小。因此，纯粹的农业国所拥有的货币要比商业国的货币少得无法比较。此外商业又建立了信贷，因为商人的资本往往一年要经过他手好几次，他就可以履行他所承担的义务，即使需要他拿出全部家产也行。另一方面，要是没有商业的帮助，地主得到他的收入是很困难的，就无法偿付债务，他的土地财产由于债务遭到损失。然而，长期以来，只有货币和信贷被视为财富。政府所觊觎的就是它们，政府用于国防的也是它们，又是它们使政府幻想商业财富十分重要，并认为这是社会的主要财富和资源。

令人奇怪的是，直到今天，这种对商业财富的偏爱仍然保持下来，虽然对货币的性质、信贷的性质，大家更加了解了，虽然人们不

再认为，把贵重金属吸引到自己国家里，不再让它们流出去，就是使自己的国家富有了。其实，只要看看农业给那么多的人提供工作和生活资料，人们本会响应絮利[①]所说的这句话：牧场和耕种是哺养国家的两个乳房。但是重商主义体制总是从贸易的角度去看待农业，而财富学派虽然摒弃这一体制，但并没有采取更开放的观点。让-巴蒂斯特·萨伊在《政治经济学课程》中精确地阐明了新学派是如何看待农业的。他说："这是制造农业产品的工厂，应把它同其他工厂一样看待；这是一种交换，拿它所付出的一切生产费用同它所取得的产品来交换。这种交换是有利的，因为付出的东西少，而得到的东西多……因此他认为，每逢农业以相同的费用能取得更多的好处，或得到的好处一样，但费用却减少时，农业就在进步。"

这是一个原则，不单是萨伊先生一个人的，而且是整个财富学派的，所有今天自认为在促进农业的人都积极奉行这个原则。这是个富有成果的原则，但是我们却不得不对其后果感到遗憾，并且设法加以克服。根据这些哲学家的意见，农业的兴旺应该根据它向农业经营者提供产品多少去评定。他可以由于生产得更多或者开支得更少而赚钱。他赚消费者的钱，办法是卖给他更大量的产品，或者卖的价钱更高。他赚他的同伙的钱，赚他的工人的钱，办法是设法得到还是那么多的产品，但无需用他们来进行原来由他们做的工作，或者让他们仍做原来的工作，但减低工钱。这样，他

① 絮利(Sully，1559—1641)，法国亨利四世大臣，以善于管理财政和保护农业出名。——译者

们所说的国家收益,其实是一种私人利润,是从国家的两种灾难中得来的,那就是生活资料昂贵,或者是工人贫困。

我们认为:政治经济学应该从更为广泛得多的范围来考虑领土财富问题。应该把这一财富看做国家的最大利益,因为整个国家都是从这上面取得生活资料的,而在一个管理得好的国家里,人口的大部分是把自己的劳动用于土地上,并从土地得到自己的酬劳的。正是在这双重的观点下,我们提出应该讨论这个问题:在领土财富的分配上,哪种方法给社会带来最大幸福?

首先有一个疑点。人在土地上劳动,但土地本身不是劳动的产物,这是大自然无偿的馈赠,就同空气、水、火、光亮一样,这好像是给全人类的一种馈赠:那么,为什么一部分人被剥夺了呢?为什么另一部分人却得到专门的特权呢?这种特权难道不是变得特别昂贵吗?因为一个国家所能支配的土地是固定不可更改的和不能伸展的,所以其拥有者对这些土地实际获得了垄断的权力。

土地的这种公有制并不是一种推想,狩猎民族,畜牧民族,以及过去那些开始在农业方面寻找资源的民族都实行这种土地公有制。他们的经验应该能答复我们的疑问和澄清我们的理论。狩猎民族在无边无际的森林、原野上漂泊,把土地视为是大家所有,不分彼此;他们不可能想象在他们之间瓜分土地,因为他们不得不经常东奔西走,追逐总是在他们面前逃跑的猎物。这些猎物是他们生活资料的唯一来源。另外,他们无法为将来作些什么准备,他们不能进行积累,他们没有收入。狩猎给他们提供一种很不稳定的收益,也就是他们对野兽进行可怕的赌博的彩头,因此,也是同自己进行赌博;因为他们每得到一分好处,就等于减少自己一分资源，任何生产劳动都是进行创造，而他们的生产劳动却是进行毁灭。今天，他们杀了许多猎物，他们生活得富裕了，同时却造成未来的衰落；因此，饥荒每时每刻都在威胁着他们，很快就会使他们这个种族灭绝；红种人和野兽在森林中愈来愈少了，红种人并不比野兽更能抗拒文明。

畜牧民族形成更强大和更持久的社会。有的国家，如阿拉伯和鞑靼，好像天生注定不会有别的居民似的，而另外一些地方却相反，它们漂泊不定的民族定居下来了，因为人口增加了，而社会也同意给他们以进行农业劳动的保障，阿拉伯人和鞑靼人是不给予任何这种保障的；他们说，土地是属于所有人的，就同空气一样，同水一样；他们不能容忍在他们那里把地圈起来，不能容许有什么最先占有的特权，因此，他们不会让任何人产生这种欲望，增加土地的肥力，在那上面进行劳动而不收取果实。但是，他们承认和保障牧人对他们的畜群的所有权；因此，他们鼓励牧人繁殖牲口；成千上万的牛羊听从牧人的呼唤。它们的奶和每年产崽就成为牧人的收入；畜群的多少同大自然在无人照管下生产的草料多少相适应，狩猎民族所追逐的猎物吃掉的可能还不到大自然1%的草料。由此可见，人类最初照管的不是土地，而是依靠土地生活的牲口，人类也对大自然的产品、对作为大自然的儿女的牲畜的所有权给予初步的保障，这种照管和保障无限地增加了人类的资源及其生活资料。

在畜牧民族中，过去在日耳曼，今天在波斯边疆上，都有一些人愿意从事农业，他们容许围上一块地，在上面播上种子。但是，他们最珍视的是平等而不是富足，他们要求在收获后，每个人的那块土地仍交还集体，在需要时再行分配。在美洲的某些狩猎民族中，也发现类似的情况。红种人在他们的草房周围种上一点玉米，种上一点土豆；但是，在收获以后，他也许随着他的部族到几百里以外去打猎，所以，他不要求占有土地。收获后，他就把那块地抛弃，他不会想到要开荒、种植和从事任何永久性的劳动来增加土地的财富。

但是，保障农业的常年劳动是很不简单的，整个社会都从中得到好处。人类通过驯养家畜已经比通过猎取野兽从土地得到多得多的生活资料，他们又从种植谷物取得更多的生活资料，要比从谷类的自然生长中取得的多得多。所有权得到了新的保障，已经扩大到更多的大自然无偿的馈赠上，而整个社会都从中得到好处。只要社会的一些成员得到更多的生活资料，所有人就都生活得更舒适，整个国家都得以免除饥荒。

经验证明，占有土地的用处是用不着怀疑的。猎人、牧人在一块地上播了种，就可以不再过那种漂泊的、匮乏和贫困的生活而享受富裕和稳定了。他清楚地看到，他的圈地和开荒劳动愈是长时间在同一个地方进行，他得到的好处就愈大。从他播下第一颗麦种那天开始，他就想永久保有那块地。这种欲望之所以未能占上风，在绝大多数情况下，并不是因为由于别人分不到土地而嫉妒之故，因为有足够的土地使每人都有份，而是由于野蛮种族固有的掠夺嗜好。每个小小的社会都有那么一些邻人，想在他们没有播种的土地上收割。农业使社会依赖于他们，因为它把社会固定在同一个地方，使其处于守势。每个小小的社会内部都有一些狂暴的人，他们不服从任何规则，大家不知道如何去制服他们。自己人和敌人的双重掠夺使流浪民族长时期不能定居下来，尽管他们每一个人都认识到，要是以农业为生，他们就会不再贫困而富裕起来。

田园生活保证大家的福利，这种认识最后占了上风；国家保证每个公民有进行劳动去改良土壤的私有权。由于劳动总是同土地分不开的，所以对土地的永久所有权便随之而来。于是，人征服了大自然，使它面貌焕然一新；这样，人们就可以认识，土地可以产生什么财富，而大自然的馈赠是多么贫乏，两者之间差别有多大。不仅这样，人们还可以认识到，是什么因素使人们具有聪明才智和坚强毅力去劳动，又是什么因素使他们集中力量去为有益于自己同类的目标去奋斗，这就是对土地的永久私有权的认识。最肥沃的土地总是水流冲积而成的土地，但同时又是洪水泛滥所威胁的地方，或者遭到沼泽侵蚀的地方。在得到永久私有权的保障下，人便从事长期而艰巨的劳动，使沼泽有一个排水口，建筑堤坝来防洪，利用灌溉渠道来把肥沃的水引到土地上去，而在过去，这些水却使这片土地注定颗粒无收。还是在这种保障下，人们不再满足于每年从土地得到的收成，他们从野生植物中，区分出对他们有用的多年生作物、小树和大树，他们通过栽培，加以改良，可以说改变了它们的本质，并且加以繁殖。事实上，在水果中，可以看得出有一些是经过好几个世纪的栽培才达到今天的完美程度的，还有一些是从十分遥远的地方引进的。与此同时，人类把土地深深地翻开，更新它的土质，把它的各部分混合起来，加入空气，使它更加肥沃。他们把丘陵上正在流失的土壤固定下来，把原野的全部面积用茂盛的作物覆盖起来，使得无论什么地方都对人类有用。在这些劳动中，有的是他们在 10 年或 20 年后才有所收益的，还有的是他们的子孙后代在几个世纪中还可以享受得到的。所有人都同心协力去增加大自然的生产力，使人类得到无限地更加丰富的收入，其中一个重要部分是由那些没有土地产业的人消费掉的，这些人似乎由于土地瓜分而遭到剥夺，但是如果土地不瓜分，他们本来可能找不到饭吃的。

就这样，土地的永久所有权便发明了，并得到了保障，使大家都得到好处。这个起源是不应该忽略的，因为，所有权只有根据它设立时所确定的目的来管理才是正当的。地产交给私人经营，以便使他可以增加生产和社会收入。因此，如果业主滥用交给他的土地去限制生产和为自己谋取收入，不是从土地那里得来的，而是剥削其他人得来的收入，那么，他的做法是不正义的、不正当的。地产交给了他，是要他在得到产业的永久权利后，永远为了未来的利益加以管理。如果他把这块土地放弃给一些只关心每天的利益、暂时的利益的人，并因此剥夺了整个社会由于这种永久所有权而应得到的好处，他就是把土地用于不正义的、不正当的用途。因为，他之所以得到这种永久性的保障，本来只是为了让他回过来保证农业财富得到不断发展。

我们所设想的幸福，莫过于一个民族从事耕种土地，亲自劳动，并且懂得赋予自己一个相当有力、相当自由的政治组织，保证从事耕作的人能够享有土地的果实。这就是大部分新生的小民族的命运。这些小民族不再过漂泊的生涯而定居下来，向文明迈进。正是由于作出这重大的一步，古希腊人和意大利人取代了佩拉热派[①]教徒，并从此以后，他们的民事和军事优越性在几代人中不断得到蓬勃发展。在这些社会的始源，每一个人都是自己亲自耕种

① 佩拉热派，公元5世纪时不列颠的异教徒，否认赦免和原罪。——译者

的土地的绝对主人，他用不着向任何人交租，每一个人都有劳动的同等权利，都可以得到同等的好处。劳动在全年均分开来，每天都有要做的活计，每天都有休息的时候，有享受的时候。食物是从土地生长出来的，然而是多样化和丰富的；衣服也是从土地生长出来的，大麻、羊毛、动物的毛皮提供了原料，但是衣服是在家里由妇女缝制的。当时，罗马已经国力强盛，声名大振，但它还没有任何工厂、商店、贸易；我们今天所说的一切城市工业都是在自耕农的家庭内部进行的。然而，在这样一个欣欣向荣的社会里，已经有一个可怕的制度了，那就是家庭奴隶制；但还只在萌芽状态，只有在更加富有的时候，才可以预见到它可能产生的苦果。当时，奴隶制还不过是一种措施，缓和一下战争的权利。在小部族之间进行的这种战争，并没有留下什么深仇大恨，他们都是同一种族，说同一种语言，风俗习惯都相同的人。俘虏给叫来同主人一起劳动，同一张桌子吃饭，同他的儿子们结合在一起，因为在罗马的立法中，儿子受父亲的支配，同奴隶的地位是相同的。因负债而被捕的人也受到同等待遇。奴隶制还不过是少数特殊情况，还没有玷污劳动，等到大财产建立起来，就完全改变性质了。

只要古老的欧洲仍然分为自由民和自耕农，它们就以奇妙的速度日趋繁荣；庄稼从平原一直伸展到山巅，增加土地肥力的一切方法都陆续发现了，土地的产品一批接着一批种出来了，满足了人类的各种口味。罗马的大片原野，今天已渺无人烟，但在当时，人丁兴旺，生气勃勃，人口密集。根据估计，5 阿尔庞[①]的土地就足够

① 阿尔庞(Arpent)，旧土地计量单位，约合 20—50 公亩。——译者

养活一家人了；然而，尽管经常发生战争，人口仍不断增长；就像一窝蜜蜂，每年都生产一巢蜂那样，每个城镇，经过一代人的发展，就要把一批移民送到外面去。这一批移民，还是根据那些原则，重新取得社会进步，成了许多自耕农，设法从农业中得到一切，他们迅速地繁荣起来。就是这个时候，人类分布于全球，他们互不依赖，生活富裕，讲道德，国家从而扩大起来。以后，它们的命运就随着政治和战争而沉浮。

历史上曾在意大利和希腊呈现过的光辉灿烂时代的美景，也就是田园幸福，在我们这个世纪也不是找不到的。凡是可以找到自耕农的地方，就可以找到这种富裕生活，安定的环境，对前途的信心和独立性，既保证幸福，又保证各种美德。农民带着他的子女，在他继承的那份产业上，担负起全部工作，上不向任何人交租，下不给任何人发工资，量入为出，生产多少就消费多少，吃自己的麦子，喝自己的酒，穿着用自己的大麻和羊毛织出来的布，用不着关心市场价格，因为他没有什么可以出售，也没有什么可以买入的，从来不必害怕商业上的革命。他对前途一点也不担心，他充满希望，憧憬着越来越美好的未来。因为，除了一年的劳动外，空下来的每一刻钟，他都可以用在他的儿女身上，都可以为未来的世纪效力。他只需拿出很少的劳动时间，便可以把一颗种子埋在地里，百年以后，就会成为一棵大树；他可以挖一条排水沟，使他的田地干燥，可以修建一条管道把活水引来，可以不断地从他的空暇中抽出工夫改良他的牲口和树木。他小小的祖产是一个真正的聚宝盆，储蓄所，准备随时吸收他的一切微小的收益，利用他的所有空余时间。生气勃勃的大自然使这一切开花结果，成百倍地把这一

切归还给他。农民深切地感觉到这种幸福是同他的业主地位分不开的，所以他总是热衷于购买土地，而且不惜代价。他出的价钱比土地的价值还要高，也许他自己也无法从土地的收益里再收回来；但是，他是多么有理由高度估价今后的好处啊！他可以从事有利可图的劳动，而用不着贱价出卖劳动；可以需要时就有面包，而用不着高价去购买。

我们应该到瑞士，应该去那里到处走走，研究研究这个国家，以便判断自耕农的幸福，我们应该学会去认识瑞士，从而认清自己耕种自己收获果实的农业，可以使人口十分众多的居民生活富裕，使他们具有独立的性格，这是拥有独立地位的结果；能促成巨大的消费贸易的存在，这是全体居民享有福利的结果。尽管实行这种办法的国家气候是严酷的，土地并不那么肥沃，而晚霜和季节不正常经常使农人的希望破灭。不管是到喜气洋洋的昂默塔尔去观光也好，还是深入到伯尔尼区最偏僻的山沟去也好，看到区区一个小农民的这些木头房子，那么宽敞，那么严实，建筑得那么好，有那么多的雕刻，确实无法不欣赏，无不为之赞叹的。在屋子内部，宽阔的过道通往为众口之家而设的各个房间，每个房间只有一张床，都有大量的窗帘、被子和最洁白的被服，室内陈设着精美的家具，橱柜装满了衣服。牛奶场宽广、通风、整洁、雅致。在同一个院子里，还可以看到贮存的大批麦子、咸肉、奶酪和木柴；牲口栏里有全欧照料得最好、最美的家畜；院子里种着花草。男人和妇女都穿得既暖和又大方，妇女们还保留旧日的服饰给人以健康和充满活力的印象。这已经成为整个民族的特点，因为在好几代人的时间里，他们不再受到恶习和贫困的折磨。其他民族可以因富足而自炫，但

在他们面前，瑞士总是可以为它的农民而骄傲。

自耕农是庄稼人当中从土地得到最大好处的人，因为他是最为前途着想的，是最富有经验的；他也最善于利用人类劳动，因为他把劳动摊分给家里的每一个人，一年365天中每一天、每一个人都不会无活儿可干；在所有庄稼人当中，他是最幸福的。同时，在一定的空间里，土地要养活那么多人，为他们提供工作，那就只有当这些人都是业主才行；最后，在所有庄稼人当中，是自耕农给予商业和工业以最大的鼓励，因为他们是最富有的。

我们是否得出结论说，所有业主都应该是庄稼汉呢？不，我们实事求是地对待社会，那里有穷人也有富人，我们认为处境的多样化是有利于社会发展的。在我们看来，富人阶级是必要的，因为精神上和智慧上的才能只有在完全空闲时才会得到发展，因为物质活动使其他的才能变得迟钝，经常不断地关心金钱利益使人的心胸狭窄。人的最美好的精神进步应该超脱个人私心，而不应该是为了私利的，如果一个国家的人民都是平等的，虽然他们都吃得好、住得好、穿得好，但要是他们不能把自己提高到美术、高级科学和崇高的哲学的水平，在我们看来，这个国家便被剥夺了上苍赐给人类的最美好的礼物。更有甚者，它就没有能力充分地发展社会科学以保持自己的幸福。我们并不认为，成为人类先锋的人总是出身于富有阶级，但是，只有富有阶级赏识他们和有空暇去享受他们的工作，富人更主要地可以被视为智慧财富的消费者而不是生产者。没有他们，那么，除了眼前有用的东西以外，就不再会有艺术、文学和社会进步的需求，在人的发展上，一切先验的东西都会遭到抛弃。

在一个国家中，保存富人并不就万事大吉了，富人当中，起码有一部分人应该住在乡下，他们中间的大多数人是有这种愿望的。他们中间那些不为社交乐趣所引诱的人，对于我们为穷人要求的大自然的乐趣，他们希望至少也有一份。此外，土地所有权使富人养成的一些品质，是国家应该注意加以保持的。生活在乡下的业主同人民更为息息相关，他们更了解人民，他们同所居住的省、县有更大的利害关系和感情，他们对过去的时代有更强烈的怀念，对后代有更真实的热情，他们的产业世代相传使他们对乡土有深厚的感情，因此，在其他各种事物的日新月异的改革中，他们是保守的，他们不去追求捉摸不定的机会，这种机会刺激那些暴发户一掷千金，沉湎于一朝一夕的淫乐。他们不像这些人那样去冒争权夺利的风险和受到憎恶、仇恨，因为，他们的灾难是来自天上而不是人间的阴谋。最后，他们生活于乡村，促使乡村文明化，传播这种在一定程度上可以大众化的温和的风尚、爱好和高雅品质，还引进了高度科学的文化，不仅是这种文化本身，而且使得有可能利用纯理论研究的成果，特别是在农业方面的应用。

只要让人的利益无拘无束地得到发挥，那么在自由和所有权得到保障的每一个社会里，一些家庭就可以康乐和富裕起来。立法者无需去制造有钱或有势的人，但是社会对他们的保护和干预是必要的，以便在富人和穷人之间保持着公认对社会最有利的那种平衡。毫无疑问，社会上应该有富人，但是不应该让所有的产业都归富人所有，法律可以保障穷人拥有他们的一份土地财富。社会需要有更多有钱的人，而且到处都需要，需要有一定比例的富人，使他们有利的影响能扩展到国家所有地方；因此，立法应该注意不要让产业集中在太少的人字里；因为每逢两份祖产合并在一个家庭里，社会就会损失两个富人当中的一个，同时也就丧失了它希望由于富人在乡下而得到的好处的一半。

我们还没有接触到实施的办法和看看应该对法律作出那些改变；我们只是根据对社会有什么好处和财富对一切人的幸福会产生什么影响去寻找指导原则。我们设法去认识一个兴旺的国家应该希望得到什么，然后才放胆给它规划应该做什么。就我们所见，这些指导原则同今天的实践相去甚远。简直可以说，法学家甚至不相信应该探讨一下，哪种分配财富的办法对所有人的进步和幸福最为合适。一些人仍然认为，私人利益是通往公众利益的最好途径。他们要求放任调节分配财产的一切贸易，听其自然，让穷人和富人自己去争夺，这就是他们所说的自由制度。另一些人则确信民主从四面八方威胁着权力和所有权，他们一心只想保护和增加财富；他们为此发明了长子继承法、代理继承法，以及分配上种种不平等的办法，给予古老的财产以种种特权，他们认为，这些办法最能保证他们的财富万世长存，这就是他们所说的保存制度。

然而，人类并非任何时候都看不见这种社会幸福的，我们就是从那里得出指导土地财产立法的原则的。人们曾多次体会到国家主要是由广大农民群众组成的；国家的幸福和力量应该从农民的幸福和安定那里去寻找。于是，人们为农人制订了针对农人本身的保证，使他们不至于企图剥夺富人的所有财富。为此，就应该做到使自耕农永远保持着差不多的数目，使得构成他们小小遗产的土地永远不会为封建主的大财产所兼并。法国曾经做到这一点，办法是将土地分为两种，即贵族的和平民的两种。蒙洛西埃先生认定这种区分始于高卢共和国时代。他说:"土地是有地位和等级的。**封地**是给富人的,**纳贡地**是给穷人的。"[①]这种分类似乎更多地带有中世纪的特点,当时是实行这种办法的。封建主不能购买平民的土地,因为这些土地本身包含有一种卑贱性。同样地,在英国贵族拥有**终身产业**,农民得到的是**法定产业**。但是,到了今天,法定产业不再影响业主的身份了,因为所有法定产业都叫富人赎买了,英国再也没有农民自己耕种自己的土地的。在奥地利,政府是提防智力发展的,但是常常有效地保护物质利益,法律保障农人占有的土地份额不会减少,贵族买了农民的地,必须重新卖给一个农民,并且不得改变土地的性质。

我们比较难以找到更多的法制例子,它保证富人平均地分布于全国各地,并且是阻止几份祖产合而为一的;因为,虽然由于财产的合并减少了富人的数目,从而削弱了他们那个阶级,但对个人却是有利的,而且,一般来说,因为是他们行使权力和制定法律;因此,他们几乎只是想到如何保住他们一旦得来的东西和不断地予以增加。然而,在人们把土地产业更主要地看成是军事力量而不是财富的时候,大封建主是不容许把他们的府第抛弃掉的。虽然由于继承遗产,把几座府第合并为一个家族,但是,他们坚持每一块战功封地都有一名骑士专门服役。一个社会保障富人的财产,认为这是对所有公民都有好处的,它要使富人分布于它的领土的所有地方,它就一定在大得多的程度上,比过去的封建主关心不抛弃任何府第,更为关心这个小小的文明中心,这个慈善事业基地,

① 《法兰西君主国》,第 1 卷,第 9 页。

这个农村小型贸易市场不要对穷人关闭。

事实上，立法者的眼睛应该经常注视着的是农村的贫苦居民，贫苦农人，其他不同社会地位的人一般是能比较好地保卫自己的；但是，在各种利益的斗争中，最接近贫困的人总是最易受到压迫的。普遍竞争促使每一个人设法使对手坚持不下去，以便同他达成最有利于自己的交易，未来贮备较少的人总是最先顶不住；穷人是等不了的，于是，在争夺土地财产的斗争中，穷人遭到了残酷的剥夺。

我们已经看到，贫苦农人由于分享一份财产而多么幸福，例如，在所有这些古代小民族、罗马人的同时代人中，就是这种情况；我们已经看到，所有权如何使乡村充满众多而好斗的居民，他们利用丰硕的农业果实，把富裕带到每一个地方；我们已经看到，今天在瑞士，农人仍然那么幸福，而在不如那里自由和管理得不如那里好的国家，农人也接近于这种幸福；然而，当专制一旦压迫一个国家，农民就成为最先的受害者。商业财富是流动的，商人们可以在一定时间内把财富藏起来，躲过压迫者的耳目，但是农业财富永远暴露在所有人的眼前，生产它们的人是不能远离它们的；他们由于生活所迫，在暴君的鞭子下苟延喘息。

在东方的专制制度下，对农人的苛政是由一个主人来施行的，在西方则是由好几个主人来施行的，而后一种苛政可以成为最残暴的。社会上需要建立一定的秩序，有钱人的财产需要得到保障，然后，他们才能精确地算出，只要让穷人得到多么少的一点东西，就可以驱使他们工作。在罗马全盛时期，奴隶们是唯一担负起全部农业劳动的，他们的痛苦和他们所受的压迫，同殖民地的黑奴们一向所遭受的同样可怕。但是，当专制的进展使财产失去一切保障，当所有疆界都向野蛮民族打开时，就可以看到，唯一承担田间劳动的、被奴役的居民减少了，速度之快是无法想象的；在罗马的奴隶中，一部分被野蛮民族征服者抢走，然后在其他市场上再卖出去，另一些人自己在自己的阵营中找个地方躲了起来，还有一些被召去做工，除了做自己那份工作外，还要做逃跑了的人的那份工作，他们由于劳累和贫困而死亡。人类从来都没有那样濒临于灭绝：奴隶制不再能够维持多久了。

在亚洲的君主国中，耕作看来不像完全交给奴隶去做，农民如果不是因为希望得到表面上的所有权而留在自己的土地上，就会逃到沙漠里去，经过几个星期便死在那里。的确，人家让他们相信他们是自己田地的主人，而每年向政府缴纳称做米里(le miri)的税款，这个政府对他们进行无法想象的横征暴敛，但却不能保护他们防止政府自己的手下、或各式各样的头头、匪徒轮番地剥夺农人。

在英属印度，亚洲这一套体系受到比较明确的规定所约束，它得到了巩固，这是值得加以认识的，以便估计一下生活在印度公司统治下的2 400万农人的命运。这个公司继承了君主的权力，被视为唯一的地主，所有从事耕作的农民，即被叫做“里奥”(ryot)的人都是从公司那里得到土地的，他们缴纳固定的租税，以实物偿付。为了从“里奥”手里征收租税，便使用那些叫做“泽曼代”(Zéminder)的收税人，已经记不清是从哪个时候开始的了。“詹明达尔”自己留下 1/10 的租税，把其余的交给君主。在伊斯兰君主统治下，“詹明达尔”又是警察法官，负责他们县区里的治安。今天，他们的职责则只限于收税了。但是“里奥”或世代相传的佃农受到保护以防他们勒索。在每一个省，都有一个最高限额，叫做“纳里克”；每个“里奥”的租税不能超过这个限额。只要他缴付租税，就不能剥夺他这份小小的遗产，他可以永久把它世世代代传下去。这些遗产大小在 6—24 英亩之间①。

英国法庭今天保证印度居民的安全，因此，“里奥”的处境并不悲惨，欧洲的好些农民还可能羡慕他们。他们自认为是一份产业的主人，是永远属于他们的，永远不会失去的。因为，即使战争和暴政的灾祸，逃亡的“里奥”经过几代人流亡，他的后代还可以要求得到祖先的遗产，并且往往重新得到这份遗产。“里奥”的租税并不太过分，他在劳动中是独立的，有生活保障，可以得到自己的劳动果实，印度的农民就差没有见到富人的遗产同他们的遗产混合在一起了。在印度的土地上，空闲的人、聪明的人、骄傲的人、自由的人，没有一个是同农民混合在一起的，农人就好像是一群牲口，没有牧人，也没有牧犬，受到有权有势的人欺负也不会自卫。

从亚洲返回欧洲，可以遇到斯拉夫人，他们居住在我们大陆上的一大块地方，从最古老的时代开始，他们便似乎从事农业；但另一方面，就我们能够追溯到它的历史时代，那里的农人阶级是受制于战士阶级的，并沦为农奴。也许，同牧民毗邻以及牧民很容易入侵广阔的斯拉夫族平原这种情况，助长了上述两个阶级的对立。庄稼人必须在自己的土地上劳动，而牧人总是骑在马上，热衷于打仗，很容易制服庄稼人。在农奴制下，盘剥是严重的，但并不完全

① 1英亩相当于4 047 平方米。

是压迫性质的。贵族就是尚武的战士，自认为是地主，但是他同农人分享土地，他给农人一座房子和土地，使农人有了自己可以世代相传的产业。另一方面，他要求农人用每周一半的时间去耕种战士留给自己的土地。每块采地都包括两部分：封建主的土地，利用徭役来耕种，还有一份土地是分给许多家农民的，每家农民每周用空下来的 3 天去耕种。在俄罗斯，农民的徭役一般上是用租金来代替，叫做“阿布罗克”(obroc)，就其性质而论，应该总是均等的，但是在一个没有自由、也没有保障的国家里，封建主可以为所欲为，鱼肉他人。

欧洲西部地区，过去是罗马帝国，后来遭到日耳曼人入侵，这些征服者是独立的，为自己的英勇而自豪，他们十分珍视自己的自由，倾向于蔑视他们所打败的被奴役的民族。征服者的枷锁是无情的和沉重的，但并非到处都是清一色的。帝国的土地是由奴隶来耕种的；胜利者往往把主人贬为奴隶，让他同他以前的奴隶一起劳动；另一方面，战争和压迫很快就使自由人消耗殆尽。在查里曼帝国表面上全盛时期，奴隶制这个侵蚀性毒痈如此迅速地摧残人口，以致高卢的最辽阔的省份居然无力自卫去抗拒两三百名诺曼底人的蹂躏。但是在加洛林王朝统治末年，帝国的霸权给打破了，真正的主权落在封建领主手里，他们拥有宣战和媾和的权力，他们感到有必要在农民身上培养自己的力量，把农民训练为士兵，于是，他们减轻当初强加于农民身上的枷锁，把几乎已经完全荒芜的土地交给农民，好让他们在较为有利的条件下从事耕作。于是出现各种类型的农民，一直保持到今天我们还可以见得到。

不论是在贵族当中，还是在农民当中，极大一部分家族消失了，因此，一部分贵族的祖产就变得十分庞大，他们把整个省份据为己有，但是，这是一些荒芜了的地方，无论他们如何贪婪，也无法从农民那里榨取多少租金。一般来说，他们是受到另一种感情支配的：有时是对权力的迷恋，有时是骄傲，有时是任性。他们把封邑的土地分给农奴，放弃了永久占有权，但是强迫他们付出劳务，比付出租金还要多，他们要一些人服兵役，要另一些人承担徭役，要所有人都俯首帖耳，往往还加上一些最侮辱人的规矩，每一个府第都有自己的一套。由于这整套封建规矩，庄稼人便生活在恐惧和屈辱下，这要比贫困还难以忍受。农民每时每刻都会害怕人家把他们的牲口和打下来的粮食抢走；但是土地起码是他们的。土地是农奴制度下的土地，随着土地而来的是永无止境的租税和劳役，但土地可以永无止境地传给后代。甚至在革命前，施加于农奴身上的最可耻的劳役就逐渐废除了，而正是由于这个根源，才产生了许多自耕农，使今天的法国强大兴旺起来。然而，另外有些封建主，他们想得更多的是怎么能够肯定得到一份收入而不是权力，他们就把自己继承的土地分出去，条件有以下两种：他们给一部分人一份土地和必需的资本以便开发这块土地，但农民必须承担一切耕作劳动，并同封建主分享收成；对于另一部分人，已经积累了一定资本的，他们就光给土地，而农民则必须完全独立地从事耕作，并在一定的年头内用现金缴付相等的租金：这就是地租。上述两种办法，都表现出文明和安全的一种进步；农民不再出卖他的自由人的身份，或出卖他的人格，他差不多平起平坐地拟订纯粹的金钱利益；他进行一桩交易，对自己是有好处的，对地主则好处更大，因为地主从此以后可以得到有保证的收入，随着农业日臻完善，这笔

收入还要增加；但这种交易只是暂时性质的，除此以外，则全部都是永久性质的。事实上，佃农的地位总是那样，而地主绝大多数时候都保持着同样性质家族，一代一代传下去；相反的，地主有可能醉心于利用佃农所取得的进展，等到租期届满，便向他索取更高的租金，或者把他打发走。

过去，人们为了取得显赫的地位和权力，似乎有好几种途径，今天则好像只剩下一条了，那就是取得财富；因此，这个目标是更公开地向大家提出来了，更有计划地去设法加以实现。只要有办法挣得更多的话，没有一个人会满足于自己的财产。在所有各阶层的人当中出现的这种贪得无厌也对农业产生影响；大家认为，正是由于这个缘故，过去发生了这样的丑事：最善于经商的民族竟然在殖民地恢复奴隶制，并且扩展到拉丁美洲的自由国家。我们的父辈普遍地禁止把这种罪恶的暴行施加于兄弟和平等的人身上，他们废除这种制度，颂扬基督精神，文明进步和日益尊重人的自由和权利，而我们的同代人竟然变本加厉，恢复奴隶制，其残酷程度为欧洲罗马覆灭后所未见；况且，正是最有远见，最自由，自称最热爱宗教的那些国家继续把这个污点加之于人类身上。

然而，在更接近我们的地方，也许已没有那样丑恶的形式，日益增长的利欲又再动摇了农人的地位，农人的地位在中世纪曾得到慢慢改善。在称做不断兴隆的情况下，利欲使农人怀念被叫做野蛮的时代。这是农人的地位给投机活动打开了新的境界，同时又给财富学派的教义打开新的境界。一方面是新经济学家，另一方面是最灵巧的农学家不断宣扬那些管理着大农场的最有钱和最聪明的庄园主；他们欣赏这些人的高楼大厦，完善的耕作工具，漂亮的牲口。但是在欣赏事物的时候，他们却忘记了人，甚至忘记了数一数人数。英国的 1 平方英里包含有 640 英亩地，这大约是一个漂亮而富裕的英国农场的面积。一个古老的庄园，一家庄稼人可以亲手劳动，不用外来帮助，也不用雇工，但也不会无事可干，家里每一个人一年到头，天天都有一定的活计，这样的庄园不会超过 64 亩；因此，需要有 10 个这样的庄园才能构成一个现代农场。这样，10 家农民就得被赶跑，以便把位置让给新体制的农场主，他可不是个农民。这个人只是用他的资本和他的聪明才智去参加生产的，他并不亲手劳动，而是规定种些什么，监视和督促工人，他买入、卖出和管理账目，总之，他在农业上所占的位置等于商人或企业主在工业生产中所占的位置。事实上，在罗马农村中，人家把他叫做“管理商”，在英国把他叫做“农人老爷”；但是，富有庄园主的地位抬得有多高，为他从事田间劳动的人的地位就贬得有多低。前者为自己保留下决定、选择和用聪明才智去做的工作，也就是说，他不让工人和仆役去做这工作。他只要求他们卖力气，并且尽可能把他们贬低为机器。社会应该防止把拥有智慧和财富的人的利益同只有一双手的人的利益对立起来。前者为了增加自己的利润可以设法把后者推到愈来愈不稳定的地位。于是这两部分人往往就乞灵于暴力，从而掀起可怕的流血革命，或甚至使社会闹得天翻地覆。如果斗争相反地是在暗中进行的，那么，市场表面上是自由的，但各种不同的利益则互相对立，这样，总是富人向穷人发号施令。庄园主对雇工发号施令，然后是地主向庄园主发号施令；因为土地的面积是有限的，拥有土地的人则反对那些想掌握完全垄断权去耕种土地的人。

我们在上面已经看到：财富学派在农业上只考虑到靠这种垄断力量行事的人的利益；他们所说的利润就是这些人从生产费用中省下来的钱，也就是从维持他们的工人的费用中省下来的钱。在我们看来这些人就是国家，因为农人不仅人数上占绝大多数，而且也是物质生产和保卫国家的基本力量；人们从他们身上要节省的生产费用，就是幸福，就是穷人的盈余，代表着他们的全部物质享受；吃得好、住得好、穿得好，这种物质上的富裕同身体健康是息息相关的；还有适当休息、空暇，有了这些，生活才能有点乐趣，有点愉快，才能有点时间用来培养情操，有点时间来培养才智。

但是，人家要消灭的，不仅是人的幸福，它被看做是无益于生产的费用，人家还要消灭人本身。大规模农场的资本雄厚，机器完善，技术高超，人们认为，这种农场的优点就是能够用愈来愈少的农人去做同样多的工作。而事实上，在世界其余的地方，估计农业使用着 3/4 或 4/5 的人。英国居然把全国人口的 3/4 从田地赶到城市去。那种为了人类的经济学家、而不是为了财富的经济学家，看到这种发展，不能不感到痛心。农业劳动能保持身体健康，精神愉快，是什么体力劳动都比不上的，它能训练出更好的士兵去保卫祖国，这是什么也比不上的；它如此多样化，可以培养出这么多的才智，也是无所匹敌的；如果农人和产业结合起来，那么它就会使靠双手吃饭的人前途得到保证，这同样是什么也比不上它的。一俟全国的土地都种上了，那么，在农村节约多少劳动力，就要把多少个家庭从农村驱赶到城市，这些家庭是注定要遭殃的。即使他们能够在工厂里找到工作，他们也不得不放弃新鲜的空气、太阳光、体力活动和大自然的景色，田园乐趣、多样化的劳动以及前途的保证：他们的处境就会岌岌可危，仰息他人；他们的道德逐渐沦落，因为放荡是他们能够麻醉自己逃避现实的唯一办法。于是他们很快就会灭亡。

毫无疑问，在城市和乡村，特别是在乡村，它的人口不宜超过一定的限度，否则相互之间就不得不进行竞争，贱价出卖劳动力，或者是花费更大一部分劳动，而比以前生产得却少了，因此得不到充分报酬；但是每一个国家，凡是农民的生活得到一定的保障、享有一定的幸福、有一定的前途，那么，它的繁荣本身就会对人口的无限度增长筑起一道屏障，这甚至是唯一有效的屏障，因为，没有一个人会自愿地降低自己的地位，在一个国家里，很少有一个未婚的人，在有把握生活得和他父亲差不多之前就结婚的。事实上，在小农国家里，一个农民，不管是地主，农场主还是对分制佃农，如果不能把妻子带到他将来要从父亲那里继承的耕地、或者他可以有把握得到的耕地上，他是不会结婚的。但是，短工的儿子，而且是所有的儿子，只要他们得到了锄头或镢头，只要他们知道他们是他们父亲的唯一财产，那么，一俟他们有能力像他们父亲那样劳动，他们就结婚了。然而，社会应该希望人口增多，只要大家都活得体面、有道德和幸福，但是永远不要超过这个限度。

经济学家和农学家希望通过引进大农场和彻底科学的耕作方法进行一场革命，因而又从另一方面威胁着全民的幸福；这场革命使农人看不见多么需要在消费需求和生产之间保持一定的关系；它把每一个农场主的全部收获交给了商业；这样一来，每一个人都必然依赖于全体，每一个人的生存都决定于市场的机会，随着市场所定的价格，一会儿是这一个人注定丰盛过头，而那一个则贫困待

毙，一会儿又是那一个注定丰盛过头，而这一个贫困待毙。直到不久前为止，农业财富还能避免市场这种碰运气的摆布。农人只是与土地打交道，从那里取得生活资料，在农民阶级真正兴旺的所有国家，自耕农的经济过去是这样，今天也还是这样。他计算着，他和他一家人的生活需要多少麦子、酒和各种各样的食物，这是他首先要得到的产品。他无需向地主交租，又无需给工人付工资，如果他需要钱的话，那只是为了得到城市工业生产的几乎是奢侈品的东西。为了购买这些物品，他把一些食物拿到城里去，这是他最有把握出售的一些食品，出售的目的是很有限的，不会引起市场壅塞。如果农民购买了土地，因而负了债，或者要不断地缴纳现金去租地，那么，他在生产中就不可能那么自由了。他就不能只是打下足够自己生活用的粮食，他就必须出售，千方百计出售，以使得到他所需要的钱。尽管附近的城市不想买，他也要在那里出售。如果他不能在售卖中赚钱，亏本出售也势在必行。但至少，他自己消费的那一部分，也就是包含着他全部收获的生产费用在内的那一部分，不受市场波动的影响。如果他的租金是用食物来计算的，他就可以逃脱这种不幸的摆布；他不致像庄园主或欠地租的农人那样，麦价愈低，或者是消费者愈不需要小麦（结果是一样的），就愈是不得不出售他的小麦。

在其他耕作制度下，各种社会等级的农民使土地生长果实，赖以为生，而不拿到市场上去卖。他知道自己需要多少麦子、多少酒、多少油、多少麻；他劳动、收获，用不着计算他一天时间价值多少，也用不着计算他的食物价值多少；他活得富裕时就高兴；除了风雨不调以外，他用不着害怕什么灾祸。他没法想象怎么会因为大自然馈赠太丰富而破产。然而，他并不是把一切都留给自己的：佃农把主人的那一份交给地主；印度的“里奥”把属于君主的那一份交给“詹明达尔”（收税官）；斯拉夫王侯把他的农奴在徭役中打下来的小麦存入他的粮仓。这是用来供应城镇的那一部分，是投放于商业和拿到市场上去的那一部分；但是它完全归有钱人所有，只有他去碰价钱高低的运气，他拿对他来说是纯利润的东西去碰运气。他的收入可能增加，也可能减少，视运气而定；他的资本并不投放于农业，所以不会受到损失。

人们在我们面前把大农场描绘成完美无缺的，但是，相反的，这种农场的全部产品却任由市场波动摆布。农场主一家的消费同他拿来进行投机的收成比较起来只是区区之数，他连想都想不到。他一方面用现金交地租，另一方面付工资给所有雇工，因此他必须在取得任何利润之前，就用他的小麦去卖钱。英国农场主是最聪明、最能干的农场主，他从来不问他那一省需要多少麦子。大海、运河、铁路向他提供这样方便的交通条件，他可以把整个英国都看做自己的市场。他从来不想一想，要是生产得比需求得更多就有可能在这样广阔的市场上引起壅塞。然而，当美洲、波罗的海或黑海那边的麦子来同他争夺市场的时候，他便觉得自己受到了侵害，他抱怨，要求禁止进口，他指出，他生产上的损失不仅吞没了他的收入，而且影响到他的资本。的确，他取得了所谓的保护法，但并不总是足以保护他的；因为，他并不能肯定，造成市场充斥而导致破产的并非他自己的过错。总之，这些保护法只保护他自己，因为真正的农人、短工的利益恰恰相反，他只是靠工资为生，所以希望面包价钱便宜。他受农场主雇用，本应同他一起生活，却很快对农

场主产生反感，因此最后使社会本身受到威胁。事实上，在他生活中的各个方面，农场主都是他的敌人，农场主设法削减他的工资，使他白费力气，并使他的生活资料更加昂贵。

小麦贸易自由问题多年来引起多少激烈的争论，就像现代政治经济学引起纷争一样，难道就没有人因此想一想，这个问题的由来正是我们所谓的进步吗？大农场出现了，农业日臻完善，使许多人力劳动再也没有用处，许多人也就没有饭吃。在此以前，从来没有人想到需要这种规律：设法让面包涨价，相反的，政府的全部研究工作都是为了让人民得到更廉价的面包。

此外，财富学派提出抽象的目标，为了实现这目标，选择了自认为可行的途径，但在实践中却很少不离开这一途径的。同我们一样，他们把劳动看做是社会财富的伟大创造力，但是，他们一方面严格注意从来不让穷人故意纵乐和怠惰荒废时日，另一方面又毫不犹疑地经常使穷人因找不到工作而无所事事、肚子空空、心里充满了忧愁。他们奉送给有钱而聪明的农场主双倍的利润，因为这些人包办了一切，在节气最适宜的时候，把最要紧的工作干完。他们使用数以百计的工人，事后就辞退掉，所有无需使用人的智慧和技巧的活儿，都用机器去完成；然而，自耕农，即为自己而劳动的农民并不把他自己的利益同他所使用的人的利益分开来，他知道一年里有闲时，有下雨和下雪的日子，不能到田里去劳动，他便把不紧急的活儿，留到那些时间去做。他为一家人安排一年的工作，使大家能均衡地劳动，他并不嫌弃那种得不到应有报酬的活儿，即那种可以用更经济的办法去完成的活儿，如果说最经济的办法不是在空闲的时间去干这些活儿的话。要是用机器打麦，而冬天天气不好的日子里，他和他的儿女却无事可做，这对他来说，只能是一种损失。有钱的农场主收割完了就把工人打发走了，至于他们冬天怎么过，他是不管的。但是，如果社会把账好好算一算，它就会发现，这个农场主其实是盗窃公共慈善事业，它也会发现，为了算出从机械发明上所取得的真正利润，就必须从中扣除这种发明由于剥夺工人劳动而使工人蒙受的损失，一直算到工人能找到同以前一样有利的工作时为止。

有些人即使眼睛只看到增加财富，认为发挥人民的才智，如果不能转化为金钱，就不屑一顾，但是，当人的才智能够使工作做得更快和更好，他们就不得不承认才智的重要性了。在工厂里，工作往往一年到头都是一样的；因此，人们发现，比较有利的办法是让每一个人分别去做老是那一道工序，他愈熟练就做得愈快，他可以不动脑子，几乎用不着什么积极性就可以完成。既然完全用不着脑子和积极性，那么机器就可以代替人，而人就只不过是部机器。但是农业不容许人类为了贪婪而牺牲这些最高尚的能力。农业的各种劳动，轻重缓急逐日不同，除了需要大大加强体力以外，还要求不断运用智慧和经久不倦地注意做好工作。农场主如果忽略智慧和工人的兴趣，他就打错算盘了；因为这种智慧和成功的欲望应该指导每一镰刀、每一铲子如何操作。为了种地种得更聪明更用心，从事劳动的人应该是那些事先下本钱，然后获得收益的人。任何农人，即使一切条件都一样，在这一点上，都比不上自耕农，因为他把一切经验的回忆和一切长远的希望，同他最直接的利益都融合在一起了。长期租借契约的受益人或者收地租的地主，得到差不多同样的好处，因为他们得到永久性的保证，其次是对分制佃

农;虽然他只得到收益的一半,他同地主一样关心取得好收成和做好他的农活。小农户,即亲自劳动的农人,在租期最初几年,同地主的利益是相同的,但在后几年,他的利益变了,于是他为了现在而牺牲未来,就像成语所说的那样“竭泽而渔”。农奴在封建主土地上做苦工时尽量应付,但自己的地则种得既动脑筋又用心。长年的雇工对自己的工作没有真正的兴趣,但是出于对雇主的感情,仍然设法把活儿做好。按周计算的短工只图少出力气而又不致被辞退,他们干活儿既不动脑筋又不用心。奴隶只有仇恨,只想报仇,他们劳动中受尽折磨,要是他们的主人什么也得不到,他们才高兴呢。因此,一种经营方法愈是提高农人的地位,愈是让农人得到康乐和独立,那就愈能使农人把智慧和感情融合在他的劳动中,这是成功的保证。

但是,看来应该有一些比利润更为高尚的考虑来指导立法者。他应该设法为农人在其生产的财富中,保留最大的、而又不妨碍他继续生产劳动的一部分,去造福于人数最多的阶级;他应该把最大多数的公民固定于田地上,让他们从事农业劳动;因为,在收入相等的情况下,穷人在那里要比在城市里能生活得更健康,更幸福。立法者应该在相当粗重的个体劳动所容许的范围内发挥他们的才智,最后,尤其是应该培养和加强他们的积极性。为此目的,他应该保证农人生活稳定,赞助一切能使他们得到土地永久权的契约,反对威胁他们的地位和前途的契约;因为积极性是同回忆和希望紧密地结合在一起的,它是用时间来哺养的,只顾眼前的人无积极性可言。根据相同的道理,立法者要避免农人之间,或农人同国家的其他阶级之间斗争和竞争增多起来,他应该看到,最有利于所有人的团结和幸福的经营方法，不是把最多的收入送给地主，而是最紧密地把地主和农人的利益结合起来。

为进一步了解立法者如何能完成这一任务，怎样能够不仅照顾到抽象地说的财富的增长，而且也照顾到公民人数最多的阶级的幸福和积极性的增长，我们相信，应该把我们的目光轮番地投向这样一些国家，那里农人的命运将会告诉我们应该为他们寻求什么，应该避免什么。

第四篇　论苏格兰盖尔族农民的生活状况以及他们的被驱逐

我们已探讨并分析两种对立的学说，一种是我们称做理财学，或财富的增长，另一种是政治经济学，或家庭和城市的规范：第一种学说是提出生产更多更廉价物品作为目的，第二种学说是提出劳动与产品的分配要尽可能保证最多的幸福。为更好理解这两种学说的对立，过去，我们仅仅把目光注意到领土财富或农业上；因为领土财富所牵涉的社会利益比较起来不算十分复杂，而它的效果也能判断，不像商业财富那样，需要一览无遗地注目于全世界。

挣得多，支出少，这样财富就会增长，财富学派是把它作为原则提出的；它的信徒们很快得出结论，他们用来创造财富的所有人的一切享受就是支出；珍视享受的人类智慧和为享受提供便利的自由就是支出的原因，最后，国家和人民也都是支出，随着国家削减这些费用，它也就会致富。如果人们将毁灭幸福、自由、甚至毁灭国家本身的存在作为进步，作为财富的好处，那是多么荒谬和令人愤慨的事情，虽然这些都来源于财富学的首要原则，但是人们从来也没有说明它的后果。人们不敢说的，干起来却不怕。为了取得财富，人们减少穷人的生活资料，减少到仅够维持生命和能够从事劳动。在理论上，人们把大企业看做此类进步的体现；在农业上是大农庄，在商业上是大手工场，大工厂；巨大资本到处都有，并由一个人掌握，使用成千上万的劳动力；但是，要使这些劳动力从某一个人的意志中摆脱出来，就应该使他们从属于其他的人，听从别人的命令，在别人的资本中劳动；这些人成为短工、无产者后，虽然一无所有，一无所依，只是靠出卖体力对生产作出贡献，但是对整个社会秩序仍然是威胁。一切大型农场或大型企业的成就总是建立在廉价的劳动力基础上；而人们总是很容易招雇那些只有靠双手劳动而其他一无所有的人，他们为生活所迫，满足于极为微薄的工资。如果由于竞争暂时提高了工资价格，得到这些钱的人会毫不惋惜地将它吃光喝光；当无产者囊空如洗时，也就更顺从听话了，任何行业都可以把他们牵着走，出卖廉价的劳动力也就习以为常了。

但是，富人是参照生产更多更廉价的商品的办法，并不都是依赖无产者的竞争来降低工资的。富人曾要求亲自尝试过，用减少无产者消费的办法是否就不能养活工人，就因此不能从中得到同样多或更多的劳动。富人借发展财富，像使用奴隶一样驱使劳动者，这样就使劳动力价格更为低廉，而劳动却干得更多，国家就能很容易地在国外市场推销商品。富人断言，黑人过于野蛮，如果不加诸鞭笞，他们就不懂得节约，也不会好好干活儿，而糖类种植业是所有种植业中最有利可图的事业，如果农人挣的钱与无产者一样，其开支也和无产者一样，那糖类种植业也不付这笔费用。如果糖类种植业不付这笔费用，人们也不必问种植业主，为什么这行业是所有行业中最有利可图的；因为人们允许贩卖和役使黑奴；今天，人们终于确信这种立法的残酷与荒谬，被迫承认使用奴隶比雇佣无产者付出更昂贵的代价，奴隶干活儿很少，但是，人们还迟疑不决取缔这种既可耻又罪恶的事情。

文明国家不同意解放奴隶，认为奴隶是与他们相异的人种，对他们毫无同情可言。此外，奴隶在远在千里之外的地方劳动，这些文明国家也很容易忘记奴隶制度的残暴；但是，他们的贪婪也没有放过从事劳动的白人同胞，这些同胞则是在他们眼皮底下受苦受难，政治经济学的讲坛上还流行这样一种原理，这种原理建议，在争夺相互抵消的个人利益时可听之任之，然而，在生产上花更少的费用，而获得更多的东西，这样国民财富必然增长。财富生产者，那些大型农庄和大型企业的经理，就千方百计地在此处或彼岸，这里用水力，那里用风力，其他地方又用火力来代替劳动的人，即无产者；这些实业家在他们的实业中，将所能减少的劳动力都视为赢利，将人们从各种借以谋生的职业中逐走，并认为这些人在人类社会中是过剩了。由于城市工业分成无数的行业，由于它还不断地产生新的行业，由于劳动成果经常是为很远的市场准备的，人们难以估量其需求和限度，也不能马上看到这些进步的效果，而新学派的哲学家们对这些进步是深感庆幸的。它削减了的活的劳动，而从中得到的利润只不过是被认为不再需要的一定数量的人的生活资料。由于生产价格低廉，工业国家就到很远的地方找寻消费者，直到现在，在那些国家里，由此而产生的出口贸易的发展比活的劳动的节省还要迅速；被某一行业驱逐出来的工人进入另一种行业：因而，这些工业国家不是用更少的劳动力生产同样多的物品，或用同样数量的劳动力生产更多的物品，而是用更多的劳动力生产难以计数的劳动成果。那些工业国家认为无用的人或被剥夺生存条件的人不再是他们的同胞，而是一些与他们不相干的人。这些人

是感到这一点的，他们不顾财富学派的一切说教，把那些向全世界提供产品的人当做敌人，是这些人使本国工人死于饥饿。

然而，在商业部门，因果关系并不那么明显。这种关系不是一眼就能看出来的，以致人们也不屑将它否认。但是，农业局限性确实是比较多，特别是与城市的工业相比，比较容易估量，就像一个国家的疆土是由邻国的边界所限定一样，这个国家的人民能够耕种的土地数量也是同样情况：因此，农业劳动力的节约必须与农民的数目成比例。当城市能够接受时，农民们从田野走向城市，但是，如果城市不能够给他们工作时、国家认为他们的存在是多余时，就将他们抛开了。在地球上的所有国家中，在农业劳动的节约上，英国是走得最快的，不仅所有肥沃的土地都已耕种，而且由于农业科学的进步而变得富有，并生产了无数的产品；所有这些是由英国的 1/4 人口完成的，而在欧洲其他国家，农民数字占 3/4 或 4/5。英国耕地有 3 425 万英亩，有农业短工1 055 982 人，100 英亩不到 3 人，或 1 平方英里 21 人。在托斯卡纳的尼埃沃尔，1 平方英里占用了 300—700 人。这么一来，人们就要问，英国土地上被赶走的农民干什么去了呢？

当财富学派为了发财要节约人力时，我们则毫不迟疑地说要为了人类而牺牲财富，人们向我们证明，从经济观点来说，我们拒绝的每一种新发明是很有利可图的，可是这是白费气力，而我们要说，假如这种发明减少了享受幸福生活的人数，即那些生活在特定空间的有智慧有道德的人，那么这种发明也是坏的；正是由于我们抱着这种观点，我们过去进行了斗争，而且将来也永远向把活的劳动降价的工业主义制度作斗争。但是，我们不能放过这个机会，使

人们重新认识这个制度是多么的错误，它居然采取这种野蛮的设想，只管国家的得失，不管人的幸福和死活。我们的论敌在这一点上是与我们一致的，即只有消费与生产紧密配合，生产才能继续发展，否则就会相互抵消；当产品壅塞市场，财富也就不成其为财富；最后，工业只是工业家本人需要而不是消费者所需要的工业；然而，工业家诩诩自夸的努力只不过限制了消费者的能力和人数而已。不管是把消费者赶出家园，或者是将他们沦为奴隶，或者给予一份仅能维持苟延喘息的微薄的生活资料，最后的结果都是一样的，人们减少或停止消费，这也就搅乱了为社会组织奠定基础的平衡，人们在某一个轮子上按一个制动件，而这个轮子也不比整个社会机构应该停止时更早地停止转动。

财富学派可能否认，他们从来也没有打算把国家的一部分人逐出家园，或使他们陷于一无所有的境地，或沦为奴隶。也正是因为这个理由，我们认为应该弄清事实，我们应该拿各国和各社会阶层作为例子。在考察引起如此巨大痛苦的严重错误时，我们才能承认什么是使社会组织到处受到威胁的危险，以及什么是医治人们不能不为之战栗的灾祸的药方。

有些读者可能不相信把种地的农民置之不顾、并将他们逐出祖国的做法是农业的试验和改善农业体制的办法。然而，这种试验在大不列颠统治的英格兰、苏格兰、爱尔兰进行多次了。在戈德史密斯[①]的感人诗篇《荒凉的村庄》中已有描述，并深深地印在我

① 奥利维·戈德史密斯（Oliver Goldsmith，1730—1774），爱尔兰作家。——译者

们的脑海中。甚至在今天的报纸上，也经常有“等级清洗”（the clearing of estate）的半军事性质的执行情况的细节。它告诉我们，在选举中被反对党击败后，英格兰或爱尔兰的大地主逐走了所有的佃农，一会儿说是他们没有契约，一会儿又说是他们没有付清欠债；另一个这样的大领主是怎样地坚决地只要求新教徒当佃户，而将所有的天主教徒赶走；但是，这种派别观念再加上述的指责，而这些指责又由于被派别观念推到第二位，事实也由此被歪曲了，以至很难弄清其真相。因此，我们认为应该注意农业的大规模行动，即“等级清洗”所展现的事实，它是有条不紊的、但却是静悄悄的，它是在某种领域的清洗，这种清洗已经在农业上大规模地实行了。1820 年，詹姆斯·洛赫先生在伦敦发表了一本 354 页、带有 39 张插图的八开本的书，书名是《斯塔福德侯爵领地所得利润报告》，作者本人是大领主的雇员，亲自主持分红工作，在读者眼里看来，他讲的确是事实。但是，我们分析他的著作，并不是由于他具有身份。在我们时代的一次大的革命中，我们要在他的著作中寻找真正的历史，看看苏格兰山区人民由于实行财富学派学说而过着什么生活，而我们乐于相信洛赫先生的话，他作为大家族雇员，在执行他们的命令中，到底给人类带来了什么。

自从本世纪初以来，古代克尔特人的后裔盖尔民族，如今只剩 34 万人了，他们几乎都被他们的领主逐出家园，几个世纪以来，盖尔人把这些领主当做他们的领头人，对之无限忠诚。盖尔人世代耕种土地，缴纳定额租金，他们的田产如今已被夺走；他们的田园已成为牧场，交给外来的放牧者；他们的住房和村庄已荡然无存或付之一炬。这些被逐走的山民，在山区无处容身，只得在海边搭棚居住，设法以捕鱼为业，借以维持生命，要不然就穿洋过海，到美洲的荒漠之地寻找生财之道。

由于这种变革发生在远离伦敦 800 里之外近于不开化的异乡，其语言也不为帝国其他居民所熟悉，因而这种变革有时不为人知，至少不引人注目；在英国，人们得知苏格兰北部的一些居民等候那些要驱逐他们的士兵，有时用石头痛击之；人们曾听说，他们只求与妻儿老小一起死在祖先的坟墓旁，也不愿被逐往外地，以致在孤立无援与贫困中客死异乡，这种反抗行动引起有恻隐之心的人们的同情。在这些驱使他们背井离乡的苏格兰领主中，萨瑟兰郡的继承人斯塔福德侯爵夫人颇引人注目，因为她领地广阔，资财万贯，干这种事迫不及待，在改变当地的管理方法上不惜巨资。人们得悉她将 15 000 名农民逐往他乡，他们居住的面积相当于法国的一个中等省份；这些不幸的人是她家族的为数众多的仆从中唯一的后裔，他们世世代代为这个家族流血流汗。为了确保强制农民撤离该地，负责这项工作的人竟放火烧房；有人说有一老人，有的人则说是一老媪，因为怕流落他乡挨饿受苦，不愿抛弃茅舍，这样也并不能阻止纵火者，结果在熊熊烈火中被活活烧死。然而，在一个自由的国家里，公众的责难也不被重视，也没有阻止这种罪恶行径。

人们开始控告斯塔福德侯爵夫人，但是她不信会受到严厉审判。本书披露的详情细节，为的是向公众舆论伸张正义。作者竭力证实，斯塔福德侯爵夫人不仅滥用立法给予的权利，而且在使用这些权利时，也没有保证奴仆能生存下去，她是认识到要对他们的生存负责的。至于我们，也就是在本书要研究的，并不是这位资财万贯的贵妇人举止行为是否干练或慷慨大方，而是研究立法精神本身，这种立法根据惯例，已废除了过去对财产的限制；根据这个原则，土地所有者可根据本身的利益或国家的利益，对他的财产作出最好的抉择；应用这条原则，农业同样会发展，办法是用同样的费用获得更多的效益，或者用更少的费用获得同样的效益；应用这条原则，就能节省劳动力，换句话说，就是取消有助于工业发展的活的劳动，如果工业停留在同一水平，这种活的劳动的取消就是利润；这也就是实行财富学派学说在农业上的重要经验和成果。

根据她的经纪人写的书，我们知道斯塔福德侯爵夫人的祖先是苏格兰最北部、占有萨瑟兰郡的 3/4 土地的最高统治者。他们占地 80 万苏格兰亩，按英亩算有 100 万英亩，超过 40 万公顷的面积。这个面积超过上莱茵省，稍少于下莱茵省。当萨瑟兰伯爵夫人继承这些领地、并在嫁给斯塔福德侯爵时，把土地带来作为陪嫁，当时这里的居民不超过 15 000 人，而斯塔福德侯爵是在萨瑟兰公爵时加封的。人们不能精确地说出这个家族的历史要上溯到更古老的年代。人们只知道当叶盖尔人震撼了南苏格兰，人们看到他们的部队从山上下来。今天，这个财源枯竭的国家已供养不起这些人了。萨瑟兰人口虽然减少，自从不服兵役后，对领主来说，人口仍然过多。在过去的国家组织中，实际上人人都是军人。只有 30 多名侍从官直接隶属伯爵，人们称他们为塔克曼，归他们管辖和耕种的地区称做塔克[①]。这些侍从官和他们的部下将这地

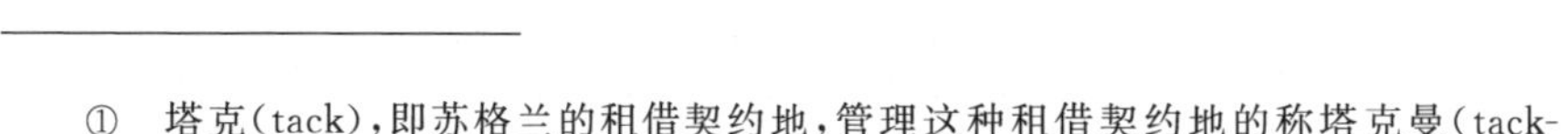

① 塔克(tack)，即苏格兰的租借契约地，管理这种租借契约地的称塔克曼(tack-man)，本书按音译。——译者

区分享和统治，各自管辖村落和河谷，他们下面的阶层是农民。在和平时期，塔克曼是他们唯一的仲裁人，在战争时是他们的军官；但是，下属的服从是通过说服办法，因为所有的人都是一个家族的成员，所有的人都是首领的亲属，属同一个姓氏。对于那些受他管辖的人，首领们可以运用特权、随心所欲地给予或收回那份借以活命的土地。但是，每个首领虽然对增加权力感兴趣，在他的管辖区吸引一些新的农民，但是并不想剥夺佃户的生计。此外，萨瑟兰伯爵通过塔克曼和他们的陪臣以及陪臣的奴仆所征收的所得税微不足道，与其说是交地租，还不如说是出于对统治者的感激。洛赫先生举出1811年金特威尔家族（租金）收入账本，人们通过账本可以看出，直到那时为止，每户每年只交几英镑钱，几只家禽，以及为主人干几天活儿。

但是，在另一方面，出生于萨瑟兰领地的各个等级的每一个男子，都要为维护主权与家族的荣誉流血和牺牲，这被看做应尽的职责。在10世纪以前，丹麦人曾经在海岸登陆，征服了凯思内斯平原，并将盖尔人赶到山上。从那时起，凯思内斯和萨瑟兰这两个过去以同一个名字联合在一起和只有一个政府的地方，从此就分割开了，由于语言和种族不同，经常互相敌视。在盖尔语称做莫尔-费尔·查泰伯(Mhoir-Fhear Chattaibh)的萨瑟兰的大人物总能找到能冒着生命危险、反对一切敌人的保卫自己领土的战友，而敌人是丹麦人、苏格兰人，一些外国人或本地人。

赶走斯图亚特王朝的革命发生后，苏格兰的内战更少，危险性更小，英国国王的统治权力虽没有真正达到这些边远的省份，至少还是想把这些大人物的政权成为他们的分支。他们鼓励苏格兰领主征集家族军队，使这种新的军事体制与原有的氏族性的全民体制相配合，使之相辅相成。第九十三团归萨瑟兰伯爵管辖后，从那时起，军饷成为家族的主要收入，而伯爵的贵族则从团长给予的一部分军饷、从所管辖的塔克中，以及与他在团里军衔相称的让与的土地中得到收益。这些贵族以同样的条件招一些新兵，并与其下属分享让与的土地。

因而，租地的转让失去了过去那种恩赐的性质。而且也不再是家族的首领的慷慨行为，而是一种金钱交易，在这个交易中，莫尔-费尔·查泰伯设法挣钱，事实上，他也需要钱，他曾被召到宫廷，萨瑟兰的这位大人物在奢华的伦敦感到很渺小，他的寒酸受到英国人的嘲笑，他觉得这对他的民族也很不体面。在军营里，他的军官，那些塔克曼们也得应付在英国的巨额开支；他们过去不知道摆这种阔气，他们在英国学会了。他们竭力设法从农民那里得到能够得到的一切。但是，他们同时停止鼓励当地工业，他们不再满足苏格兰花呢和家庭生产的花格长巾，山区制作的苏格兰剑，代替面包作为食用的燕麦饼；食品、饮料、服装、武器、家具，这一切都由商业部门供给，不再用家庭工业产品。然而，他们没有什么东西可与商业交换，他们的产品不值什么钱，他们感到心满意足的谷物，他们织造粗衣服的羊毛都不能与英国的相媲美，而且也负担不起运输费用。当地严酷的气候不能供应富人的消费，他们也像穷人一样，在那种气候条件下，富人的生活习惯也是很简陋的。当首领们和军官们需要用钱以取得不能缺少的奢侈品时，耕作就不是为了消费，而是为了出口或出售，而产品出售时受到蔑视。所有的地方工业都消失了；在这种两天中就有一天是下雨或下雪、只有一天

是干燥天气的地方，人们找不到躲雨地方去干有利可图的工作；穷人的所有家庭成员没有四季都可干的行业，而无所事事又增加了贫困；人口急剧减少，但是，对那些想从这块广阔领地获得收益的人们，他们也还觉得不够。

在萨瑟兰，人口分布比较平均。每个山谷都有村庄；冲积地带种植燕麦和大麦；人们拿燕麦做饼，以大麦酿**威士忌酒**；山区野草丛生，用来放牧畜群，牲畜提供乳类、肉类、羊毛和皮革。人们对这些粗陋产品很知足，需要也能满足。然而，长角的牲畜也习以为常，长得瘦骨嶙峋，毛皮粗糙；燕麦和大麦地种植也不精心，因为经常是交付妇女经管，男子们生来是为了打仗或是到山上放牧畜群，他们生性勇敢，喜欢冒险，对民族、习惯、种族荣誉、对首领、对山山水水都非常热爱，但并不怎么灵巧聪颖。由于妇女的劳动足够维持他们的生存，所以男人们喜欢无所事事。除了耕耘和放牧外，全国没有别的资源，因为气候酷似瑞士的高山地带，春寒料峭、寒暑不匀，生产不能发展，人民日益贫困；国家没有制造业，没有商业，一贫如洗；那里没有驿站，没有开辟大道，伯爵领地的各部分没有公共交通线，只有供行人走的小路：大部分居民谈不上服从英国法律，甚至不知道照法律办事。另外，村民家里应有尽有，足以满足生活的各种需要；他们不觉得还有什么需求，感到生活很幸福；即使有时流年不利，影响收成，人畜都得忍饥挨饿，但依靠能劳动的双手，也不致备受煎熬，照样能挺过去。

在 1811 到 1820 年间，为数 15 000 人的 1 000 户居民都被驱赶，按照主持此事的洛赫先生比较婉转的语言，那就是在伯爵的领地内**被分割、搬迁**。所有村庄都被拆除或烧毁，他们的田地都改为

牧场(见洛赫先生著作,第 92 页)。差不多在同一时期,萨瑟兰伯爵领地内其他 7—8 个领主,他们占地约 25 万英亩,也干着同样的事情;此外,当时苏格兰北部的所有领主也照此办理,或毫不迟疑地学习这种榜样。然而,洛赫先生说,斯塔福德侯爵夫人比她的任何一个邻居更人道;她关心那些搬迁户的命运,她留给他们一份土地,她在取走 794 000 亩自古就属于这些搬迁户的土地时,慷慨地将 6 000 亩留给他们,每户约 2 亩左右。

留给佃户作避难所的这 6 000 亩土地,从前是不毛之地,对地主毫无收益可言。然而,地主也不是白白地给予他们;平均租金还得交 2.5 英镑,土地契约为期七年,如果土地耕种得好,还答应可再延长七年。

斯塔福德侯爵夫人收归已有的这 794 000 亩土地,由她的代理人洛赫先生划分为 29 个农场,其面积大小不等。其中最大的比塞纳省面积还大,占地 46 191 公顷,因为塞纳省也不超过萨瑟兰伯爵领地的 1/9。这些农场仅用于放牧羊群,每个农场只有 1 户居民,由于引进的技艺是新式的,这些农场不用苏格兰人,而使用来自英国的雇工。然而,有 17 位贵族、或萨瑟兰的塔克曼,不顾对这种行业传统的偏见,掌管了与斯塔福德侯爵夫人同样数量的农庄,其他 12 个是由英国人掌管的。1820 年,13 万只羊替代了那些保卫莫尔-费尔·查泰伯流血流汗的勇敢的人们(同书,第 147 页),也许,羊只数目已大大增加了。这些群山的峡谷,过去以古老种族鏖战的沙场著称,如今已杳无人迹,也没有人回想光荣的往事;山谷中没有村落,既听不见欢乐的歌声,也听不到痛苦的呻吟;萨瑟兰伯爵的继承人,已定居在离祖先居住的故园几百英里之遥的英国，靠他以前的陪臣过日子，尽情享受和玩乐；他可以在特伦特姆城堡摆阔气，像王族那样富丽堂皇，并用他的奢侈生活支持英国的厂家。

这个小民族在财产上、习俗上、爱好上、整个生活方式上的翻天覆地的剧变，奇迹般地使已经家财万贯的萨瑟兰伯爵夫人增加财产，我们对这些丝毫也不怀疑。但是，洛赫先生接着指出它也增加了国家的财富；洛赫先生指出，这样一来，钱更多了，市场活跃了，工业发展了，奢侈的享受也更多了，在经过几个世纪的停滞不前后，整个萨瑟兰呈现一片繁荣景象。确实，我们也相信，根据财富学派的原则来判断这个地方，用繁荣来称呼也名副其实，萨瑟兰正在进步。几条长达 40 英里、45 英里、50 英里的大道已经横贯全境；在大河上，伯爵夫人、也就是今天的公爵夫人投资修造了几座石桥和铁桥，其中有几条颇为雄伟壮观；防波堤与坝堰阻止了洪水的泛滥，港口向商业开放；驿车通向全境，直达边远的城市；斯塔福德侯爵还修建了驿站、客栈，从 1820 年起，萨瑟兰出口细羊毛达 415 000 磅，这就向人们预示，它有朝一日能向遥远的地方输送财富，这是因为有了令人赞叹的经济，居民用劳动创造了幸福，人们成功地开发了这个地方。

有人对我们说，就让他们干吧，比起那些为了个人利益，在管理自己财产的产业主来，立法者也并不认为，他们比这些人更为高明。如果产业主富有、聪明、能干，他将能使贫穷落后的国家繁荣，他的财产越多，在执行有利可图的计划时，他碰到的困难将越少。这一片荒凉不毛之地，过去养活那些不拿铁锨锄头耕地而挥舞着古老刀枪、过着贫困生活、成天惶恐不安的陪臣和奴仆，今天养活的是羊群，它们身上的毛供应工场，并给遥远的市场提供原料。但是，居民又怎样了呢？洛赫先生告诉我们，成千上万被逐出家园的家庭，境况并不像当初他们担心的那样悲惨。确实，有些家庭不愿从驱赶它们的伯爵夫人那里取得任何东西。冈氏族，或麦克-哈米什人，离开了基尔多南山、纳瓦尔山谷和赫尔姆斯达山谷，全部出走，而作者也没有告诉我们后来它们怎样了。1818 年和 1819 年间，除去这个氏族外，斯特拉思布罗雷家族有 32 户到美洲，作者说，其他各户都接受了斯塔福德侯爵夫人赠予的那份土地。这些人被扔在这块介于大海与高山的广阔土地上，在找寻适合耕种的土地。洛赫先生说，令人奇怪的是，在这块荒芜的、宽度只有半英里的海滨，萨瑟兰居然能从种植谷类得到利润。这些被称为小佃户的流放者，从地主那里得到援助，帮助他们建造新房，并鼓励他们开垦新的土地：因此他们借以活命的田园很快地得到开发。

在这些家庭中，年轻人富于大胆冒险精神，与苏格兰山民性格极为相称。他们在海上完全是外行，与原来的习惯也大相径庭，他们却购买了或制造了船只，在受斯塔福德侯爵夫人托付的船夫指导下，他们很快地勇敢地学习技术，而他们也曾经等待在鲱鱼和鳕鱼群旁，在不同的季节，交替轮流巡查海域，在赫尔姆斯达尔和布罗拉建立了一些大货栈用来加工制造鱼类食品；苏格兰和英国的商店也曾经派过经纪人。自 1814 年到 1819 年，渔业日益发展，成为财富的重要来源，这些财富不是供当地消费，而是全部出口（同上书，第 125 页）。

对以上论及的问题，洛赫先生的结论是斯塔福德侯爵夫人在萨瑟兰郡的土地上所制订的计划获得了完全的成功。她不仅获得了巨额的利益，而且还使那个属于她的地区很快地从不开化状态走向文明。作者说，如果这些给以侯爵夫人命运所系的这个小民族带来极端的痛苦和不安，相反，她也给工业开辟了更为广阔的场所，为了竭力减轻负疚心情，她将来要给这个小民族更多的方便。我们不得不指出，这种推进文明的方式，与穆罕默德·阿里在同一时期，在埃及所干的相似；穆罕默德·阿里被财富学派当做商业和工业的奠基人广为颂扬；在他身上，君主的法律与产业主的法规混为一体；他在判断国家的繁荣时，不是从居民的安全与美满生活出发，而是看商业活动，出口价值和食利者的利润；他也是修道路、开运河、筑桥垒坝。他使埃及布满桥梁隧道工程。他在埃及请来了学者、工程师、实业家；他要在埃及各地建立工场；最后，他在干好事的同时，特别是想要增加自己的收入。在他的算盘中，人的生命只不过是一些数字，是与棉花包一样计算的；而斯塔福德侯爵夫人是把人的生命与羊毛包一样来计算的。穆罕默德·阿里精打细算，但是，受他所支配的那些不幸的人们的爱好、回忆与希望等等，他是置之度外的。

萨瑟兰公爵夫人是一个非常能干的妇女，人们对这一点是肯定的；她非常巧妙地管理她的万贯家财；她增加了资产，而这份资产也为未来新的发展准备条件：因此，她在认为必需时发展她的事业，而且也把这些看做为国家增加财富，任何人和任何股份公司都不可能如此迅速地发展资金，但是，谁能预言她的继承人会怎样，他们能像她那样乐善好施、富于同情心和聪明能干吗？英国许多贵族虽有巨额家产，却负债累累。于是，他们毁了他们的领地，对佃户十分贪婪，土地也被债主占有了。因而，在7年或14年后，萨瑟兰那些背井离乡的家庭，又将深受地主的谬误、差错、挥霍，贪婪、放荡和不公正的祸害，地主们掌握他们的命运，却不承担任何责任。

在指使洛赫先生执行她的计划时，侯爵夫人既谨慎小心又富有人道主义。英国的法律允许地主逐走他的佃户，既可以不必管他们的死活也不问他们未来的命运，法律的这种精神难道不使人感到不寒而栗吗？政府在必要时可以借助武力驱赶佃户，这种事情实际上已经干了不止一次了，最后，根据洛赫先生的说法，这个郡的其他地主没有一点人道精神。他写道："辛湖的格伦德人为数众多；1818 年冬，当他们被撵走时，没有得到任何土地份额，或者说没有得到任何赔偿。"

盖尔人被逐出故园被认为是合法的，但是，谁敢说这是正义的？如同贩卖黑奴和驱赶白人这样奇怪的对比一样，这样的事实难道没有惊人的联系吗？把非洲不幸的黑人运到马提尼克去种外乡的土地的人，与那些把不幸的苏格兰人赶到远离欧洲的彼岸的人可以与之媲美，这些人不也是不让苏格兰不幸的人们耕种自己的土地吗？盖尔人，这个古老的克尔特人的民族，它过去不仅是不列颠岛的主人，而且也是高卢的主人，西班牙、意大利部分土地的主人，他们的悬崖峭壁从未被征服过，当其他地方失去独立时，他们屹然挺立，今天，难道他们将被法律逐出故园了吗？这些欧洲最古老的主人应该被流放吗？

无论是萨瑟兰郡的塔克曼和佃农，或者是苏格兰的其他人，他们几世纪来就占用的土地都被认为是没有所有权的。而他们过去的总管们被授权，破坏几个世纪以来在领主和农民之间的契约，这是滥用合法的形式和极不公平的越权行为。

英国的法学家经常把政治权利和财产权等同起来，并且以财产权来捍卫政治权利。他们认为，领主的纯属政治的权力要看财产，就如同他们认为，在当选国会议员和地方行政官员这种专有权利时要看某些市民的财产、在选举神职时要看地位高低和收入多寡。他们忘记了这些职务是为人民的利益而设立的，他们得到的报酬也是属于人民的资财。英国的法学家勉强地承认，社会发展进步了，成为人民负担的权力就有权取消；无论如何，法学家们愿意在取消这些职务时，人们还保留其报酬。同时，他们不致力去了解各种机构的设立是为了照顾那些委派他们担任职务的人的利益，他们从来也不认为，只有一个人从职务中得到了经济利益而他们把这种利益看成同那些占有一片田地和一所房屋情况相同。

领主占有大面积领地并不是英国的特殊情况。在整个查理曼帝国，在整个西方，一个省一个省地被那些黩武的头领们所侵占，并按照自己的意愿将土地分给被征服者、奴隶，有时也给自己的战友。在9世纪和10世纪，对曼恩、普瓦图、昂儒这三个省的伯爵来说，与其说这三个公国还不如说是三个农场；瑞士是一个多山、多湖泊的国家，气候使农民感到沮丧，老百姓的性格、习俗等都与苏格兰颇为相似，在当时，这个国家也被少数领主所瓜分。如果吉堡、伦茨堡、哈布斯堡，格鲁耶雷的伯爵们也受英国法律的保护，他们今天的状况也会与20年来萨瑟兰伯爵们所处境地完全一样：他们中间有些人也许还会对修缮感兴趣，而另外一些共和国的人可能已被赶出阿尔卑斯山而代之以羊群。但是，不管伯爵权利的起源如何，八个世纪来，在整个欧洲大陆立法也从来没有停止过保障诸侯的臣属、陪臣和属于他们的农奴的利益；以法律条文作保护来加强农民的独立地位，把习惯做法改成法律条文，使之免受领主们的敲诈勒索，从而逐步将农民的土地收入水平提高到地主收入水平。瑞士的法律使农民保证能永远生存下去，而在大英帝国给领主们的保证是让农民处于不稳定境地。人们可以对这两个国家和这两种制度作个比较。

在法国，佃户的生活条件也经常得到改善。法国的陪臣原先是被征服者，或者是奴隶，说得好听一点，是自由人，他们放弃自由成为侍臣，他们为领主尽一些封建义务，封建领主赠予一块土地作为报答。但是，原来权利中缺少的东西，已根据惯例不断授予：不但产权被承认，他与产业赠予人的地位也平等；相反，盖尔人的佃农却从来没有获得这种地位；他从来也没有从领主的恩赐中得到过土地，但是，他与总管原来都是土地的共同所有者，或者说还是他部族土地的共同所有者。然而，在战争时期，他随同总管、并为共同的利益服从总管的命令，首先，总管把他当成朋友和亲属，尔后是士兵、臣属，最后是佃农，被雇用的农民，为了共同的祖国的土地，他们愿意受苦受累，但是，总管一旦觉得养活他们没有用处时，可以自己做主，将佃农解雇。

确实，不应该忘记苏格兰的高原地带，即盖尔族居住的山区，从来也没有受过外来侵略的桎梏；封建制度从来也没有成为国家的法律；虽然，人们也将古时就遵循的民族习惯与邻国的封建制度相结合；就名称来讲，英语中的称呼在当地语言中也找不到，如萨瑟兰伯爵一词，在盖尔语中是**凯思内斯南部的大人物**。

在一个没有开化的甚至连文字也没有的民族里，人们不能指望得到在苏格兰称做氏族的、那些大的家庭组合形式的真正资料，更没有几个部族合并成像萨瑟兰郡那样唯一的至高无上权力的资料。在盖尔语中，克朗（klaan）一词的意思是子女。确实，所有的惯例，相互关系、感情等等，都是建立在传统的基础上，他们认为自己是家族的子女；确实，对共同产业的权利就像同一个父亲的子女那样。除了共同保卫这种对他们来说是必要的隶属关系外，他们不服从其他的隶属关系。土地分配的不稳定也不削弱大家族的财产权；他们所居住的区域就是属于大家庭的；这方面是和日耳曼人一样，也是克尔特人的公法；日耳曼人的组织形式，不仅是为了耕作，更多的是为了打仗，为了怕把家庭过分地束缚在他们耕种的那块土地上，这些家庭经常地、甚至每年都改变地块。苏格兰人的每个成员对一切都有权利，但是，每人的土地也可以给他的邻居，有时是因为机会凑巧，有时是由于家庭耕种力量的扩大或缩小，有时是作为为国效劳的报酬。此外，在欧洲的任何国家，人们都找不到这样一种可以暂时的、或可变的分配共同组合体土地的即使是最新的记载。在苏格兰，人们希望土地的划分或细分能指明或维持军官和士兵的隶属关系；每个氏族的大人物在分配共同组合体的土地时，甚至可能独揽分配大权；根据战争时作用大小，将不同的租借契约的土地分配给军官；但是，尽管他在军事上对氏族成员进行奖励或惩罚，氏族的财产一点也没有减少。受惠者虽然不同，但是服役的义务还是一样的，只要萨瑟兰全部属于萨瑟兰人，为全民利益设立的军事长官，在这块属于全民的土地上总是会或多或少得到或失去部分土地，土地隶属关系是相同的。为公共防务交的捐税、向那些带他们战斗、维持秩序的贵族们缴纳的地租从来也没有增加。

当文明开始取得进步，贵族们讲英国话，穿英国服饰，他们的习惯与思想方式也学英国的样子，他们再也不了解、也不想再去了解克尔特人的民族约法；而且，为了给约法一种文明国家常用的形式，他们将它编撰成文。贵族们在一定的时间内，给陪臣们塔克，即一份土地。他们好像对这些陪臣作了很大的让步，因为在过去，他们能随意驱逐陪臣。相反，这对共同组合体是一种侵占行为，因为过去他们总是以社会身份相仿佛的人来代替他们；而且，每当他们开始出租土地，在重订合同时，在合同中巧妙地加些新的条件，或增加佃农的租金。

由于这种暗中进行的侵占行为，盖尔族的土地贵族，确切地说，也就是那些对氏族的财产只有固定不变的收益的贵族，现在他们将这种收益变成付给他们地租的领地的无止境的财产所有权。然而，这些贵族没有料到，而陪臣们当时也没有担心，他们利用更新合同，这样不是增加农民的地租，而是有一天会将农民逐走。在干出这种野蛮的勾当前，这些贵族要完全不去考虑同胞的意见，不顾情谊、不顾荣誉体面；他们不仅不去想想他们彼此是父老兄弟，甚至彼此是苏格兰人；当他们将同胞的命运置之脑后时，这种贪得无厌的欲望扼杀了他们共同祖先世代相系的血缘感情。不久，社会不同成员采取的立场、舆论，也产生了类似的变化，认为立法者应该进行干预，使整个民族不致被一小撮贪婪与冒失之徒控制支配。祈求贵族们的恻隐之心是无济于事的，而是应该建立盖尔人的法律；照此办理，贵族们就不能搬出财富学派的原则，说什么扣除国家所得后，在人类社会中，会节省更多人力，会有更多进步，也会更加繁荣等等；还有说什么不是根据推理行动，而是根据这些原则经常推理。如果斯塔福德侯爵夫人有权利用 29 个外来户和几十万只绵羊代之以全省农户，那对她和其他人来说，应该赶快废除这种罪恶的法律。

对一个国家来说，允许领土财富集中在为数很少的人的手中，这已经是很大的不幸。当一个人占有足够几百户的领土，原来富裕生活就代之以奢侈豪华，而原来培育道德的收入也被挥霍浪费殆尽。如果一个省的产权所有者的利益是和该省居民利益相对立，用牛羊来代替人，那国家会成什么样子？土地财产不是为这种目的建立，却为法律所保护。人们承认财产所有权是因为相信对那些一无所有或只有极少财产的人有利；但是，当财产所有权与国家的权利相对立时，社会就会动摇了。一个伯爵不能再有这种驱逐他领地内居民的权利，国王也不能再有驱逐他的王国的居民的权利。一个最专横君主，如果今天试图超越他的权力很快就会知道付出什么代价。英国的领主们应引以为戒！领主们人数越少，国内反对他们人数越多，喜欢他们的人就越少，对他们也就更危险！

虽然他们什么也没说，在利益攸关时，正像斯塔福德侯爵夫人的代理人所写的那样："在这种情况下，为什么人们采用不同于别国都遵循的规定？为什么产业主不为公众的利益抛弃或牺牲他们对产业的绝对权力？"（洛赫：笔记，第 41 页）。有一天，如果产业主认为他们不需要人民，反之，人们认为也不需要他们。如果他们认为，为了他们的利润，可以用 400 万只绵羊来代替 34 万英勇的山民，那么，山民们对那些不配当他们同胞的 30—40，也可能是 300—400 领主，可能更容易地找到对付他们的有效的办法。

第五篇　论爱尔兰农民的生活状况及其穷困的原因

在汇集、编撰和出版本书时，我们打算着重探讨现代社会的创伤。穷人的贫困、过去不引人注目的阶级、即无产阶级的惊人增长已殃及文明的存在，这是多么地触目惊心。我们已经看到，在一个国家里，商业活动越是发展，财富积累得越快，无产者的人数也就越多，他们既没有财富，也没有生存的保障，他们既没有过去，也没有未来。他们靠双手劳动来养活自己，以他们的努力，有时也能得到充分的报酬，但是，在今后的生活中，既不是由于他们的过错，也不是行为失检，他们就可能被剥夺生存的权利。我们已经看到，由于财富本身的发展，加之财富学派原则的配合，各种职业、各种社会地位的人接连产生了，他们背井离乡，堕入无产者的行列，历尽艰辛挫折，陷于赤贫，在这种无可救药的困境中，社会只得给予这些人救济，或者宣布无力承担责任来减轻这种状况。

很大一部分居民，有时甚至是国家的大多数居民，他们成为与祖国土地毫不相干，对国家制度漠不关心，甚至成为压迫他们的公共秩序的敌人，这时，政治思想运动促使最文明的国家在它的国家机构中加强民主的权力。我们竭力揭示，如果坚持把智慧、经验、道德和意志力等方面如此不可思议地不平等的人的投票当做平等的话，在大多数人参加的选举中，那是不会有真正的全民的选举的。我们已指出，在制造一大批无产者以后，如果从人数上看待这种最高权力，那么，人们既不能保证国家的利益，也不能保证自己的利益。总之，我们设法在政治方面能为这些人做些什么，通过哪种机构来唤起代表全体人民的政府的理性。

今天，我们研究的是这个问题的另一个方面。从事体力劳动的是那些生活毫无保障和对前途没有指望的人，他们无时无刻不过着穷困的生活，而他们看到的尽是奢侈豪华的生活，在这种情况下，公共秩序总是处于危险中。我们已要求财富学派、或曰财富形成的理论考虑他们的生存问题，我们同样也寻找真正的政治经济学，能否通过分配财富的办法，使这种混乱现象不致殃及家庭和城市。我们看到的财富的普遍倾向是将资本的作用与劳动力的作用分开；在每种职业、每种行业中，我们所看到的人们称做发展的东西，也就是用科学和高级智慧帮助领导者的意志，把巨大的资本汇集在一个机构中，另外，使成千上万的劳动力从属于领导者意志、并为这种独自掌管思考、组织、付酬的领导者的意志而劳动；简而言之，财富学派所推崇的发展，也就是造成金钱至上和产生无产者。

但是，要弄清这种普遍倾向，只认识以上情况还是不够的，还应该研究不同职业的人们的命运，从某种程度上来说，要拿事实来说明财富学派的做法，他们使小企业失去独立性并剥夺他们的生活保障，迫使师傅降为雇工，将财富积累、或者说想把它聚集于几个人手中，并借口需要廉价的劳动力，使所有的劳动者陷于最困苦的生活境地。在研究不同职业时，我们的目光不能只是盯住某一

个国家、或某一种职业；要深入了解各地的详情，并经那些我们信得过的证人的证实，他们收集资料的目的是与我们完全不同的。长期以来，财富学派总是用概念或抽象的东西使我们产生幻觉，财富学派认定的只是用事实和数字表明的这种具体的学问，长期以来，他们使我们的目光转向漫无边际的海角天涯。相反，我们认为，应该把目光盯住一个国家、一个时期、一种职业。首先，我们应该研究农民阶级，因为它一般总是人数最多；也因为在人类生存中，它是最需要的，也是最容易使他们生活得到幸福的阶级；他们的爱好秩序固然是国内和平的保证，而他们的尚武禀性也是国家的独立和权力最好保障。

欧洲大多数国家的农民阶级，总是以某种方式与财产联系在一起；无论是出于古来沿袭的情感，或是出于本身的利益，他们的命运是与他们土生土长的田地紧密相连的；他们也希望他们的子孙在这块土地上生活，他们把未来的命运系于永久的权利的保障。然而，被人们看做是繁荣的那种国家，沦为无产者的农民为数很少：这种无产者就是短工，他们只有锄头和铁铲，在农忙的时节，被其他农民招去干活儿，帮助那些靠土地生活的、而自己没法劳动的家庭耕种收割。短工每个星期都可以解雇，谁也没有承担维持他们生活的义务；他们既对未来生活没有指望，对过去也不留恋；他们总是感到处于接近最穷困的境地，对他们干的工作毫无兴趣；收成的好坏与他们毫无关系，他们的利益与雇用他们的人截然相反；他们希望劳动力价格高而谷物价格低廉。确实，短工的存在对社会来说是造成混乱和危险的因素；但是，当他们人数很少时，人们可以把它看做那一种社会秩序的一种不可避免的弊病，甚至在找到某些坏处时，还有某种好处。然而，很久以来，财富学派的作家们想要我们确信短工们的状况是农民的正常状况；如果人们要在农业生产上使用资本、智慧或科学时达到高效率，那土地就应该划分成大农场，并由一个富有的、有文化教养的人来经营，这个人自己不劳动，但是，他发明、或使别人发明最先进的工具，他预付资金、管理市场，只有他一个人是他使用的数千名劳动力的意志和智慧，财富学派正是把这种理论用在工业技术上。今天，在整个欧洲，这种学派的说教到处传播；虽然它还没有通过实践，但公众舆论在理论上已接受它；土地所有者和资产者相信这种说教符合他们的利益，规模宏大的农业以及它所产生的无产者，已经危及那些至今还过着幸福生活的农民的国家。在已经普遍实行这种制度的国家里，去研究这种制度效果是有充分理由的。不列颠帝国就是那种被财富学派已经完全控制舆论的国家，在这个国家，财富学派在立法上也有最强大的影响，它把几乎整个劳动阶级处于财富学派认为正常状况的唯一的国家。在一个全国都已实行这种制度的国家里考虑这种制度的效果，对整个欧洲文明，对人类的幸福都是有很大好处的。财富学派曾对农业企业家说："生产的更多，价格就更便宜。"我们刚才谈到，农业企业家们为了符合以上要求，认为工人的劳动抵不上他们的生活资料，决定甩掉他们，并认为苏格兰人的劳动是多余的。我们将谈到，那些农业企业家如果不把工人的生活降低到他能勉强维持生活的最贫困境地，从爱尔兰人的劳动中也就无利可图了。我们还看到，这些农业企业家在取得世界上最富庶、最肥沃，气候最好的安的列斯群岛的土地后，只有将当地的短工沦为奴隶才能找到有利可图的劳动；为了利用黑人的体

力，这些企业家将黑人当做牲口，既不管他们的智力发展，也不管他们的品德教育，甚至连人类最起码的享受也没有。

有人可能会感到吃惊，我们举的主要例子都是英国的，而我们还宣称这个国家是一个最文明、最开明、最自由、最富有宗教传统、最富有同情心的，是世界上最有影响的国家。它可能也是这样的国家，它产生了优秀的观察家，他们的证明使我们更能弄清事实。此外，并非这些观察家缺乏道德观念，而是受有害的理论的毒害，这种理论使他们只见物而不见人，当英国贫困日益加剧，而努力寻找减轻这种弊病的药方时，这种理论使他们迷失方向。

在从事实中得出结论以及找出弥补办法之前，重要的事情是让读者清楚地了解事实。我们要让读者清楚地了解事实。我们要让读者认识爱尔兰，它在全世界也算得上是一个穷人最多，而他们的生活也是最贫困、处境也是最糟糕的国家。为了说明这一点，正好有一位值得我们信任的、也是英国人信任的观察家 H. D. 英格利斯先生的见证，他在 1834 年最好的季节在爱尔兰旅行，他的证词是这个不幸的国家最全面、最忠实、最感人的一幅图画。在我们看来，这本书的分析给读者提供了一个对这种错误制度的有害效果的第一手的证明。①

确实，那些从事社会科学的人们确实没有忽视爱尔兰的既痛苦又可怕的现实。总的来说，人们知道爱尔兰人民生活悲惨并深受压迫；派别观念同样也利用人们的不幸，这样与对手斗争时尽力

---

① 《H. D. 英格利斯于 1834 年春天、夏天、秋天在爱尔兰的旅行》。（全书两册，惠特克公司出版，1835 年第 2 版。）

使对方面目可憎。在大陆上，有些人装做是爱国主义者，竭力煽起对英国人的仇恨，把爱尔兰人的痛苦归罪于压迫者的妒忌、残酷和贪婪。而英国人则说爱尔兰人难以统治，在工作中和理财中既没有章法又没有恒心，既不勤劳也不会休息。爱国的基督教徒还指责说爱尔兰的苦难来自天主教和教士们的本性，而天主教徒则把爱尔兰的贫困归罪于没收了教堂的大批财产，而把财产让与没有羊群的敌对的教士，他们还归罪于基督教徒没有尽向教士缴纳什一税的义务，基督教徒把教士们看做异端分子，他们只愿自动纳税，出于宗教信仰的道德良心来缴税。这些相互的指责虽然也有些根据，但都没有找出弊病的根源。然而，他们的冲突还加剧痛苦：因此，各个派别产生了如此强烈的仇恨，以致这种接连不断的仇恨导致动武的地步。人民不管政府，政府不管人民，在如此激烈的仇恨中，建立与维持公共秩序已经是不可能了。

这些灾祸不仅十分真实，而且使这个不幸的人民生活条件恶化，并使纠正现状更为困难。但是，这些灾祸不过是征兆，它是更深刻更严重的灾祸的后果，而不是原因。爱尔兰已陷入极端可怕的贫困境地，因为爱尔兰这个国家，民众几乎都没有土地，也因为爱尔兰整个民族都是无产者。确实，爱尔兰所有的土地属于少数家族，所有的资本也属于少数富人，除去这两个为数甚少的阶级外，整个民族，这个真正的民族都是靠双手劳动过活的。每天早晨，他们要求劳动以换取一片面包，但是，如果富人不把土地租给农民，不把资本借给企业主，那么人们就无法从事劳动了。

生活的需要不断地折磨由不幸的工人构成的民族；为了从工人劳动中获得最舒服的生活条件，富人们展开了全面的竞争，任何法律，任何章程，任何荣誉观念都不能阻止这些富人利用他们的土地获得利益。在某种程度上，穷人的生命也属于这种乱喊高价的拍卖的对象。土地经常以小块出租，租约期很短，甚至没有租约，谁付的租金最高就胜过他的所有对手，即使在收成最好的年份里，租户也仅够勉强维持可怜的生活。同样，无论在城市或农村，短工的劳动也跌价，谁同意拿最少的工资，拿一份仅够维持粗菜淡饭生活的工资的人才被雇用。这种美其名曰工业中的无限制自由的普遍竞争，至今还是某些经济学家的美好理想。这种竞争是置人于死地的，而现代欧洲各国人民中，那些干重体力劳动的社会组织正走向这种死地，这不仅是由于好奇心与同情心促使我们认真地阅读和研究英格利斯先生描绘的爱尔兰的贫困写照；同样也想到我们自己和我们的国家；这是与民族的利益和全人类利益攸关的事；这是现在需要我们去解决的社会科学中的最重大问题之一；不管看到这种写照是多么痛苦，我们也应毫不迟疑地去看、去了解和去听。

英格利斯先生对爱尔兰的描述在英国赢得了无可争辩的声誉，他的探讨是和其他所有的目光敏锐观察家一样有其优点的。他已经出版了《西班牙旅行》、另一本是关于蒂罗尔[①]的，还有一本是描写关于英国海峡岛屿的书。但是，在 1834 年春天，他对爱尔兰毫无了解；他到爱尔兰时并没有带偏见，确实，当乱党造反，人民深受其迷惑时，他在人民中间访问，人们几乎难以认出他属于哪一个党、哪一个派。他决定亲自去看看，决定亲自去判断一切。他给

① 蒂罗尔（Tyrol），地名，奥地利西部山区。——译者

有不同看法的人，给不同阶层的人，信仰不同宗教的人看他的介绍信。

他说："从都柏林出发时（第 1 册，第 11 章，第 21 页），我带了 130 封介绍信，这些信是给各种社会地位的人的，从王国议员到佃户（我向农民作自我介绍）；同样也给持各种政见的人，从当市或德里的橙带党[①]的治安法官直到基尔肯尼或蒂珀雷尼（那个愿意给予爱尔兰过去那种独立的人）的天主教取消联合派[②]；从新教教会的显要人物到农村的副本堂神甫，从天主教主教到堂区教士。我不需要告诉那些熟悉爱尔兰的人，这种介绍信为什么需要这么多。在回到都柏林前，我已递交的介绍信数字至少是出发时的 3 倍。"

1834 年春天的一个美丽的早晨，我们这位旅客到达都柏林，稍事休息后，中午又上路，沿着圣乔治海峡直到韦克思福德；从该城又向西，沿着岛的南部海岸，后来又沿着西部海岸向北，他不但走遍了该岛的大部分，而且还沿着整个漂亮的香农海岸，他还从西到东走遍北海岸；最后从贝尔法斯特到都柏林，就这样结束了该岛的全部旅行。一路上有时坐轿车或当地的马车，有时则乘船或骑马，有时甚至步行，几乎都是由他的妻子陪伴，然而只有一次称呼过她的名字，那是为了解释以取得当地农人对她的照顾。

他说："我有一个有利的条件（第 2 册，第 16 章，第 290 页）。在我整个探险旅行中，无论跋山涉水，无论是在农村或城市，我都

① 橙带党（orangiste）：爱尔兰新教徒在 1785 年组织的政党，因用橙色带作该党徽章而得名。——译者

② 取消联合派（repealer）：19 世纪初，爱尔兰独立领袖奥康诺等组织的派别，反对与英国合并成立联合王国的主张。——译者

由我妻子陪伴。有人也许会发笑，但是了解爱尔兰农民的人就很容易理解，这对我这次旅行目的是多么有用。爱尔兰干苦力的农民生活悲惨，他们见识很少，上层人物也很少见到，一旦有一个衣着讲究的人走近茅舍的门口，或农庄的围墙内时，立刻使他们产生怀疑，但是一个女人出现时，这些怀疑就顿时消失了，当地方官吏、警察、收消费税或什一税的收税官以及一切官方人员在执行公务时，他们的妻子从来不陪伴他们。此外，爱尔兰贵族与平民交往甚少，一位贵妇人进入茅舍被认为是一种特殊的礼遇，并给予相应的信任。此外，谁都知道爱尔兰母亲的爱、她对孩子们的爱护是很容易取得好感的。给一个人以爱抚，给另一个人土地，也容易被人开诚相待；一个女人面带笑容走进茅舍，并说：'上帝保佑你们全家。'这就容易取得以心比心的效果，这种感情不正是那些政府官吏所办不到的吗？"

一般说来，爱尔兰是一个风景美丽而雅致的国家，土地资源丰富，森林茂密，山川壮丽，海湾很深，湖泊很多，尽管地域不大，却具有大自然之美，十分吸引游人。英格利斯先生并不想描写旅途风景，并与读者共赏景色。他很想观赏拉苏伊尔海滨，那里香农河流经一个又一个的湖泊，呈现数不尽的秀丽景色。从克利夫登到基尔利，到处都是迷人的风光美景。离开都柏林后，他就走向以油画《美丽的阿沃卡山谷》著称的风景区。作者说，"我走过狭窄的河谷与群山，与人民在一起并与他们交谈，我对人民生活状况的兴趣远远超过对美丽的和富有浪漫色彩的风景的欣赏。这种欣赏并不令人愉快。因为，虽然我离都柏林郡很近，到处有装饰得很漂亮的大地主别墅和府邸；尽管威克洛郡的矿山在这里雇用近 2 000 名职工，我也难以对人民的生活状况感到满意”。

“威克洛郡的地租几乎都高于土地所能生产的能力，小佃户和短工一样，也很难维持勉强过活的生存条件。新教徒也和天主教徒一样，地租十分昂贵，都过着悲惨的生活。当人们问他们明明知道地租很重，又为什么同意这种地租时，他们都一致回答：不租地，那靠什么活着？那又能干什么呢？确实，在爱尔兰，土地的竞争也像那些走投无路的人一样，是一种乱喊高价的拍卖。”

“至于短工们的生活条件，和我的都柏林的朋友们讲的完全不符合，我的那些朋友很可能了解威克洛郡。他们向我保证，所有的短工都找到了工作，他们的生活是很幸福的。有一次饭后，为了判断这种情况，我上山访问，我信步走到一个狭窄的谷地，那里散落着几户棚户。我访问了其中 3 家。我访问的第一家棚户住的是上房；只有一间房间，既不遮风也不挡雨；房间很潮湿，家里作为陈设的家具只有很薄的铺盖和床，一张木凳和一只铁罐。既没有烟囱也没有窗户，地上看到的只是烧过的茅柴。住户为这间房子和房子周围的一小片土地付出 2 英镑租金。我访问的第二家住在小山坡旁，房屋的造法与第一家相似。我在那里碰到了一个妇女和她的 4 个孩子，家里有两张没有装饰品的木床，一张板凳，一张长凳和一只铁罐，这就是全部家具摆设。家里也烧茅柴，这是穷人在这个省唯一能够取得的燃料。孩子们衣衫褴褛，母亲因为这个原因不能送他们上学而感到伤心。父亲是短工，每天挣 6 便士，为了租这间房子，得花 80 个挣 6 便士的劳动日；这样，每天余下的 4.5 便士来维持他妻子和 4 个孩子的生活，他们吃的土豆每磅要 4 便士。”人们注意到英格利斯先生把爱尔兰的妇女与儿童的劳动都不

计算在内，因为这个国家，有一半男人找不到工作，体力更弱的妇女儿童就更不可能找到有报酬的工作了。

“接着，我访问了第三家，这一家比前两家更穷困。房子既不挡风也不遮雨，除去一张凳子和一个罐子以外，什么家具也没有，连木床也没有。在这间可怜的房子里，有一位带着5个孩子、穿着整齐的妇女。她的丈夫是短工，每天挣6便士。他家本来有头猪，前不久，为了付房租，把这头猪作抵押了。这些穷人原来指望猪养肥后卖掉以还清债务，因为维持生活的6便士钱已经花完了；但是，土豆价格很贵，迫使他们拖欠了款项，在猪没有养肥、不等有利可图时就抵押了；可能，使他们抵押的人也不应该受到责备，因为他也是山区小佃户，每公顷地要付20先令，他付的租金很高，过的日子也和这位靠他过活的短工一样艰难。”（第1册，第2章，第27—32页）

在整个旅行期间，英格利斯先生用这种方式研究人民；就这样，由此及彼，他描述了他们的家具陈设，核实他们的工资数目和食品。当时居住在那里的威克洛伯爵，是爱尔兰南部最富裕的地主，富人和他们漂亮的农舍在那里为数甚多，那里土地肥沃，农业技术也得到改进，农产品很丰富。然而，我们刚才描述的3家农户，他们的生活是农村人的平均水平，不仅在威克洛郡是这样，在整个爱尔兰也是如此，这种描述很精确，一点也不夸张。确实，在富裕的城市附近，在一些得天独厚的地方，或者是由于那些富有和慷慨的地主的节制，他们不要更有利可图的条件，还维持过去租金价格。在这些地区，短工的房子条件比较好；有时候住两间房；有时这些人家有家具，也有些陶土餐具，除烧土豆外，短工们还添加一些其他食物。譬如，在福斯男爵领地，那里住着高卢族，在南方是很有名的，他们生活比较好，这些人勤劳、谨慎，生活安定，住宅干净，不狂饮暴食，在维持良好秩序和舒适生活方面感到自豪。

英格利斯先生说，“一清早，我就坐着当地的马车，离开了威克洛，想亲眼看一看人们告诉我的那种新鲜事。我找到了一个地方，该地风景并不秀丽，但土地精耕细作，比较起来，居民生活比较安逸，农户和那些茅舍（我不把它称做小屋）为数颇多。颇为特殊的是，农庄生活安逸，茅舍至少比较干净。我访问了许多农户和茅舍，因为我打算找一些农户，事实上总是像爱尔兰一样，我能得到农户们的盛情接待。我离开马车，穿过田野，毫不迟疑地敲农户的门。我愈向这个地区走去，就愈感到它的特色，不仅房屋内部比较舒适，还有几盆花，小花坛，这都表示穷人想布置他的住处；农业很值得称赞，耕作也很好，土地很干净。这里大量种植的小麦和蚕豆的长势也很好，一个男子熟练地驾驶两匹马拉的犁在耕地，很节省劳力。但是，根据我刚才所说的，不能够相信这块男爵领地丰衣足食，或者说他们的生活方式与本岛其他地方不同。如果说他们比较干净、整齐，表面上生活比较舒适，这与其说是位置不同，倒不如说性格不一样：他们传统习惯是以干净和礼貌感到骄傲，他们的孩子，比起父辈来处境较差，他们一点也没有忘记这种传统。工艺技术要求及远见卓识使他们能改进农业，并使佃户们投入较多的资金，这样，比起一般正常情况，短工要干更多的劳动，以致有的短工找不到工作；但是，他们的工钱并不比别的地方更高，因而他们的生活方式也不可能有大的区别；然而，土豆并不是唯一的食品，他们还吃大麦面包，对女人来说，茶是一种奢侈品，这种情况是很普

遍的事。

“在男爵的领地里，农户的土地面积一般是30—40英亩，每英亩地租是2镑到50先令，就粮食的现价计算，这笔钱是农户借以活命的生活费和付租金的款项的总和。我到一位种40英亩土地的佃农家时，正好全家即将就餐。这顿饭有土豆，全脂牛奶，脱脂牛奶，大麦面包和黄油。他们种的地已经4代相传。他们曾祖父每亩付租金6先令，祖父付10先令，父亲付20先令，他付40先令。他说，就像我们看到的那样，靠他和儿子的劳动，他还能生活，付地租，还能节省一点钱给他的女儿们。”（第1册，第2章，第46—49页）。

这种朴实的繁荣景象也像贫困景象一样刺痛人们的心灵，因为人们感到这种景象也将完结。这些本来就仅够维持生活的诚朴的人们，当他们想重订租约时，就像世世代代传统做法、也像整个爱尔兰的做法一样，那些地主就要增加地租（第2册，第8章，第140页）；那时，他们就得放弃全脂牛奶、脱脂牛奶、大麦面包和黄油了，也将没有比物质生活更为宝贵的干净、体面的房舍了。

我们称做地租的款项，按英国惯例，每英亩要缴纳2镑，虽然这数字远远高于英国的地租平均数，但却大大低于爱尔兰地主们从其佃户得到的收益，虽然这个国家的产品几乎全部出口，而农民从这些产品中却受益很少。英格利斯先生说，“在沃特福德旅行期间，我经常到附近地区访问，因而我确信较小的地主的租金是过高的，在一些小农庄里，每英亩地租高达4镑10先令、5镑、甚至7镑。在这个地区，土豆是佃户唯一的食品，有时仅掺杂吃些腌猪肉，确实，在沃特福德，有一个地方叫阿伦德尔广场，那里出售猪脊骨及不能出口的一些部位的肉，因为每镑只售 1.5 便士或 2 便士，所以每星期六晚上，顾客蜂拥。佃户们要付这样高的租金，简直没法生活：有些佃户告诉我，他们付不起拖欠的地租，完全由于饥饿所迫，所以只好接受如此苛刻的条件，这就是胡乱抬高租金的普遍后果。有些人，除了干农活儿外没有别的本事，而他们中为数颇多的还没有工作，所以只好应允干那种自寻死路的工作。”（第 1 册，第 3 章，第 64 页。）那些被赶出家园的佃户们，从抬高地租的地主那里租地耕种，但是对这种使他和他的家属沦为乞丐或置于死地的贪婪行为，他们没有任何抗争余地；但是，谁如果取代他们种地，他们会烧那个人的房屋或庄稼来威胁，这种情况是否会使人们吃惊呢？英格利斯先生说，“有一个人，给我看了一封刚收到的恐吓信。他来自沃特福德，想把他在新罗斯的土地租金提得更高，直到现在，人们每英亩付 3 镑 5 先令，但是，自从有人发出恐吓以后，他再也找不到佃户了。”作者在下面（第 4 章，第 117 页）谈到，“所有的折磨爱尔兰的残暴行为或凶杀案，产生原因有两个，一是土地竞争，二是收什一税。”

“在我离开沃特福德前，我参观了这个城市几个最坏的地区，我发现那里的贫困确实令人毛骨悚然。我看到有些半开半掩的棚户，每间都住三四户人家，每家都睡在草上，各占房子一角；这些家庭既无家具也无器皿。住房周围到处是污泥和垃圾。这些家庭的家长都不在家，都到附近的乡村乞讨土豆去了。”（第 1 册，第 3 章，第 67 页。）

不应忘记的是这种令人毛骨悚然的贫困，它的产生并不是天不赐福，相反，这块土地十分肥沃，气候也很适合植物的生长；这里没有霜冻，也没有长期干旱，没有洪灾和冰雹；提供出口的庄稼收成都很好，农业技术是最先进的，可是田地上的产品，无论是短工或佃户都从来不能分享，作者在旅行期间所走过的地方，与英国的土地相比较也毫不逊色。就在这种简陋的贫民窟旁，却竖立着高级贵族的别墅。英格利斯先生访问的地区紧邻沃特福德侯爵豪华的领地，其牧场占地达 4 600 英亩，在 3 个王国中是最漂亮、最大的。紧邻沃特福德庄园的贝斯巴勒勋爵庄园，就富丽豪华相比就略逊一筹了。在庄园周围有很多贵族的府邸，在他们的艺术大厅里陈列着很多伟大的艺术大师的作品。最后，在附近还有梅菲尔德棉厂，这是公谊会[①]的富翁马尔科松家族兴办的，他们不顾沃特福德侯爵和贝斯巴勒家族的坚决反对，在这里建立了工厂。这个工厂支持曼彻斯特、甚至英国市场的竞争，领工资工人的人数约有 900 人。这里既不缺少财富、也不缺少知识、工艺，也不是没有先例可循，也不是没有大地主的鼓励，更不是没有高度的文明和法律的保障。看到这些事物的旅行家因看到这些事物而深为赞叹，那些关心人们的命运的人为此而感到愤慨或深切的同情。

在托马森，在基尔肯尼郡，英格利斯先生在谈到附近那些令人愉快的漂亮的艺术品陈列室后，讽喻了这种鲜明的对比。“在爱尔兰，漂亮的庄园主的享受不和别人的痛苦联系在一起，那简直是不可能的。人们寄希望于别墅中的阔人，有时甚至希望附近村庄中的好心肠的地主大发慈悲以求得温饱和舒适的生活，但是，对更远的地方，这种慰藉也就没有了。某人的解囊相助和人道精神，其影

① 公谊会是 17 世纪基督教教派之一。——译者

响是极有限的，离开这个地区，人们看到的只是衣衫褴褛的人群。富有的地主宅邸云集，乐善好施受到称颂，然而人们生活普遍穷困，这就引起我的深思。在我外出散步时，经常碰到一些在农村乞讨的妇女和母亲，他们篮子里装着土豆，腋下夹几根沿途捡拾的柴火回到家里。我确信无疑，这不是普通的乞丐，而是一些找不到工作的农夫们的妻女。有些人没有种子来播种他们小块土豆地。他们的住处非常悲惨，有些家甚至连猪也没有。当初，当我在茅舍门口看到猪的长嘴时，心中感到很不舒服，我觉得猪与人混杂在一起，这里的住户生活一定很穷困。后来，在我更深入地了解这个地方后，对这种景象感到欢欣，并且对那些没有猪的农户寄予更大的同情。当然，最好是有一间小猪舍，但是，如果没有单独的猪舍，我也很乐于看到爱尔兰农民的那种做法，**因为养猪可以偿还租金，就让猪也有权在房舍里活下去吧！**让猪在屋子里进进出出，听任猪在屋子里嗥嗥做声。托马森的这种情况，是穷人们能得到的繁荣生活的例子；那里有的家庭养 3 只猪，应当说明的是，我进行考察时正是播种土豆季节，劳动是很值钱的。”（第 1 册，第 4 章，第 79 页。）

英格利斯先生不遗余力地揭发庄园主的压榨加剧了人民的贫困，在基尔肯尼郡，卡伦城附近的领主克利夫顿就是这种人。这位庄园主每年收入有 1 万到 12 000 英镑，不仅使他领地的居民一贫如洗，用极苛刻的手段榨取高额地租，从不考虑减轻领地居民的负担，而且还火上添油，额外加税，他在卡伦城的城门口收城门税，凡是土豆、煤炭、牛奶等生活必需品都得抽税，这种税给他带来 250 英镑；这个城市有 4 000—5 000 居民，其中有 1 000 人经常没有工

作，有 600—700 人毫无收入，还有 100—200 人由于残疾不能劳动而沦为乞丐。征收城门税的借口好像是为了维修道路，但是，从来也没有为修路花过 1 分钱，这个城市的道路是如此崎岖不平，以致人们坐驿车经过城市也得花 12 分钟，因此哪位旅客也不愿坐车而只好步行。在居民住宅区，那些棚户、或者说是巢穴，那是在地里挖的洞穴，上面铺的是草，在这里，丝毫也找不到舒适和文明的任何迹象。（第 1 册，第 4 章，第 99 页。）

在爱尔兰，人们应该特别注意到，穷人阶级的命运在依靠富人阶级方面已达到何种程度。事实上，在这个国家，人们看不到较穷的人逐步上升为较富的人，这种进展在不同社会地位的人们中间建立了联系；人们在一无所有和什么都有的人中间找不到中间阶层的人，没有富足的资财就没有宽裕的生活。因此，只有一个地主和他的家庭成员来消费所有那些不是提供出口的农产品，这些产品比起穷人的粗劣食物高级得多。而这个地主的家庭也就是五谷杂粮、奶油、黄油、鸡蛋、水果等产品的唯一市场；因此，土地也就不必生产那些不供出口的物品了。这样，只有地主单独一个人要求和需要各种劳动，而这些劳动也不是直接用于增加农业产品。只有这个地主能为大家都有用的劳动操心，只有他关心未来，注意改善劳动条件。在欧洲其他地方，农夫、工业家、苦力的生活富裕或贫困与否，基本上是看是勤俭持家还是挥霍无度。一个人如果好好劳动，勤俭节约，奉公守法，要提高生活也就不需要求助别人。但是，在爱尔兰，在某种程度上，在英国某些地方也是如此，由于富人们掌握一切财产，他们对穷人的命运应负有责任；这不仅是掌握着许多人的生命和幸福的富人的劣迹，同时也是富人们任性所为

而犯的错误。富人们在事业上的失败，他们的幼稚无知，以及各种疾病，加之富人又不在本地生活，这都是过去繁荣地区的人们沦为乞丐的原因。

爱尔兰人喜欢排场，爱出风头和享受；一般说来，爱尔兰领主们的讲究吃穿和挥霍无度与他们的财产是不相称的。在该岛的最西部，最不开化的康诺特地方；此地的民族是透支成性，地主们个个负债累累。英格利斯先生说，"在高尔韦，我有机会和几位地主交谈，我非常遗憾地看到，他们对穷人生活很少同情，而对针对他们的法律条文却极为憎恶。如何解释这种现象，以及整个爱尔兰西部地主的压榨行为呢？那就是他们的缺乏远见：这个地区大部分商业乱七八糟，这种困境就迫使地主对佃户们十分苛刻，竭力征收他们能给予的最高额地租。因此，每一个靠土地生活的阶级都一样穷困潦倒：佃户们缴纳地租后身无分文；领主们清偿债务后也囊空如洗，什么事也干不成；农夫为了找到工作，要付很高的地租，短工们同意一天干 14 小时、挣 6 个甚至 5 个便士，这个价格只够买 14 镑土豆。"（第 2 册，第 2 条，第 24 页。）

但是，当富人的债主掌握富人的财产，并把这份财产按他们意志使用时，穷人的地位就变得更难以忍受了。于是，地主管家既没有选择余地，也不能手软；他要收地租，收获那些还没有到家的庄稼，还要到圈地去牵走牲口，在因此造成的损失和收到的银钱中，他是无法计算其得失的。所有那些束缚于土地的人们，即佃户、转租佃户、短工等都是缺乏远见的地主的牺牲者。（第 2 册，第 3 章，第 39 页。）

有一个政治经济学新学派，它好像想证明人类社会的一切都能得到补偿，耗费掉的一切会自然恢复，它还想证明慈善是毫无价值的，奢侈也毫无危险，挥霍也不会产生麻烦，这个新学派还用抽象的论证，企图证明，富人们身居别处，靠远方生产得来的收入过活，在爱尔兰，这种办法被称为不在地主制，对收地租的地方不会带来不便。这个学派从来不从整体来考虑事实，观察那些报告中所呈现的事实；但是，他们企图进行分析，凭空找出一些原因，并由此得出结果；然后，他们得出一些实践中从未证实的方程式。可是，编造这种荒唐的幻想世界，对简单的推理粗暴地践踏，为的是得出这样的结论：当消费者离开生产者跑到几百里外消费别的生产者的产品时，生产者也不会感到任何不方便。这里，人们忘记这类产品只能在本地消费，富人走了，生产也就停止了。人们还忘记所有的慈善活动，人们还要把计算当做人类活动的唯一动力。我们的这位旅行家用事实摧毁了这种理论。作者说，"米切尔斯敦及其郊区已深深感到金斯敦伯爵一家最近遭到的失败，他已经停止花费每年在这里得到的 4 万镑先令的收入。目前，整个省受到这样的损失，以致富有的地主无法居住，这在爱尔兰还没有先例。所有的城市及其郊区的下层阶级同样都深受其害。我在米切尔斯敦访问期间，人们穷困潦倒，郡议会为了使几千人不至于死于饥饿，已开始调查，并同时征募捐款……。在一个只有 5 000 居民的城市里，人们能相信 1 800 人没有饭吃？在这些人中，有 1 200 人是没有固定工作的短工及其家属，另外 600 人是老人、残疾人、寡妇和儿童。除去这 1 800 人以外，在它的郊区，还有 1 200 人没有生活来源。"（第 1 册，第 6 章，第 142 页。）

我们已经谈到爱尔兰农民的贫困境况，还应该了解城市居民的贫困境况。我们以利默里克市为例。这个城市是爱尔兰比较大的城市，商业发达，发展也比较快。确实，这个城市所占土地的大部分及其郊区都是属于利默里克伯爵。英格利斯先生谈到这么一件事，这里的人，无论老幼，无论贫富，没有人说过这位老爷的一句好话。（第1册，第13章，第311页。）

“有人告诉我，在我访问的城市中，利默里克市比其他任何城市更穷困。我竭尽全力、仔细地进行调查，我不得不说，这些调查证实了那些以前的那些报告。我花了一整天时间访问了那些一贫如洗的几个区。我到过40多个穷人住宅，这一天所见到的悲惨痛苦、绝望的情景，我终生也不能忘怀。这里有些人住宅是阁楼，地窖，有些人是住在狭窄过道或院落的小茅棚里。这些住宅其脏无比，可以说是垃圾堆一样；不用说多么叫人恶心，我说的话一点也不过分。我访问过的3/4的住宅中，除去一个铁罐以外，屋里没有家具也没有器皿：屋里没有桌子、没有椅子，没有凳子，没有木床，只有2捆、3捆或4捆草和一两个又破又烂的草席，这是做床用的，不用时捆起来放在墙角以少占地方。在住户中，有些是受疾病折磨的、弯腰曲背的老人，还有一些苍白、消瘦的年轻人，身边围着挨饿的孩子们；有些人坐在潮湿的地上，有些人站着，有些人已不能从草堆里站立起来。在这些住户中，我仅仅发现一个土豆。有一户，我发现有一个窟窿通向里屋。我点燃一张纸片想看个究竟，这是一个黑洞洞的地窖，有12英尺见方；两个角落有两堆草；一个草堆上坐着一位站立不起来的妇女，另一堆草上躺着2个赤身裸体的孩子，旁边扔着充当被子的一块破布。但是，我还看到了更糟糕的情况：在一个几乎是完全黑暗的地窖里，地面潮湿，我几乎要

滑倒，我看到有一个人坐在木屑上；他一丝不挂，连件衬衫也没有，身上围着破烂的、沾满污泥粪便的草席；他瘦得像骷髅，骨头都历历可见，他快饿死了。我很想访问几百家，而不是40家，我也想访问几千个而不是几百个处于极度贫困和一无所有的男子、妇女和儿童。我确信我经过他们门口的那几百户的家庭情况可能比我在街上、棚户里、谷仓里偶尔碰到的这些家庭的情况还要悲惨。”

“我还看到另一种贫困。我以上谈到的是上了年纪的，残疾人或者是病人。我还看到另一种人，这些人还有力气，还想挣钱养家；然而，他们也很快成为病人或没有力气干活儿的人。这些人是纺织工人，他们从早上5点开始干活儿，到晚上8点下班，每周只挣2.5或4个先令。这些人中有的有妻室和子女；他们每天只吃一顿烧土豆。憋闷的空气、沉重的劳动、不果腹的饭食、悲观绝望的情绪，这些我也不必多加解释，像我说过的那些人的情况一样，他们很快也会到精疲力竭和无法劳动的地步。”（第1册，第13章，第302—305页。）

作者抓住这种可怕现象，坚持要用法律手段，坚持要给穷人合法的款项；对政府要有强制义务，使老百姓在这种令人失望的制度保护下，也不至于饿死，政府也不应使布施的重担都落到几个财力有限的善人身上，而那些家财万贯、贪婪吝啬、造成人类可怕的贫困的阔佬，如利默里克勋爵却逃之夭夭。我们撇开他不谈，我们说爱尔兰的社会秩序基本上是不好的，应该来个彻底改变。我们说的不仅是给饥民施舍面包，而且要保证生存条件，保证作为人们唯一财产的劳动权利，并使人人能得到这种财富。我们将在社会契约论中讲财富是什么构成的，谁来保护财富，财富使某些人在生活中得到极大好处，但是这种获得财富的权利并没有被所有的人承认，也没有受到警察的保护，因为最好的办法是使所有的人都阔绰或富裕起来，因而也就能保证生活的必需品，即使对最穷的人也是如此。但是，这种契约是双方的：一方面保证富人宽裕的舒服的享受或奢侈的享受，根据契约的明文规定，通过劳动创造一切财富的穷人，对劳动所得也要得到全部报酬。这种报酬不仅要包括维持生活所必需的，而且还要给予好处，使社会生活更好一些、即使是对最穷的人，也要使他们的生活要比野人好一些。因此，穷人通过劳动和对别人财产的尊重，获得居住权，获得穿着干净和卫生的衣服的权利；获得为维持体力和健康所需要的充足的、品种多样的食品；此外，在某些方面获得生活享受的权利，满足各种的乐趣，对现在放心，对将来充满希望，劳动轻松愉快，身体得到休息，智慧和敏感性也得以施展。在作为劳动的果实的所有这一切都得到保证后，才谈得上富人的权利。在提供所有的人的生活需要后，多余下来的才是富人的收入。过去富人掠夺和抢劫穷人，富人从肥沃的和精心耕作的土地上得到收益并因此资财万贯，而生产这些收入的种地的农人虽然流血流汗，他们生产的产品什么也得不到，只好忍饥挨饿。

我们不继续跟随英格利斯先生周游爱尔兰其他地方，简而言之，农民生活条件比较好的地区是那些道路最崎岖不平、最荒凉的不毛之地，那里的文明和资本还未渗入，竞争也还没有使地租抬高多少。（第 2 册，第 3 章，第 41 页；第 4 章，第 61 页。）相反，在其他一些地区，由于最先进的农业技术刚被引入，耕作技术迅速发展，人们认为他们只看到对物的条件有所改善，但是人的条件没有任何改善，因为剩余的产品只是增加了地租。(第 2 册，第 7 章，第 120 页。)总之，在北爱尔兰的基督教省份，那里的苏格兰族的居民很节俭与勤劳，一些城市十分繁荣发达，但是穷人的生存条件，穷人的真正财产仍没有任何保障；相反，在 15 年间，农民的生活条件迅速恶化。(第 2 册，第 7 章，第 120 页。)如果人们找不出弥补办法，过不了多少年，由于同样的原因会造成贫困，北爱尔兰农民的条件将和南部农民一样可悲。

弥补的办法是什么？在英格利斯先生书中每一页都为之高声疾呼。对于这个问题，我们准备在另一篇中来研究。因为任何一个人，尽管他在爱尔兰或在整个不列颠帝国是外国人，他也热诚地希望将千百万生灵从贫困、痛苦、堕落中摆脱出来，因为这是文明和基督教的耻辱。此外，爱尔兰移民大量涌向苏格兰和英国海岸，这种瘟疫每天都在扩展，它已染及大不列颠，不久将波及整个大陆，因为产生于爱尔兰的那些造成贫困的原因，影响颇大，现在已开始对我们起作用。

想到为穷人作出法律上的预防措施，想到为了使穷人摆脱困境，社会应该作出贡献，这些事情毫无疑问是正确的和适当的。办一些收容所、托儿所、医疗所，这些也是应该的；办一些储蓄所、当铺也是合适的；建立学校、支持宗教信仰，使宗教救济成为人人力所能及的事，这也是合适的。但是，当人们病入膏肓，慈善措施也只不过是治标办法。那些没有时间上学的人，学校对他们来说又有什么用？对那些乞求最繁重的体力劳动都办不到的人，教育对他们有什么用？对于那些连烧土豆都吃不饱、什么钱也剩不下的人，储蓄所又有什么用？对那些没有珠宝作抵押品甚至连板凳也没有可坐、没有木碗用来盛汤的人，连块遮羞布也没有的人，当铺又有什么用？不，这要对社会组织进行深入研究，要触及富人与穷人的关系；地主与农民间的契约，也就是人类社会的最大的契约，应该使它建立在实在的基础上，农民用他的劳动养活整个国家，他的生活权利不应被剥夺；要保证农民生活幸福，在国家里能够生存；现在文明进步了，他们的生活条件总不应该比声名狼藉的封建制度更坏吧！

第六篇　论托斯卡纳农民的生活状况

要了解农民的生活状况以及领土财富的发展对其生活的影响，就不能仅仅局限于推理，也不能局限于就其后果提出原则，而应该研究具体的事例，考察那些在文明和财富方面最先进的国家，向那些头脑不怎么刻板，较为公允的观察家了解他们国家农民的真实情况，并从中找出其原因。确实，我们希望见到更多的像英格利斯先生的《爱尔兰旅行》那样的著作，希望了解劳动阶级在欧洲各国不同的经济和农村管理制度下极其真实而又详尽的生活情况。实际上，对所有那些在世界上举足轻重的国家，我们并不是没有数字统计表，也不缺乏关于各个地区和城市的进出口额的粗略统计数字。我们不缺乏有关商业活动和制造业活动的报告。同样，我们也不缺乏那些描述世界各国人民生活、描写豪富的享受和堕落的书刊。但是，在这些书刊中，没有一本向我们揭示过人民的家庭生活和各国的特点，那些最重要的东西却找不到。这些家庭有多少财产，日常吃的是什么食品，他们的生活享受和劳动怎样，这些在书中并没有提到。然而，从财富增长的观点看，最重要的正是了解大多数人的家庭生活，因为它决定国内消费。富人与穷人的比例、各种不同生活状况的人们之间的比例、每一种生活状况的人的年消费额，这些数字在统计中应该是首要的资料，因为它们最直接影响财富的再生产。

我们所提供的爱尔兰人的生活景象，给人们的心灵留下了深刻的痛苦，人们会迫切地希望找到补救办法。但是，如果我们能够参考其他国家的实践经验，那就会有更多的比较使我们认清问题，那就更容易找到补救的办法。在一些国家，我们曾多次通过亲眼目睹来研究农民的现状。但是，我们深深地感到，旅行中观察到的一切还不足以深入了解穷人家庭的内情。要深入研究，就应该长期生活在他们中间，每天与他们接触，甚至相互讨论共同关心的问题。这样，对我们所需要了解的托斯卡纳农民的生活情况、或者是对尼埃沃尔山谷的农民情况都会因此得到补充。确实，在托斯卡纳，我们有一笔小小的遗产；然而，与萨瓦或瑞士相比，这就使我们对农民情况了解得更广泛一些。在托斯卡纳，当我们与农民来往时，他们对我们毫无隐饰；而在瑞士或萨瓦，那些佃农和短工看见地主时如临大敌，必须巧妙对付。此外，我们描绘托斯卡纳农民生活情景的概貌还有另外的动机，我们对爱尔兰农民与地主的关系深为震惊；同时，我们觉得，爱尔兰农民也想享受托斯卡纳农民享受到的幸福；相反，人们不要假借科学发展、政治经济学的重大原则、增加净收入等，使托斯卡纳农民也沦入爱尔兰人的悲惨可怖境地。因为，像整个欧洲一样，在托斯卡纳目前的经济体系中，也受到一些令人震惊和捉摸不定的事物的影响。在 20 年全面战争中，由于异乎寻常地鼓励生产，消费与生产之间已失去平衡，市场都因此受到壅塞的威胁。地主都感到不安。大家都对目前实行的制度极为不满，并将一切损失归罪于这种制度。在托斯卡纳，一些爱国的有识之

士，在农业上引进了先进的方法，但是，他们也同样谈到要改革那种与农民密切相关的契约制度。而在我们看来，今天所推行的、虽然是制度上的微小变更，却足以剥夺惯常给予托斯卡纳农民的一切保障，同时使他们失去安居乐业的生活乐趣。

像爱尔兰人一样，托斯卡纳人富于想象，天性聪颖开朗，思路敏捷。这两个国家的种族都是非常优秀的。无论是在托斯卡纳或爱尔兰的市场上，人们会碰到许多男人和女人，雕塑家和画家都乐于把他们当做模特儿。这两个国家的居民生性开朗，心地善良，乐于助人，讨人喜欢，对别人体贴温柔，慷慨大方，尤其是穷人的行为更令人钦佩，他们把仅有的生活必需品分给受苦的人或比他更困苦的人，对教堂也慷慨解囊相助。两国人民都笃信天主教；但是，托斯卡纳天主教堂很富有，而爱尔兰教会的财产都被剥夺了。但是，托斯卡纳教士所得的自愿捐款不比爱尔兰少，因为托斯卡纳教士为数众多，还包括托钵修会，除了平时的酬金和弥撒外，为了装饰教堂和节日开支外，还要收一笔巨额款项。在这两个国家中，人们可能看到这样的情况，当教士们强制信徒出钱支持教会时，人们对教士的看法就比较暧昧，这也就降低了宗教的道义影响。实际上，在这两个国家，一些没有背弃宗教感情的人也犯重罪；尤其是犯杀人罪者也并不少见；但是，人们对狂热行为是惧怕的，对别人的愤怒是容忍的，所以对杀人者不是同情而是憎恶。

在托斯卡纳和爱尔兰，还有其他一些报告材料，一些目光短浅的观察家可能相信这两个国家已沦于同样境地。实际上，这两个国家不仅人口多，而且可以说是过剩了。人们只有在某些县里开办商业和制造业，而在其他地方，除了在地里干活儿外，没有其他工作可做。人们断言，这两个国家的城市工人从来不想明天，一个星期挣来的钱在星期天就都花光了。无论是托斯卡纳或爱尔兰，在穷困潦倒时，都没有法律上的储备金保证人们的生活。因此，衣衫褴褛的乞丐成群结队地在广场上乞求布施，他们肯定已经饥寒交迫。然而，在托斯卡纳，对碰到意外不幸的人，对病人、对孤儿、对精神病人，收容所都是慷慨相助，而收容所的人数并没有增加。这两个国家有根本的区别：在爱尔兰，贫困层出不穷，男子得靠劳动过活，在托斯卡纳，唯一的真正贫困的是城市居民，农村居民安居乐业，过着小康生活，劳动能得到相应的报酬，穷人生活也能得到保证。这是一个值得研究的范例，人们生活富裕，环境安逸，这种美不胜收的情景，真令人心旷神怡。

托斯卡纳农民分三个阶级，他们是佃户、永佃户和对分制佃户。像法国、英国和其他国家一样，佃农订有若干年租约，在此期间，他们给地主付固定租金，他们是农作物的主人；在重新续订租约时，为了不增加或减少租金，他们得和地主讨价还价。每当临近这种周期性的争执时，佃户们对经营土地兴趣极为淡薄，甚至希望人们不承认兴旺发达的迹象，因为兴旺发达会增加租金，再则，建立在果木园林产品的基础上的农业体制的农业契约也因此被摒弃了。种橄榄和葡萄的地产无疑会毁于佃户之手。托斯卡纳是丘陵地带，适合种植橄榄树、桑树和葡萄；在所有丘陵地带，农业很发达，人们看不到佃户；但是，在尼埃沃尔谷地的富饶平川地带，特别是在皮斯托亚，人们可以经常碰到佃户，虽然这些地方也种植桑树和橄榄树，因为它土地潮湿，果树产品量虽多，质量却不高，对地主和佃户来说，收益不如种植谷物。在托斯卡纳人烟稀少地区，人们也同样可以碰到佃户；佃户们通过改进耕作工具或摒弃需要精耕细作的农业，通过人的劳动获得经济利益。托斯卡纳与其他地方一样，土地租约与大面积耕作发展一致。这种土地租约将小农从土地上赶走，甚至同时将佃户作为装饰和浮财的果树和灌木都剥夺了。土地租约使托斯卡纳某些地方的农民产生了第四个阶级，即短工，这种人在托斯卡纳很普通，而在别的地方却很罕见。他们租一间茅舍，自己没有土地，在农忙时帮佃户们种地，在其他时间则靠掠夺为生，这样就迫使佃户得经常用枪支武装来保卫农作物、果树和桑园。贫困、不稳定的生活状况、伤风败俗和对社会秩序的对立情绪，这些情况在大不列颠帝国村民中经常见到，在托斯卡纳的短工中也能找到，其产生原因也相同。

托斯卡纳农民的第二个阶级是永佃户，这是持有长期地租的业主，永佃户租约只不过是土地租约的修改；它们根本的不同之处在于它的长期性。这种长期租赁契约将财产担保费、收益权、主人对土地的热爱等从业主转移到农民，并使掌握土地耕种权的人能努力耕种，能保证土地收益并对社会作出贡献。皮埃尔·利奥波德大公大量地增加了永佃户的数目；在这种条件下，迫使教会出让所有的财产。确实，这种条件能使宗教团体有固定的收入，也是这些团体能指望得到的一切；这种条件使主人能关怀和爱护由他**永久管理**的财产，如果没有这种关怀和爱护，这种土地占有办法对社会就没有好处。

在实行这种占有办法时，人们指责它的唯一弊病是在大面积土地上实行这种措施，长期租赁契约制应该产生农民，即自耕农，这是它的目的和最大用处，这些承担长期租赁契约的农民，与他家庭所能承担的劳动相适应，他们得到的果实也与消费成比例，生活是幸福和富裕的。他们以汗水灌溉土地，为自己耕种收割：他们把剩余产品拿到市场上出售，以其收入支付地租，在农业繁荣兴旺年代，农产品价格相当于今天的 3 倍到 4 倍，这样，他们的劳动就变成了资本，他们也可以开垦荒地，把分得的地块改造为园田，这样就能增加土地的价值；一块交长期地租的、被认为与全部地租价值相等的土地，出售时比未订过租约的地值钱，价格甚至高一半。当农产品难以脱手，价格大幅度下跌时，那时，永佃户就得倒霉，他们得把大部分产品出售以交地租；但是地租总是要付的，而宗教团体不会失去什么，而永佃户也从来没有感到贫困的威胁，他们靠劳动生活，所以能保持独立地位。

不幸的是除了农民以外，其他人并没有采用长期租约制，食品价值的迅速涨价使投机者有利可图，资本家贪婪地抓住时机获得一块土地，其价值远远超过他们具有的资本。得到永佃租约的永佃户向地主缴纳地租及相当于土地价值 15%、或相当于每年地租 5 倍的保证金。毫无疑问，这对自耕农来说有很大利益，不会使他们失去一切经济收益，也不会从农业中转移资本，有了这种资本就能开发土地。相反，在有些地方，人们卖掉大量国家资财，从农业中真正地榨取了全部价值，这些人是为了此项目的，卖掉这些地产的。实际上，佃农、地主或投机商们从一些有用企业中抽出的资本都用来做生意，并将资本转到政府手中，用于战争或供行政机关挥霍浪费。但是,在托斯卡纳,为永佃租约提供的廉价的土地,使资本家进入为农民准备的投机市场,资本家对他们承担的土地面积、耕种土地的农户的力量、靠土地产品养活人口的数字,他们对其中相互的比例关系是毫不考虑的。土地能得多少产品,资本家就花多少劳动,地里得到的愈多,他们就愈高兴。当食品维持高价时,他们的投机就成功了。他们雇用短工或帮工来种地,把尽可能多的食品投入市场,不仅打算用这些产品付每年的租金,同时还要用它来付每年的生产费用;资本家使所有的工业从属于商业;由于这些资本家竭尽全力使市场壅塞,所以消费并不随着生产一起增长,他们很快地只好拖欠每年应支付的租金,每年要支付的投资也很拮据。他们的处境比贵族更为困难。那些不是农民的永佃户都是负债累累的业主,他们不靠土地生活,为食品的跌价感到痛苦万分,但土地产品出售的收入减少时,他们不知道应该如何减少开支,直到最后陷入破产境地。

很多永佃户、投机商、或贵族,他们把土地给对分制佃户耕种,这就是托斯卡纳的第三个阶级,对这个阶级我们要特别留意,因为对分制佃户的契约极为普遍,而其他的契约在本地被认为是很特殊的。地主给对分制佃户一间房屋和一块可以得到收益的对分制土地,还有生产上必需的农业资本和牲畜。在农业上实行精耕细作的地区,特别是在尼埃沃尔山谷地区,他们的土地一般不超过10 阿尔庞,对分制佃农和他的家属从事耕作劳动时不负担费用,他们不要工资,只要收获物的一半,而把另外一半交给地主,这种协议经常是契约的内容,并指明对分制佃户要缴纳的租金和应从事的劳动项目;然而,这些人的义务与另外一些人的义务,它们的差别极微小;日常惯例同样能处理所有的契约;它可以补充条款中没有表明的项目,土地主人如果要排斥惯例,想比邻近的地主取得更多的地租,不想对半分成,那就会引起别人的憎恨,他确信找不到忠诚老实的佃户,至少在每个省份,佃户的契约都是一样的,这种契约也从来没有给寻找职业的农民提供哪种竞争机会,对谁也没有提供过低廉的价格来耕种土地。

对这些对半分成制佃户的命运和欧洲的其他农民命运要作一个比较。对半分成制不仅保证了那些从事艰苦劳动的人,而且也保证了既没有地产、也几乎没有动产的那个阶级的人们的幸福和安全,这些自耕农生活极为富裕,看到这种事实,人们可能以为这些人会成为产业主;佃农本身就很兴旺发达,我们也不必因此大惊小怪,因为租佃土地就需要资本,而对半分成制佃农没有资本;但是,希望对半分成制佃户更富有也没有什么用处,因为谁也不想分享他们的财产;重要的问题是要知道,他们的唯一财富是什么,那就是劳动,与那些和他们一样只有一双手作为全部财富的人相比较,他们的唯一财富,即创造了幸福的劳动。

托斯卡纳对分制佃农从大自然得到全部生活资料,他们几乎不需要钱,也不需要付款;他们也没有意识到税收的存在,因为税收都由地主负担;由于他们与政府从来没有发生过争执,总的来说,对政府也很热爱;他们也无意与教会发生纠纷,因为缴纳给教会的捐款都出于自愿。在托斯卡纳,什一税已经取消很久了,虽然名义还存在,但只是为地产支付少量的固定的税款而已。教会的所有财产都是地产,或者可以说是永久性地租,这是无可争辩的事实。总之,对分制佃农与地主几乎没有什么可争议的，他们是有着共同利益的伙伴；根据惯例制定了权利和义务；确实，如果佃户行为不端，契约每年都可能中断，但是根据经验，地主解雇佃户总是得不偿失，因为新的佃户也绝不会超过对半分成，对任何人也不可能要的更多。因此，对分制佃农把租地看成祖传的土地一样，精心爱护，不断改良土地，希望能够传于子孙，世代耕种。确实，不少对分制佃农世代生活在同一块土地上；他们很详细也很精确地认识到爱护土地能给予人们什么。尼埃沃尔山谷的丘陵上种植着橄榄树、葡萄、桑树、无花果树以及各种果树，在这些树下种植小麦，这样种植的目的，与其说是为了小麦生产的利润，还不如说是为了保持土地的洁净与疏松。层层的梯田往往不超过 4 英尺宽，但是分成制佃户对每块土地都研究过它的特点。这块地比较干燥，那块地比较潮湿；这块地土层比较厚，那块地是地盖住岩石的地层；小麦在这块地长得好，而黑麦在那块地长得茁壮；这里种玉米是白费气力，那里不能种蚕豆和扁豆；远处亚麻长得好，沟沿适合种黄麻。因而，人们很吃惊，对分制佃农在一块 10 阿尔庞的地面上、斜坡上种得庄稼品种，比一个富裕的佃户在 500 英亩的土地上种的还多。因为富裕的佃户觉得这不过是权宜之计，按常规办事，不注意零星地块。但是，对分制佃农由于受过去经验的启发，热切想成为行家里手，由于对前途的信心，他不仅想到自己，而且想到自己的子孙后代。因此，当他栽培橄榄树这种生长百年的树木时，在低洼处修一条流水沟，以防止积水的危害，他也研究应该如何深翻地层。

幸福的生活条件将对分制佃农与土地紧密相连，他们热爱土地，对它寄予希望并精耕细作，这种幸福的生活条件使佃农与他人几乎不会引起冲突。在托斯卡纳，在今年的改革以前，转让财产的法律很坏；由于没有确实的保证，人们对购买土地都不放心，向来也不能防止第三者夺去所有权；妇女、儿童、债主、教会都有各自的权利，这些权利是互相抵触的，各自按照不同的规则来规定自己的权利，而且还不断地受到君主、有否决权的评议会（类似议会和法庭的组织）的**恩赐**所推翻。评议会可以剥夺某人行使财产继承权，而让别人替代他的孩子继承财产；配偶给予自己的完整的作为陪嫁的财产，法庭可以判给第三者作赡养费，而且总是用"出于自愿"这句话来代替法律，武断地作出决定。因此，地主们总是打官司，有些人无理取闹，乱提要求也毫不脸红。但是，对分制佃农因为有了财产权，维护这份财产也就毫不费事。地主们因土地发生纠纷，对分制佃农却和睦相处，对他们来说，相互之间没有对立情绪和猜疑；佃户和地主、税务机关、教会都很和睦：佃户们卖得少，买得也少，他们没有多少钱，也没有人向他们要钱。人们经常谈起，托斯卡纳人性格温和宽厚，但是，人们没有充分注意到所以能维持这种性格的原因，由于这种性格，构成人口 3/4 的农民几乎没有造成纠纷的机会。

当人们远离城市和大路登上尼埃沃尔谷地的丘陵时，到处都会见到在橄榄丛和葡萄藤丛中蜿蜒的羊肠小道，这些小道没有车辙，只有背负驮鞍的山区马匹才能进入。沿着这些小道，每隔 100 步左右，人们可以在鲜花盛开的小山丘后看到一座小房子，它呈现一副甜蜜的情景，人们热爱土地，安居乐业，住房十分精巧。这种房子用灰与混凝土筑成坚固的墙，至少是两层楼，有时底层上还有两层，底层一般是厨房，还有为两头带角牲畜准备的牲口圈，以及取名蒂纳尼亚（Tinaia）的仓库，称做蒂尼（Tini）的酿酒用的槽池，酿这种酒不必用压榨机；在这层房子中，还锁着一些盛油和小麦的桶。在房子旁还有一个棚子，在那里修理工具。铡牲口草料时可以不受风吹日晒。在第二层或第三层，有四间带床的房间，房间有百叶窗，可是没有玻璃，但是，应该想到冬天没有霜冻。最宽敞和通风最好的房子，在5、6月间，人们用来养蚕；大柜子是用来装衣物的，木椅子是房间里主要的家具，但是，新娘总会带一只桃木衣柜来，床没有幔帐，也没有床围；每张床上除了装有富有弹性秸秆的褥套外，还有一两床羊毛垫子，在穷人家里是废麻脚垫子，还有绣花被子，结实的麻布褥单，在家庭里最好的床上有丝垫料的毯子，只是在节日才拿出来作摆设。只有在厨房里有烟囱：在这间房子里还有供家庭就餐的大桌子，还有几张凳子；大柜子同时充当碗橱，用来保存面包和食物，还有面缸；以及一套很完备的、但不值钱的用陶土做的瓶、盆、碟等，一两盏铜灯，罗马式秤，至少有两个用来提水的铜罐。

家庭所有的内衣和外衣都是家庭主妇自己制作的。厚衣服是半毛织品的梅扎拉那（Mezza Lana），薄布服是布制的莫拉（Mola），纬线是麻或麻头，里面垫的是羊毛或棉花；衣服也是由纺织的妇女染色。农妇们为积累布匹和梅扎拉那，人们很难想象她们付出了多少辛勤劳动；库房里又有多少褥子，家庭的每一个成员又有多少衬衫、上衣、裤子、裙子和袍子。为了了解情况，我们记下了我们很熟悉的一个农民家庭的清单：这个家庭不是最穷的、也不是最富的，它靠种10阿尔庞土地，通过对半分成制，靠自己的劳动过着

幸福的生活。[①] 人们告诉我们,所有的麻布和棉布都将送到成衣费便宜、有先进机器的裁缝铺。那么我们看看,农家妇女干什么

① 1835年4月29日,佩夏附近的波尔塔韦希亚地方,瓦朗特·帕皮尼的女儿让娜与吉奥瓦希努·兰迪结婚,嫁妆清单如下:

28件衬衣,
3件彩色丝袍,
4件彩色绢丝袍,
2件冬天劳动服(梅扎位那),
3套夏天劳动服和劳动衬裙(莫拉),
3条白裙子,
5条染色布围裙,
1条黑色丝围裙,
9条彩色劳动围裙(莫拉),
4条白手巾,
8条彩色手巾,
3条丝手巾,
2条绣花面纱和1条罗纱巾,
3条手绢,
14双长袜,
2顶帽子,一顶是毡帽,另一顶是细草帽。

2件金浮雕,
2个金耳环,
1串带有两个罗马皮阿斯特的念珠,
1个带有金十字架的珊瑚项圈。

这位新娘有50埃居的嫁资,其中20个埃居付的是现款,其余的是赊欠的,每年付2埃居。托斯卡纳埃居值6法郎。

所有比较富有的新娘有一件丝织节日盛装。在一生中,她们只穿四五次。

在托斯卡纳其他土地面积较大的对分制农户的姑娘,她们的嫁资一般是100埃居,即600法郎。

男子没有聘礼,新郎结婚时只有14件衬衫,还有一些其他衣物,他只有13床被褥,而新娘有30床。

呢？而爱尔兰的妇女现在又干什么呢？英国短工的妻女们又干什么？没有，这些国家的妇女什么也没有干。短工们靠一个人的工资维持妻子和儿女们的生活：一半居民被迫无工作可干而闲待着，人们可能指出，这是无产者贫困的重要原因之一。

托斯卡纳的妇女并非只从事手工纺纱：大家都在托斯卡纳式的家庭里劳动，大家都是在没有监工、没有检查员、没有任何监视的情况下劳动，因为大家都是为她自己，为她的亲人劳动，大家对劳动都充满热爱，并为劳动竭尽一切聪明才智。在尼埃沃尔谷地，每一家分成制佃户牲口圈里都饲养两头牝牛。然而，人们看不到草地，也没有人工饲料，没有放牧场。饲养牝牛的草料都是田地里清除的杂草，还有从沟里以及从保护丘陵的几乎垂直的草坡上刈割来的。家里的妇女和儿童每天都在庄稼地里除草，并将这些草和稻草一起铡后饲养牲口。在我面前就有一个家庭，他们和我住在同一所房子，父亲和母亲还年轻，他们有 3 个孩子，分别是 10 岁、7 岁和 15 个月。因此，他们不得不从乡下雇了一个女佣人。女佣人和女主人一起劳动，并因此感到骄傲。大儿子才 10 岁，已经很聪明能干。他从父亲那里学会怎样劳动，虽然年岁小，已经是一个好帮手。他干各种活计都很乐意和自在，他相信靠自己的力气和才智，凭自己的劳动，他们的生活能过得很舒服。

确实，丰富多彩、自由自在和充满希望的生活，无论对父母和孩子来说，都是支持他们从事田间劳动的力量，也是一种富有诱惑的力量。他们日出而作，日落而息，但是，劳动出于自愿，才智又来自劳动，劳动成果与他自己及他的孩子紧密相关。他干的农活儿每天都有变化，有时一天改变几次。毫无疑问，手有某种熟练性，同一种劳动有一种规律性和舒适感，它产生于习惯，而轮流于多种劳动时就消失了；但是这种体力上的长处往往由于聪明才智发展而得到平衡，因为所有体力的活动是注意力和意志的结果。每天干一种农活儿，接连几天干同一种农活儿，容易使人疲劳，而变换工种对身体健康、体魄和强健筋骨都有很大好处。人们认为，一种劳动在某种程度上消除另一种劳动的疲劳，几乎和休息一样。总之，工作的多样性使对分制农民对生活产生了经常性的兴趣和乐趣。在其他的国家，干苦力活儿的人被笨重的劳动压得喘不过气来，以致别人也没有考虑过这些人是喜欢或者是讨厌他的工作，而他们甚至不敢公开承认厌恶单调乏味的工作。然而，讨厌还是喜欢决定于生活是享受还是劳累；而我们估量穷人的幸福时，既要看他们吃什么，也要看他们享受乐趣还是感到厌恶。

根据托斯卡纳对分制佃农的劳动安排日程表，我们可以判断，一年四季中他们是如何分配重活儿与轻活儿，有时用体力，有时需要技巧，干完这些劳动到干另一种劳动，干苦力劳动的人会得到休息。在每年第一季度，即 1 月、2 月、3 月，托斯卡纳农民的主要劳动是翻整和修剪葡萄，这是需要技巧和动脑筋的活儿，每一剪都要认真思考，每一剪都不能为贪利而胡乱从事，否则很快会毁了葡萄。对分制佃农还得收获橄榄，无论是摇树枝、拣果实，或者是从地上扶起树枝，都要谨慎，要讲究技术，否则会影响下次收成；这是一种需要耐心和细心的活儿，同时也是累活儿，因为要在浸着冰水的草丛中找寻橄榄，最后，还要将橄榄放到压榨机中粉碎，这种劳动日以继夜，是很费体力的活茬。

4、5 月间，农民要锄地，并在地里播种玉米、高粱、鹰嘴豆、青豆、扁豆。他们还犁耕葡萄和橄榄树，同时上肥。这种农活儿需要消耗很大体力，所以夹杂一些轻活儿，如整修橄榄树，去掉死树，清理树枝，使新的嫩芽能从受损害的枝干中重新长出来；与此同时，对满山遍野的栗树进行剪枝。

6、7 月间，农民主要从事收割牧草和小麦，同时，农家养的蚕已长大，很需要吃食。白天黑夜都需要细心照料，小心翼翼地将蚕从这个蚕席移到另一蚕席，当蚕沙发热时，得一条一条地用手把蚕挪开；最后，还要从桑树上摘下桑叶而不损害树干。与此同时，开始收获庄稼；随着庄稼的收获，就要将这些产品送到市场上去卖，或者留下储备过冬。然而，从 7 月的第二个星期开始，一俟收获季节结束，就要开始耕耘土地准备重新播种麦子。7、8 月间，佃农们相互帮忙，轮流在各家的露天打谷场收打刚收获的谷物。天亮前几小时，他们切断秸秆并堆成垛，只保留麦穗以供连枷打麦，在 8 月灼热的阳光下，他们集中在一起，用足够的人力以保证佃户的麦子能够在一天之内打完，扬完，并过秤完毕。但是，打场是一年中最愉快的日子，它是农村的节日。劳动者的欢乐带来了勇气与力量；佃户们互相帮助并互相款待；他们的食品很丰富，菜肴很可口；在露天的桌子上，酒肉满席，晚上经常有歌舞，直到尽欢而散。在相互邀请的间隙日子里，他们耕耘土地，这是不怎么愉快和相当劳累的活茬。这时，佃户每天只有在中午休息 1 小时。

9 月，农民收获玉米及春天播种的庄稼，他们收获黄麻；两个月以来，他们已收获亚麻，加工纤维作物，脱粒，把一些不必出门的活计留在雨天完成。本月份，他们清理地里沟渠，并将清理出来的土给葡萄培根施肥，同时，再次检查栗树，在植物生长的旺季 8 月

以后，剪掉赘芽。10 月，人们忙于收葡萄和酿酒；这个月开始收栗子，此项工作要继续到下个月份，并将栗子文火烤干后研成粉末以便常年保存。同时，农民开始收小麦，这项工作继续到 12 月底。

我们在上面谈到过，托斯卡纳的农民和他们的家庭消费自己生产的收获物一半；至多也不过是把一些收获物与地主作交换，佃户将留下一半的油和酒和地主交换粮食以作祭祀用；因此，他们买和卖都很少，一年所需要的一切也足够自给，也不必花钱。然而，果品、青菜、蚕丝、优质酒、油的大部分都是准备出售的；他们购买支葡萄架的木料，他们圈里养肥的带角牲畜也是商品。因而，他们也经常上集；一个星期上一次集的情况很少；当然，如果人们把用于与商人打交道的时间称做浪费的话，在那里要浪费很多时间，这种时间是用于了解这些商人并联系感情的。

另外一些休息日，那是宗教节日：所有不十分急需的活茬在星期天和节日都暂时搁起。大家知道，意大利有很多宗教节日：人们不要将这些节日与希伯来人的安息日相混同。基督教的慈爱精神，要求保证穷人的休息，在艰苦生活中掺入快乐。因此，有一部分节日是用于宗教仪式，虽然宗教对其余的时间安排也有影响，但是大部分节日是自由参加的，虽然，每个教堂有圣像和时行的风尚，但是城乡居民蜂拥而至，与其说是接受祝福还不如说是集会。青年人长途跋涉，到很远的乡村参观教堂，这也是别有一番闲情雅意。在这些节日里，人们炫耀阔气。农民希望炎夏提前来到，脱去罩着呢料上衣的大衣，因为，让邻居看到自己既有大衣又有呢上衣，这是很惬意的事。妇女们头裹白纱，身穿丝棉袄或纯丝的连衣裙，艺术家都要瞧这种种热闹，并为到处可遇到的窈窕美丽而惊叹，而真正的经济学家应对这里居民呈现的幸福惊叹！

托斯卡纳农民饮食是节制的，但食品很讲卫生，品种也多种多样：基本食品是小麦粉做的棕色面包，但不掺和麸子和其他东西。尽管麦子比其他谷物昂贵，但丘陵地区的农民认为最合算，因为同样的价格的东西，麦子营养比较丰富，所以是农民的习惯食品；因此，农民喜欢种麦子以供食用。但是，当他们的土地种其他谷物时，他们也食用土地上收获的谷物：因而，平原的农民也食用混合麦、黑麦、玉米、青豆、鹰嘴豆、黍子（Le Kouskoussou des Arabes）；丘陵地的农民偶尔也食用这些谷物，还有栗子面。栗子面和玉米，一般是留作冬天食用的。他们把这两种面和成面团或糊糊的热食，不加任何调料，名叫"波仑达"（Pollenta）。确实，在天气不好的季节里，农夫特别需要热的食品。那时，农夫们一天只吃两顿饭，上午 10 点吃"波仑达"，到傍晚时分再吃面包、汤，还加一些小菜肴。夏天，农夫吃 3 顿饭，早上 8 点，下午 1 点，还有晚上一顿，但是，他们只是在晚上才生火做饭，晚餐包括汤、一盘腌肉或干鱼，还有夹着面包一起吃的豆类或青菜。肉类的量很少，因为对普通家庭来说，他们认为每人每年吃 40 磅也就足够了：每个星期，他们在汤里放两次腌肉。星期天桌子上总有一盘新鲜肉，这块肉大约是 1 磅或 1.5 磅，不管家庭人数多寡，这块肉也就足够一家吃的了。一般来说，托斯卡纳农民一般都有橄榄油使用，它不仅用于照明，而且用来炒菜，用这种油炒的菜，滋味鲜美，富于营养。[①] 午餐

① 法国、瑞士、萨瓦的农民收获核桃油。如果不列颠诸岛也有真正的农民，他们也会种橄榄树，并拿来作同样的用途。

时，他们吃面包，再加奶油和水果；晚餐时吃面包再加生菜。他们喝当地的质量不高的葡萄酒、用葡萄渣发酵后加水制成劣等带酸味的酒。然而，他们也为打场、或为过节准备一些质量很好的葡萄酒。对一个成年男子来说，每年大约要消费10桶葡萄酸酒，10袋面粉。

现在概括一下对分制佃农通过分成制契约得到的享受吧。他们的劳动是多种多样的，人身是自由的、对生活充满兴趣，对未来充满希望，并有足够的休息和娱乐。他们的住宅是卫生的、干燥的、通风的，很宽敞和舒服。睡觉很干净舒服，衣服很适用于劳动，还有些漂亮的服装，节日穿戴也很时髦，他们的食物也是很卫生和丰富多样的，因此托斯卡纳人相貌堂堂，风度翩翩，而邻近只有数里之遥的生活贫困的农民就没有这些特点。[①] 这就是穷人的物质生活条件，也是劳动者的权利，在整个国家剥夺这种权利是既不合理又很失策。但是，每一个人都有进行脑力劳动的权利，这是造物主赋予的天赋本能。托斯卡纳农民没有被剥夺这种本能。他们对艺术的享受、对美都十分敏感。首先，他们对故乡的美丽景致感到愉快。在尼埃沃尔地带，家家户户门口都有一个打麦场，面积很少超过25到30图瓦兹[②]见方。在对分制佃户中，大致都是这个水平。这种场院俯视山谷和平原，令人心旷神怡。我几乎向来不注意欣赏风景，除非是佃户们来与我分赏景色，用手指着秀丽河山，生怕我放过这种美的享受。场院和房屋周围，种植了橘树、柠檬

① 卢卡地方农民分成较少，因而外貌就不大漂亮。

② 图瓦兹(Toise)，法国旧长度单位，约1.949公尺。——译者

树、茉莉花和槐树(mimosa nilotica),并散发扑鼻芳香。青年农民在帽檐上扎上花束,路旁小教堂也围以花环,如果他们正在谈情说爱,每天都送一束鲜花给他们的情人。

但是,我们可以设想,他们是否会拒绝发展智力?确实,识字的农民很少,一般说来,书本教育对他们是无缘的。然而,别匆忙得出结论,认为只有读书才是沟通思想和启发思路的唯一方式。同样,也不要忘记,思考实践很少,语言符号一般表达方式引起的疲劳,这些似乎也会增加思维迟钝和不愿动脑筋。让我们不要带偏见,听听作为社会中坚的农民,从语调来判断,他们在朗读中能否启发他们的思想和唤起内心的激情,再设法核实农民对它能否提出批评,如果情况相反,那对农民来说,书籍也不是高级动物的启示,而理智是应该服从于这种启示的。阅读的能力可以判断教学法的好坏,毫无疑问,好的教学法在今天还是占优势的,阅读可能对感觉和想象起作用,但对智力的作用很少。此外,托斯卡纳农民在这方面是见诸于行动的。很少的家庭中没有担任教士或准备担任教士的人,或由于偶然的机会受到教育的人。在冬天的夜晚,托斯卡纳农家围坐一堂,识字的就带读。全家背诵玫瑰经后,识字的就拿起书;经常阅读的是福音书,圣经节录或圣徒行传;当读完一遍后,又重新开始,因为农民和孩子一样,喜欢那些已经知道的故事,他们不懂得这些故事对他们来说并没有新鲜东西。

此外,托斯卡纳农民习惯于受宗教仪式的熏陶:虽然仪式并不严格、审慎,但至少是有规律的;每天,在家长带领下,全家虔诚地作祈祷;每个礼拜日,所有到了懂事年龄的人都作弥撒,经常听讲道,接受关于尽责的训言;在将临期和封斋期,每人差不多都要听

讲道，在他们的心目中，这些都是宗教的基础课；每年要到教堂神堂作两三次忏悔。即使教士并不怎么称职、道理也不讲得很清楚，道德说教也不尽善尽美，但是每人仍然得定期作道德和思想上的反省，这种经常性的行动会给人精神安慰。走不很远，人们就可以找到全体居民，对他们来说，肉眼看不见的世界的观念从来也没有在脑海中涌现过，也从来没有给予重视。什么是最高贵的造物，是那些只认识人作为物质存在的人呢还是那些只想到物的人，或者是那些知道这些高贵的造物是有灵魂的人，这倒是很容易决定的。

托斯卡纳农民的语言与上流社会人们的语言几乎是一样的，在各个社会身份的人们中间，没有方言土语设置障碍，人们思想的沟通很快，也很习惯，人民大众也能像受过高等教育的人一样了解民族诗歌，很多旅行者注意到，在意大利享有盛誉的诗人的诗篇，也被那些目不识丁的人所熟悉、背诵和歌唱。此外，老百姓普遍喜欢编顺口溜。我无法回答那些我在街上听到的顺口溜在语法上是否正确，但是我要承认，我不大注意词义而是比较注意朗诵节奏是否押韵，然而，普遍喜爱编顺口溜的民族，谁又能否认这个民族的精神文明呢？最后，对托斯卡纳人来说，看戏是学习诗歌、语言和神话的学校。在节日，尼埃沃尔山谷的居民喜欢在夏夜 9 点到 11 点看戏。阿尔菲里是他们特别喜爱的演员，这些目不识丁的农民对阿特里德斯[①]的故事也很熟悉，在艰苦的劳动后，他们要求这位严肃的诗人演唱节目。

① 阿特里德斯（Atrides）是希腊神话中的人物。——译者

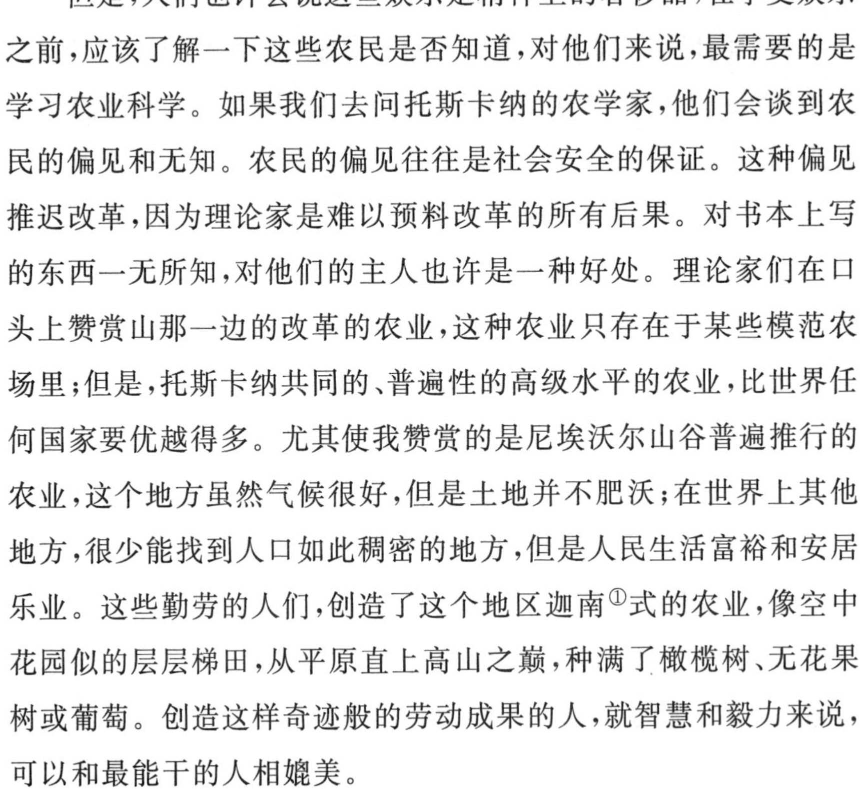

但是，人们也许会说这些娱乐是精神上的奢侈品，在享受娱乐之前，应该了解一下这些农民是否知道，对他们来说，最需要的是学习农业科学。如果我们去问托斯卡纳的农学家，他们会谈到农民的偏见和无知。农民的偏见往往是社会安全的保证。这种偏见推迟改革，因为理论家是难以预料改革的所有后果。对书本上写的东西一无所知，对他们的主人也许是一种好处。理论家们在口头上赞赏山那一边的改革的农业，这种农业只存在于某些模范农场里；但是，托斯卡纳共同的、普遍性的高级水平的农业，比世界任何国家要优越得多。尤其使我赞赏的是尼埃沃尔山谷普遍推行的农业，这个地方虽然气候很好，但是土地并不肥沃；在世界上其他地方，很少能找到人口如此稠密的地方，但是人民生活富裕和安居乐业。这些勤劳的人们，创造了这个地区迦南[①]式的农业，像空中花园似的层层梯田，从平原直上高山之巅，种满了橄榄树、无花果树或葡萄。创造这样奇迹般的劳动成果的人，就智慧和毅力来说，可以和最能干的人相媲美。

这些梯田建在陡坡上，土壤受侵蚀达 4 英尺，如果换另一种耕作方法，一下暴雨就会被洪水冲走。在托斯卡纳的另外一些地方，人们只看到光秃秃的荒凉岩石。这些梯田不仅为当地增添了美丽的风景，有益于健康的环境，还增加了财富。那么，人们从哪里找来这么多的资本来建造巨大的工程，哪里来的智慧来构思这幅图景，哪里来的时刻保持的警惕性以弥补大自然的灾祸？这些都是来自对分制契约，对农民命运的保证，对养育他们的对分制土地的

① 迦南是巴勒斯坦的旧名。——译者

爱，以及农民及他们的子孙能世世代代收获他们勤劳、节约、兢兢业业操持家业的果实的保证。尼埃沃尔山谷的农民的劳动量是很大的，但是，他们的劳动都结了硕果。在从事这种田间劳动的国家中，他们在吃、穿、住方面可能是属于最好的了，劳动也是很愉快的。在辛勤劳动之余还能得到充分的和愉快的休息。同时，使用体力丝毫不会损害智力，体力劳动经常与动脑筋相结合，由于几乎消灭了人与人之间的鸿沟和钩心斗角，道德情操就保持得比较完好，某种程度上作为人类本性的想象力、爱美观点等也受到珍视，老百姓也同样享有艺术家的对音乐、诗歌、绘画等爱好和感情。

人们还有什么需求？政治经济学的目的难道不是用人们劳动所创造的物质资料来保证大多数人的幸福吗？当这个目的达到了，人们是否还会说，这种农业体制是否把最大的纯收入作为结果，是否很好地促进了商业，是否给政府提供可征税的物资呢！是的，可能人们会这么问，而我们准备回答这些问题。

为了使国家达到人类结社的目的，为了使国家在文明的基础上成长，为了使人们的思想和天赋得到发展能和身体的功能发展一样，最后，为了使国家完美无缺，它应该包括富人、中等生活状况的人和穷人。为了国家的进步，还应该有闲暇的人以及从事体力劳动的人，一些人要从事人类最高级的脑力劳动，并因此得到相应的报酬，而另一些人从事体力劳动。但是，托斯卡纳确实呈现了人类不同生活状况的人可庆幸的逐渐演变过程：在那里，人们几乎看不到那些从事体力劳动的人，他们不受思想家和享有闲暇的人的影响，也不被这些人的榜样所激励。在法国，从这个城堡到另一个城堡的路程，相当于托斯卡纳从这个镇到另一个镇、从这个文化中心到另一个文化中心的距离。在法国，城堡里住着一个靠土地收入为生的贵族，他与其他城堡的贵族相距甚远，目的是限制社会效果，这样做，与其说是要在思想上影响别人，倒不如说为了打猎和体育活动。在托斯卡纳，每一个小镇包括二三十户，他们也享有法国乡村贵族的独立性，并在这种基础上，结社思想更起着促进文明的作用。在英国，就人口和土地面积相比，富裕户和托斯卡纳一样多；但是，大部分富裕家庭不靠土地生活；他们靠工业或商业发财致富，他们的资本买了公债，或靠国家或教会给予官吏的优厚待遇生活，所以，这些家庭和农业是没有关系的。英国的土地都被万贯家财的领主所占有，他们穷奢极欲，与种地的庄稼人有天壤之别。

然而，我们说过，在托斯卡纳生活了三四百年的、过着幸福的小康之家生活的居民，他们的人数在过去比今天还多。我们为此深深感到遗憾。在每个村庄中消灭这种家庭，并引进一些阔气舒服和大方的新享受，我们认为这是一种不幸。我们把这些变化归于政治上的原因，归于专制思想代替共和思想，归于政府的集权以及富人由于羡慕宫廷的豪华奢侈生活而将财富匆忙转移到首府和宫廷。同样，我们也很痛心地看到，最近 30 年来，在地产方面有一种新的改革。有些人经营商业迅速发了大财，他们千方百计把过去的地主家产买过来，在有地产的地方，它的行善的影响消失了，而代替过去三四十户的唯一的新富户也很快地离开当地去首都了。但是，当这家富户发大财时，当地的大部分家庭，甚至首都的家庭却衰落了。在这里，贪婪和爱国精神相结合，为的是改进一切物品的生产手段，给所有的市场带来更多的、不可能卖出去的工业和农业产品。战争很快地消耗了各种物品，在战争中，通过借贷和国家资本，发展起来的生产与收入仅能相抵消，这种生产人为地鼓励产品的增加：农业很快地积累财富；人们似乎不能给市场带来较多的麦子、油和酒。虽然收成很好，粮价抬得很高。因此，四面八方都扩大种植，到处开荒地，产业主因为购买过多和开荒过多而借款负债；为了嫁女儿或妹妹出阁，他们也得借款负债，因为法国立法的影响，对妇女来说处境比过去更为有利，同时，业主对出让他们的祖传产业深为厌恶。因此，当战争消费突然停止，国家资金不再购买每年出产的产品，虽然农业极为兴旺繁荣，业主们仍然负债累累。当农业产品的需求大量过剩时，人们就指责贸易自由，长期以来，特别是当人们不得不指责贸易自由时，托斯卡纳政府是受到赞扬的；这里食品跌价一半，有时跌 1/3。那些没有负债的业主可以减少开支以摆脱困境。这种对策不能挽救那些需要付巨额利息的业主。为了应付契约上并没有丝毫改变的义务，业主得卖掉比原来多 3 倍的食品；他们只好重新借钱，总是负债累累。

还有一个促使加速破产的原因，那就是业主们对旅行的狂热，这在过去是不可能的。在英国，人人都想享受欧洲的田园乐趣。这些旅客在托斯卡纳人面前摆阔气、讲排场，欧洲的名门望族容不得外国人在他们面前炫耀奢侈豪华。在富丽堂皇、具有王家派头的宫殿式建筑面前，贵族们对客人们的胜过他们的阔气和排场感到羞惭。意大利旧式贵族的排场已过时了，豪华的摆设虽然世代相传，使人眼花缭乱，但是比起今天讲究的时髦玩意却相形见绌，也不值钱，然而，时髦的玩意只能供一时的享受，它会像花香一样烟消云散，像乐曲的和音一样遁之夭夭。为了用今天最时髦的、明天也不会过时的摆设布置厅堂，托斯卡纳那些自己还感到富有、认为农业的危机不过是瞬间即逝的贵族不动用他们的财产。因此，那些名门望族几乎全部负债累累，一部分宫殿已不再属于那些使他们出名的家族了。整个地区的富人都负债和破产，这样就引起农民的破产。对于对分制佃户来说，这种效果并不是很明显的；但是，由于这种原因，托斯卡纳人也谈起改变对分制这种制度，那些由于经营商业而感到经济拮据的业主，只有指望农业上的新发展以求得到补偿。但是，这种办法是欺人之谈；因为目前的苦难是由于食品的过剩和跌价。然而，他们的一切努力只不过使价格更为下跌。他们抱怨对分制佃户反对引进经过改良的方法。但是，他们可能最希望这种反对会有效果，农业会停滞不前，直到消费也达到生产水平，从而使价格回升。确实，对分制佃户反对挖掉葡萄和橄榄而将土地进行大面积耕作；他们排斥改良犁和除草机；他们排斥一切置人的劳动于无用的东西；他们排斥有可能要他们作出牺牲的纯收入增长；但是，这种增长也捉弄业主本人，因为他在农业中引进的经济管理制度赶走了吃粮食的工人，那时，生产那么多粮食又有什么用？然而，这就是今天使无产者骚动的因素。这种经济管理制度使我们心惊胆战，我们以上谈到的值得赞赏的体制是建立在习惯传统上的，而且只是受到公众舆论保护的。如果，一旦有人自以为可以要求农民拿出比他们祖辈更多的东西，自以为可以改变他们的生活状况，并强加予苛捐杂税，那么，他就会乱出高价，像爱尔兰那样拍卖所有土地，今天地球上最幸福的耕种者的种族很快将会变成最不幸的种族。

对分制契约使耕作者所处的条件不仅对业主起作用，同时对工业和商业的繁荣也有影响。人们可能会说，根据我们的介绍，大部分居民自给自足，既没有商业，也没有交换；农民吃自己烤的面包，喝自己酿造的酒，穿着自纺自织的羊毛和麻布的衣服。总之，他们与人类社会漠不相关，只是靠互相帮助和互相支援。确实，交换的是剩余产品，但是他们终究还有剩余产品；人民群众的大部分、人数众多的耕种者阶级都享有剩余产品，有这种保证的民族该是多么幸福！同时，这对商业也有多么大的好处啊！因为真正的商业是建立在国内消费和全体人民的富裕的基础上。确实，托斯卡纳的农民只购买节日服装，而且要穿 6 年或 8 年。但是，如果将他们的衣服总数、用具、家具列一个清单，由此人们可以推断，那些不是买来而是由家庭制作的东西，它们对商业的促进，不仅远远超过爱尔兰的短工，同时也超过英国的短工。然后，人们观察一下托斯卡纳小城镇的市场和它们的店铺，那时，人们就会确信那些由于当地真正的需要而产生的自然集市为数颇多，而且还会确信，工业的真正的持久的繁荣只有建立在大多数人民群众的幸福和富裕基础上。

经济学家、尤其是金融家考虑国家问题却是另外一种观点：他们对每一个家庭、给予每一个公民丰衣足食的生活想得很少，他们想的只是从他们身上抽税，弄一笔可观的收入供王公贵族们挥霍，或者用作社会管理费以及用于国防费用。国防费用虽比其他费用更为巨大，但对托斯卡纳人来说，要求付出的牺牲却比其他各项费用为少。今天，弱小民族自己已不能自卫；它们的独立不再掌握在自己手中，而由条约和公法来保证，在某种程度上，是由欧洲各国来维护。托斯卡纳的面积和国力与瑞士相仿，只供养 6 000 兵士，与其说是为了国防还不如说是为了治安，就这样，人们还可能说是无用的奢侈品。但是，如果说托斯卡纳没有军队，那么瑞士也就没有宫廷。托斯卡纳的军队只是在宫殿里养着，为的是显示阔气，欧洲大国的君主都为之侧目；军队待遇很高；同时，政府精心维护所有的公共工程。政府预付很大一笔钱，将整个锡耶那省从水底下挽救出来。今天，又花了一笔数量可观的钱，整治马雷姆省，种植庄稼，以利居民安家。道路修整一新，在这里旅行花钱少，速度快，任何国家无可比拟。蜿蜒于山间的、只有役畜才能到达的山间小道，公众也维修得很好，而且大部分已铺上石子。法庭也是与人民站在一起；居民中为数很少、至多也不过 6 000 人在初审法庭出庭，而且大部分都是移民。到镇公所也不需走很多路；因为每个市、每个镇、几乎在每一个城堡都有市镇组织。在所有市镇中，有一两个由公家负担费用的医生，有义务给穷人免费治病，因为当局把维护公共卫生视为自己职责。在所有的城市，人们用大量捐款办了大医院，学校也遍布各地。不仅在每个教区有为数很多的教士主持的教堂和礼拜堂，在城市里，不到一里之遥就有富丽堂皇的宗教建筑。在这个时刻，问题并不在于检查这些基金是否很好使用，所有公职人员是否很完满地向社会尽职。我们只愿意证实一件事，国家组织已如上所述，它大力补助公共费用，国家这样做并不因此加重捐税，也没有损害工业和商业，也没有因此负债。我们相信，在托斯卡纳也一样，也还有一些弊病要纠正；人民不仅有权得到幸福，而且还要知道为什么会幸福，以及要掌握幸福的保证。因此，我们根本不是给改革精神或改良精神泼冷水。但是，这个我热爱的、作为我的第二祖国的国家，我希望把它作为范例介绍给其他国家的人民。我们把这个国家情况介绍给其他各国人民，为的是要确信模仿并不一定是改进措施，其他国家的进步对本国来说，经常是一种倒退。

然而，是否应该由此得出结论，托斯卡纳幸福的生活条件，漫山遍野的财富，丰衣足食的生活，维持这种或那种秩序的、托斯卡纳人为之劳动的契约制，因而在这个地方已经无事可干了，哲学家的愿望、管理人员的工作也可以就此停步了？不，托斯卡纳还大有可为，土地还可以扩大种植，人民生活可以大大提高，生产和消费也可以增长。在托斯卡纳，我们不仅可以研究使广大民众幸福的手段，还可以逐步改善上苍给予的条件。生产发展、财富增加，各种生活状况的人都得到利益，而且并不因此失去平衡，无论在什么地方，众人的利益不靠某些人痛苦来获得。这种将来的进步现在已经开始了，它是爱国主义与忠诚相联系的高贵典范，并且值得详细地加以阐述。

亚平宁山脉环抱着托斯卡纳的北面和东面，西面与南面是大海，中间有一段既不是高山、又不是平原的起伏不平的丘陵。只有亚平宁山的坡地才有可能接受迦南文化和修筑这些梯田，它构成了尼埃沃尔山谷和卢卡那样美丽的景色和财富。远处是冲积平原造成的富裕的河谷盆地，只有这里物产丰富；但是，托斯卡纳大部分土地是覆盖着凝灰岩和黏土的丘陵。凝灰岩由石灰质砂土构成，稍受压力或雨水冲洗就会毁坏，而表层的黏土却相反，雨水不易渗透。这两种土地都是不毛之地；因此，河流和水流两旁的丘陵景象十分悽惨，从 300 英尺到 1 000 英尺高度的地方，尖峰突起，乱石嶙峋，有一部分是灰白色，有一部分是深黄色，什么植物也不能生长。然而，长期的经验告诉人们，由于水流冲洗，石灰质砂土和黏土混合成泥灰岩土层的河谷，种植庄稼可以获得很好收成。但是，人力无法进行这种混合；河床很厚，凝灰岩丘陵与黏土丘陵相距甚远，想把两种土质搬来运去也确非易事。

然而，托斯卡纳人发明了一种办法，借水的力量在山谷底层利用这种混合土。人们称这种办法为“填地”，人们将被水冲成荒滩地的四周筑堤；然后，在大雨季节，把带着河泥的水引来，在水流走后，沃泥也就留下了。过去被洪水冲过的地方逐渐成为土地，其中也包括锡耶那省的那些土地。不久以后，他们付出的劳动得到报偿，土地都十分肥沃。

后来，爱尔莎山谷的利多菲侯爵土地上的一个普通农民，一个名叫塔斯泰费拉塔的能工巧匠，用类似的方法肥沃丘陵的土壤。他发明“山区填地法”，或填土术，这就是通过水流在陡坡上的活动，从比较高的山峰流下，肥沃的土壤也随水流冲下。有一天，荒地也将成为人们的用武之地。为了使这项工程获得成功，那就需要找出办法，用雨水分解布满丘陵的荒凉小丘，使带沃土的水流冲到需要肥沃的山丘，并使石灰质砂土与黏土以合适比例配合，最后使水流停住，沃土留下，在水流没有澄清以前，不让水流走。此外，设计者脑子里应该有消除隆起丘陵地块后的形状，就像雕塑家在一整块大理石上雕刻时，事先就有一个雕像；随着土地覆盖沃土，从平地到山顶应该协调地种植各种庄稼；这些处女地在作为对分制租地以前，应该种能种植的作物，使预支的费用不致浪费，使这个农业大工程得到的收益能与开支相抵。“山区填地法”的第一个发明者塔斯泰费拉塔大约在 10 年前因年老逝世了，但是，伟大的公民利多菲侯爵改进和补充了他的创造发明。在迈莱多，人们不能不怀着崇敬的心情看到，在那些最陡的山坡上，在凝灰岩和黏土的山包上，每年都在新的方向挖沟渠，在下大雨时，这些沟渠带来的周围的土壤就像很厚的熔岩一样，像千百只臂膀不停地往里扔东西，水流在山丘旁的沟渠里蜿蜒曲折地流来流去，并被一道道的闸门切断，为的是像人的手那样让带来的沃土扔在两边，以便用来肥沃土地。然后，在沟渠两边狭窄的地里种上一排排葡萄，人们到处都可以看到这种工程，看到修造了一块块能养活人类的土地，它召唤一些新的劳力来从事有益的劳动。利多菲侯爵为了加速水利工程，敲开土块，挖蓄水池来蓄积引来的水流，他使用了有力的工具，即一些经过他改进的机械，这些机械并不谴责那些游手好闲的人，而是召唤新的劳动力。这些机械创造了新农村，安排了新的居民。确实，一旦水流冲平了坡面上蜿蜒曲折的凝灰岩和黏土的山丘，由于得到沃土的肥力，驴食草就生长出来了，使土壤得到松动；种植在沟里的葡萄蔓藤充当堤堰，新的房子盖起来了，新的家庭搬来了，在新的土地上种植庄稼和水果，而利多菲侯爵却到新的荒地上继续他的工作了。因此，人口增长了，但是，这是与土地种植要求成恰当的比例的；农产品增多了，但是，这是与应该消费这些产品的农民的收入成恰当的比例的；食品贸易也接踵而来，但是不超过新的幸福家庭的需要量，在有几千年文明的国家里，新的移民点就这样建立起来了。但是，这是按照古老的精神组成的、为移民幸福安排的移民点。

长期以来，利多菲侯爵设法使托斯卡纳其他的农场主了解荒丘变良田的措施；虽然，“山区填地法”发明已有 40 年了，但是，这个方法并没有得到推广。确实，它要求广泛的、多种多样的实践知识，只有通过文字和绘图才能使人们了解。最后，在 3 年前，这位明智之士决定在迈莱多开办农业实验学校，他与出身于吉西雅尔迪尼家族的夫人不遗余力地从事农业教育，用他们的技艺改造每一块丘陵。这个学校有 18 个年轻学员，他的 3 个儿子和搬运工、佃户的儿子坐在一起学习，利多菲侯爵本人教授能使土地增产的精确的科学和自然科学，他的儿子和农民一起，每天拿着锄头和铁锹劳动几个小时，侯爵夫人教他们绘画，其他老师负责教育。家庭每个成员都是友爱、仁慈，都是道德和宗教的崇高的榜样，对他们来说，宗教是守护神。

第七篇　论君主对爱尔兰农民的义务，以及使他们摆脱穷困的方法

在本书的第五篇里，我们根据英格利斯先生的材料，主要介绍爱尔兰的广大民众陷入的悲惨境地。他那次旅行的风景描写、有助于刻画爱尔兰人性格的见闻，以及有关各城市贸易和兴衰的统计表的研究，我们均没有引用。我们致力研究干苦力活儿的人，即担负城乡全部劳动的人的生活条件。我们正是从这位旅行者的话中，摘录了关于一种社会状况的描述，那种社会状况几乎既令人恐惧，又使人怜悯。我们可以描述爱尔兰完整的画面，并指出在这个不幸的国家里，把新教徒与天主教徒割裂开的宗教仇恨有多深；天主教徒节衣缩食缴纳什一税，却用来维持他们视为异端的神职人员与宗教信仰，他们的心情是多么痛苦；小佃农对有人来向他主人提出愿意多纳地租，从而把他从土地上赶走，并使他家濒于饿死，又感到多么恼火，多么疑惧重重；在完成这类**驱逐**，将佃农或一座茅屋的房客赶走的行动中，主人或他们雇佣的法官表现得多么凶残，他们为了换一家房客，将茅屋房顶捣毁的事真是屡见不鲜；而另一方面，农民又是多么凶猛地自卫，往往奋起杀掉夺了他们位置的那一家人。还有那些殊死搏斗，黄夜谋杀，纵火，劫持少女等种种暴虐场面，甚至在法庭上无视司法，为了使朋友获释或判处仇人

而立伪誓；这样，我们就可以把最野蛮民族中绝无仅有的、在爱尔兰尤其令人惊奇的一种社会状况，更加完整地摆在读者的面前。这种社会状况在爱尔兰之所以令人惊奇，是因为它同那里无数的古堡、苑林、花园形成鲜明的对照；在被逼得走投无路的人民当中，豪富贵族享尽了人间的富贵荣华，占有了所有的艺术珍品。不但看到今天有人受苦，而且有人享福，怎能不令人发指？他们不是好像酖于美酒，头戴花冠，在悬崖边上散步吗？对于等待他们的命运，我们还能够存幻想吗？他们自己还能存幻想吗？他们生活在一个伟大的民族中间，这个民族暗暗痛恨他们，准备报仇的时刻来临，这个民族虽然隐忍，但是不时也放出愤怒的闪电。

在英格兰和爱尔兰，人们把地主的巨大收入，把地租称为名副其实的地租，而爱尔兰产业主从穷苦农民盘剥的这种高额地租，就是 rack rent[①]，就是搜刮勒索来的地租，巧取豪夺来的地租，用压榨出来的地租。这个令人毛骨悚然的名称太生动，太有预言性了；实际上，rack rent 就是压榨的果实、压榨的种子。这种地租曾使爱尔兰农民遭受的，现在还每天使他们遭受的所有残酷折磨，谁能一一列举出来呢？爱尔兰贵族在加快步伐走向报应，当复仇的一天来临，威胁这些贵族的所有酷刑，谁能一一列举出来呢？可是，如果使 rack rent 制度无法实施，如果使整个农民阶级完全摆脱产业主的桎梏，民族会免遭多少苦难，多少罪愆，谁又能一一列举出来呢？

我们毫不犹豫地说，只有限定了产权，只有正面抨击英格兰产业主所热衷的原则，即人人应当随意支配“属于他的东西”，主人和

① 英文，意为压榨来的地租。——译者

奴隶双方都解脱才有可能实现。他们的原则是错误的：产权是法律特许的权力，即得到法律的保障，又应该受法律的约束。产权发明是为了全体人的最大利益，如果使全体人都陷入贫困，它就不能应用了。如果立法者使业主感到永久与独立支配产业，那就是一个好主意了。有了独立与永久支配产业的感觉，无疑大大促使业主产生维持与改进产业的意识，但这仅仅是手段，而不是目的。到了万不得已的时候，立法者就出面干预，使这两种目的得以实现。我们可以举例说明，如保障土地所有权，就是要保证农业最大限度的发展，使农业给全体人带来丰富的食粮。土地所有者无权这样讲："我不愿意让人们靠我土地的产品生活；我不愿意让我的土地出产品。"他也没有权利这样讲："我不愿意让生长在我的土地上的劳动者继续住在这里，我不愿意让贸易公路穿过我的土地，我也不愿意让人越过我的世界。"然而，一般来说，权力机构根本不出面干涉，以便制止这样一种滥用产权的行为；权力机构期望在土地所有者中，极少数人才会这样恣意妄为，无视自己的利益，它宁愿听任他们滥用权利，也不愿给公共安全造成混乱。不过，分管一个国家土地的四五百名所有者，如果被野心或报复的念头迷住了眼睛，沆瀣一气，企图把整个民族赶出它的家园，使它的土地荒芜，封闭它的所有通衢，既禁止在那里经商，又禁止在那里办工业，立法者肯定要对他们说："你们掌管土地是以契约为保证，你们违反了契约；你们之中有几个人将耕地改为苑林，辞退农民，封锁交通，本来应该使国家富裕，却使它穷困，我对此采取了宽容的态度，但是你们滥用了我的宽容，你们本来无权这样干，即使孤立地干也不行，我更不能允许联合起来这样干。"

我们上面假设的这种危害整体富裕的行为，除非用政治狂热才可能解释得通。只有一些小国人民，才会小心防范这类危害。其实，rack rents 制，压榨地租制，同样是滥用产权，对施行这种制度的民族同样有害，也同样与土地所有者本身的利益背道而驰，然而，它的荒谬性却不是一目了然的，它施行之初，反能满足土地所有者的直接利益，更能满足他的虚荣心，使他赢得高收入的名声，而这种收入比他实际应得的大得多；那些一心只顾本身利益的人，拼命从土地上夺走他们能向农夫攫取的一切产品，这样做既出于贪得无厌，又经过深思熟虑。

立法者调整耕种契约的条件，并为这种条件限制产权，在我们看来，这种做法是不容置疑的；我们认为无论在任何国家，只要经验证明现行的契约对整个社会有害，土地所有者的私利根本不能保障全体人民的利益，立法者的这种权利就应该执行。但是，在大不列颠王国中，仅仅确立这项原则是不够的，还必须说服土地所有者相信，他们主动来限制自己的特权是符合他们的利益的，因为归根结底，制定法律的权力最终属于他们。但愿他们能想到，对他们来说，确保自己的安全还为时不晚！在爱尔兰，他们不过是一小撮富人，散居在数百万的穷人中间。特权阶级的每个人都可以计算出来，他面对 500 个非特权阶级的人；双方对立得很，以致富人对穷人说：“我们生存，你们就得死亡。”穷人则回答他说：“你们死亡，我们就能生存。”频繁的动乱，毁坏庄稼和产业，纵火，谋杀，这是深刻敌视的日常的迹象。不过，一般来讲，爱尔兰贵族素以勇敢著称，他们在恫吓威胁面前绝不肯退让，而是武装起来保卫他们自认为的权利；我们有几次听到过他们讨战，**喊出重新征服爱尔兰的口**

号，他们甚至胆大包天，常常挑战；直到目前为止，穷苦阶级并没有应战。富人指责穷人怯懦，声称只要放几枪，准能驱散任何在爱尔兰聚众闹事的人。他们恐怕错打了算盘：对待等级与社会地位，爱尔兰全体民众仍抱着不可思议的崇敬态度，但是，他们也具备贵族今天在其两三个成员守卫古堡，抵挡数百人攻击时所表现出来的果敢、勇猛、激愤，以及无论杀人还是受死，总是坦然面对死亡；然而，一当贵族的鲜血开始流淌，将导致这个阶级的灭亡。直到今天，爱尔兰农民只向什一税征税员、司法官吏、领主的仆从进行报复，尤其向与他竞争的农民进行报复。当贵族在窗口露头开枪，农民并不向他反击，他因此才得以保全性命。然而，对等级与名望的崇敬正在锐减；等级之间的仇恨日益强烈；不讲正义的情绪深入了所有人的心，奉公守法的思想不复存在，而且，在罪恶的道路上，宗教再也起不了遏制作用，或者宗教狂们自己通过曲解教义，便可以心安理得了。诚然，农民没有武装，但是，他们拿起槲鞭[①]，就能很快把他们敌人的武器夺过来。他们一旦用武力攻占一座古堡，将住在古堡里的人全部杀光，所有其他的古堡不久就要遭到同样的命运。这样一来，爱尔兰就要毁掉，因为愤怒的人民能够破坏一切，却不能重建任何东西。

这种对等级的崇敬，今天成为爱尔兰贵族的唯一保障，它阻止农民使用同样的武器同他的领主较量，这是完全不同的世情的残迹，而那种世情曾保证领主享有权力和荣誉，同时也保障了农民生活富足，安定，对未来抱有信心，但是农民今天失去了这些保障。

① 爱尔兰人用嫩槲制作的鞭子。——译者

领主破坏了土地所有者与自由租地保有者之间的那种父子式的、友爱的、顺从的古朴关系，他把支配人心的权力换成了支配英镑的权力；但是，他一旦丧失了友爱与长期习惯的保障，就不该指望能保住被他看得比什么都重要的金钱。

爱尔兰同英格兰，同整个西欧一样，经历了废除奴隶制的革命，并代之以农奴制；在罗马帝国崩溃，野蛮人入侵与破坏之后，土地所有者在他们的奴隶中的地位已经摇摇欲坠，不可能维持很久了。对于当时的那种变革，换句话说，就是对于那种改变土地所有者与农夫关系的私下契约，我们还不掌握任何具体情况。在那种没有文字的极其蒙昧的时期，邻国之间毫无交往，人们既没有考虑统一各省的立法，也没有打算将立法的详细情况传之后世。立法，就是习俗，主要是小城堡的习俗，而不是王国的习俗；但是，这种改变成文的宪章的习俗是神圣的，没有任何人企图违背它。当时的习俗尽管千差万别，但总是对人有益的；正是在这种习俗的保护下，濒临灭绝的人民才又猛然得到巨大的发展，侵占了整个国土的森林和沼泽又重新让位于庄稼和居民点。当初，领主或者继承，或者夺取了荒原，他尽管自称是那些土地的所有者，但从中收不到一点果实。当他为了让人敬畏，想到了一个妙主意，把许多人聚集在他的旗帜下的时候，他便分给能被他吸引到身边来的每个农民一块土地，让农民在那里建造茅舍，耕种林间空地，在欧石南树丛生地上放牧，让农民终于依靠自己的劳动成果生活。他给农民的土地是荒漠，不出产任何东西，因此，他也只要求农民给他**服役**。此外，他要求农民每年缴纳一点东西，作为农民对他感激和敬意的表示，有时是一粒胡椒，有时是一枚钱币，有时是一点小麦，有时是一

头牲畜，而更经常的也许是一定天数的劳动。不管怎么说，租金与土地的价值是完全不能成比例的。因此，农夫一家的生活非常富足。不过，从表面上看，农民的生活非常简陋，几乎是原始的；他的全部服装、全部家具、全部工具，都是由他和家庭成员制作的，但是，造房和取暖所需的木材草料，他可以随意采刈，他的餐桌上从来不缺少面包和肉食，也不缺啤酒、蜂蜜水，或者他自己酿制的其他饮料。在领主看来，人，才是他土地的真正收入，人为他打仗，对他唯命是从，对他永远效忠。除了他的领主，这个人不承认其他的主人，其他的法官，其他的立法者，其他的统帅，其他的保护人。

同一切无限的权力一样，领主的权力运用起来经常是随心所欲的，有时是残忍无道的；他的见解有时极不公正，他的情欲也毫无节制：他的农奴的女儿如果有姿色，能逃脱他的肉欲的运气是微乎其微的；如果违抗他的意志，冒犯他，有时会遭到惨绝人寰的惩罚。然而，同所有其他领主一样，他所感到的需要，就是要他的农奴对他爱戴，同他合作，他们的赤诚忠心，才是他的力量与骄傲。他在他们的心目中，已成为天生高贵的人；他们在顺从中，还掺杂对领主的崇拜成分。在中世纪，小民对老爷的崇敬、爱戴和信赖，都是在什么情势中产生的，我们全然不了解。农民对领主的忠诚程度，实在像公民只应该忠于祖国一样：这是因为他们之间没有任何利害冲突，没有一方要压倒另一方的丝毫愿望。领主的情欲和胡作非为，可能会突然伤害并毁掉农民；但是，他的情欲很少发作，而且为时很短，只有贪财图利才是持久的。如今，这种贪财图利成为社会的巨大推动力，不过，它也就几乎不能归属于任何契约了。

在爱尔兰，纯粹的封建性社会组织消亡不久，人们还记忆犹新。

爱尔兰的农业人口，足够它领土的需要，但是没有一个地方过剩。他们的土地耕作法缺乏科学，很不完善，不过，也使土地生产出足量的成果，能让农民过上富裕的生活，也能让领主在由他的农奴轮流耕种庄园土地所获的产品中，得到充足的东西维持中世纪的那种简陋的好客局面。根据法律，根据他拥有的法定产权，这位领主是他整个庄园土地的唯一所有人，但是，按照庄园的习俗，这块土地的大部分租佃给了农民，只收一点名义上的地租。土地所有者把土地的产品明确看成是属于他的，但是，产品就是农民，就是永远效忠于他的人，他们除了领主的意志，根本不知道还有更高的法律，只要领主一声号令，他们准备践踏任何社会秩序。在亨利二世统治之初(1172 年)，英格兰人就征服了爱尔兰，但是从来没有达到真正征服这个国家，因为农民从来没有脱离领主，或者说，除了他们的领主，他不承认别的主人，他们还遵从领主的号令，从来没有停止过激烈抵制来自英格兰的法令。这些在爱尔兰国土的每个角落天天发生的斗争，是英格兰人血腥法律的起因，用以对付这个国家的土著的野蛮人，the wild Irishmen[①]，这些斗争也是英格兰和爱尔兰之间仇视的起因，这种仇视到了改革时期，已经持续了几个世纪。

通过改革，才终于猛烈地打乱了这种社会现状；爱尔兰人反对改革，英格兰人要用武力强加给他们，因而导致爱尔兰的大叛乱，以及克伦威尔[②]征服爱尔兰。就这样，爱尔兰领主的大部分土地被没收，分配给新教徒的英格兰人掌管。而且，不仅仅是领主的庄

① 英语，意为野蛮的爱尔兰人。——译者

② 克伦威尔(Oliver Cromwell，1599—1658)，17 世纪英国资产阶级革命中，资产阶级—新贵族集团的代表人物，曾镇压过爱尔兰的民族起义。——译者

园被剥夺，转到新的土地所有者的手中，他的农奴租佃的全部土地也必须遵从新章程。从法律的角度来看，并且根据法定的全部产权，这些土地应当属于领主；然而，根据庄园的习俗，土地实际上属于农民，他们只需缴纳一份名义上的租金：这种习俗毫不足虑；农民对一个敌对的、被剥夺产业的家庭的爱戴，不过是他们反对变革的一种借口；中央政权企望割断领主与农民的联系，因为这种联系建立了国中之国。英格兰人只不过打算把他们新农奴的徭役、忠诚和服从，改变成为现金地租。他们对情绪对立的农民的要求，根本不是爱戴与勇敢，他们根本不可能抱这种期望，而是要求压榨的地租(rack rents)，这样一来，在一定程度上，不仅反叛的领主的产权，而且全体农民的产权也被剥夺了。所以说，现在的土地所有者的产权是虚假的，土地并不属于他们，而是在相当程度上属于他们的农民。因此应当看到，爱尔兰农民以多么虔诚的眷恋之情，怀念国家过去的割据局面，怀念过去的土地所有者、丧失地位的天主教贵族；还应当看到，爱尔兰农民知道或者以为知道得多么清楚，真正属于他们每个人的遗产是什么，以及他们如何随时准备谋反，以便加速每个人恢复权利的时刻来临。英格利斯先生暗示了这种普遍的情绪(第 2 卷，第 2 章，第 19 页)；但是，在一位爱尔兰新教徒大臣的著作中，陈述这种情绪的调子要激烈得多；由于一种离奇的组合，人们发现最狂热的崇拜，同最敏锐的洞察力、最感人的戏剧才能，都在那位大臣的身上体现出来。(Irish mothers and sons; Irishmen and Irihwomen。)①

① 英文，意为“爱尔兰的母亲与儿子；爱尔兰男人与爱尔兰女人”。——译者

克伦威尔施行的改革，仅仅始于180年前；况且，那仅仅是开端。新的土地所有者既不能让一批新居民突然在爱尔兰降生，也不能突然把他们迁移到那里去。他们需要利用自己的土地，就不得不把土地交给要求耕种的农民。这些农民为数不多，他们的习惯已经形成，除了他们同从前的领主所订的契约，他们不了解别的契约。因此，在很长一段时间里，他们只缴纳一份 quit rent[①]，一份同土地的产品根本不成比例的租金。对于他们的新主人，他们虽然没有保留他们对从前主人的那种爱戴，却保留了他们对从前主人的那种敬畏。不过，他们基本上赞赏他们本来完全有权否认的情况，即他们仅仅是 tenants at will[②]，是取决于主人意志的佃农，主人可以随意辞退他们，将他们小小的产业交给一个愿意多出地租的新来的农民。

这样一来，农民的状况便丧失了远古传统习俗的依托，变得不稳固，并且从此不断地恶化。由于引种马铃薯所必然带来的不幸后果，农民的破产加速了，因为马铃薯比小麦产量高得多，价钱便宜得多，正好供给穷人食用，而面包却成了穷苦工人不能奢望的生活多余品；由于天主教神职人员不得不靠谢礼生活，对农民进行榨取，也加速了农民的破产。现在，婚丧嫁娶，添人进口，是教士的主要收入；他的教区的所有年轻人都结婚，同他有直接利害关系，因此，他在这方面施展了他的全部影响，也许他对此并没有意识到。起码有一点肯定无疑，人们再也看不到在任何国家像在爱尔兰那

① 英文，意为豁免地租。——译者

② 英文，意为可随时令其退租的租赁者。——译者

样早婚了。爱尔兰农民保存下来的半原始的习惯，同样也加速了穷人的破产。他们既不讲究衣着住房的奢侈，也不讲究漂亮，甚至连清洁都不讲究。他们只要能生存就行，在生活中千方百计地节俭；然而，他们从生活费用中每节省一文，他们的工资便紧接着减少一文。这样，他们渐渐沦落到维持生命所需的最低限度。在180年间，据信爱尔兰人口起码增长了3倍；然而，人口超过了工业的需要，还是今天的现象，完全是近年的事；现在可以看到他们饿红了眼，争抢着找活儿干，有些人愿意献出他们的整个时间、全副精力、全部才干，仅仅要求能像猪一样地勉强活着①。

据说，爱尔兰随着人口增长，它的财富和繁荣的程度也增加了，证据就是这个岛国贸易使用的船只数目不断地增加。它的贸易几乎是单一出口食品；正当爱尔兰人民濒于饿死的时候，却见每年从爱尔兰各港口运出越来越多的小麦、各种谷物、咸猪肉和黄油。

仅就出口小麦一项来说：

① 人口的迅速增长，几乎总是穷困的征兆，而不是繁荣的征兆：这表明无产者不会计算他的收入或者他家庭的收入，只求粗茶淡饭，填饱肚子就行，对将来不抱期望，或者不去担心。这种愚昧的结果，使爱尔兰人口激增，这在人类史上是独一无二的。我们在一家英国报纸（《观察家报》1836年8月7日号）上看到在爱尔兰3次人口普查的结果：

年份	人口总额	新教徒人数
1766	1 871 725	544 865
1822	6 800 000	980 000
1834	7 943 940	752 972

无产者全部，或者几乎全部信奉天主教。在最近12年中，移民补贴费几乎全发给穷苦的新教徒。因此，这两部分居民背道而驰。

利默里克的小麦出口量，1822 年为 102 258 桶，1833 年为 218 915 桶。（英格利斯：第 1 卷，第 295 页。）

高尔韦的小麦出口量，1834 年比 15 年前增加了 2 倍。（同上，第 2 卷，第 32 页。）

斯莱戈的小麦出口量在最近 3 年中翻了两番。（同上，第 2 卷，第 123 页。）

伦敦德里的出口量也有大幅度的增长。（同上，第 2 卷，第 200 页。）

贝尔法斯特出口量的增长扩展到所有的商品。（同上，第 2 卷，第 253 页。）

沃特福德在最近 9 年中出口额翻了一番。（同上，第 1 卷，第 61 页。）

科克：唯独咸猪肉的出口量增加了。（同上，第 1 卷，第 189 页。）

但是，仅仅以出口贸易额的增长来显示的繁荣，是一种非常虚假的繁荣。每年，人们可以用爱尔兰食品装满更多的船只，可是，爱尔兰人民更难吃到他们用汗水浇灌出来的小麦，乃至燕麦做的面包，更难吃到他们制作的黄油，他们养的猪，而他们养的猪同他们家吃的是一样食物，有些东西宁肯给猪吃，也舍不得给孩子吃。只有当爱尔兰的消费同它的生产一样，都得到相应的增长，只有当它的农业能供给孩子们吃饱饭，它的工厂能让孩子们穿暖衣服，而不是像现在这样，只把残羹剩饭留给国内，到那时爱尔兰才是真正的繁荣。

人民住的是茅屋草棚，睡的是草铺，穿的是从英格兰运来的旧衣裳，吃的是马铃薯，这样的人民对各行各业、工厂、农业都没有任何促进作用；他们的穷困阻止了旨在为他们服务的整个工业的发展，同时对他们本身是一种痛苦，对他们所包围的富人也是一种时刻存在的危险；他们的穷困既是不正义的后果，也是敲骨吸髓的后果，这应当由立法者出来纠正。毫无疑问，若想恢复农民的权利，我们绝不是要求为他们重设他们曾用剑效力的封建小公国，而是要求把他们父辈在生活中享受过的富裕、丰盛和安全还给他们，并且为达到此目的，我们要求保护他们，使他们避免相互竞争，还要求保证他们作为耕作费所应得的那部分收成，永远不被人剥夺。

为了使他们摆脱现在的悲惨处境，防止他们因为走投无路可能给整个王国造成可怕的灾难，必须做到两件事。一是必须把爱尔兰从它的过剩人口中解救出来，或者通过移民，或者通过开垦荒凉的县份的方法来实现；二是必须像一切繁荣国家所施行的那样，把土地的产权交给留在那里的农业人口。应当向他们展示产权永久不变的前景，以保证他们耐心和坚持不懈地改良土地，并使之增产的成果，从今以后能使他们本身受益，而不是像今天这样，只能使他们的处境越来越坏。

爱尔兰现在人口不仅大大超过了它对劳动力的需求，而且，它的人口还在以最惊人的速度增长。爱尔兰人由于生活困苦，除了性欲之外，他们没有别的享乐；他们根本不算计，也根本不瞻念将来；他们无论男女，几乎都不满 20 岁就结婚了。据信，这个岛上的人口每年以 30 万人递增。因此，采取任何局部的措施，仅仅来应付每年增长的 30 万人的吃饭穿衣问题，不管拿出多大款数，也是无济于事的，只能维持现状而已，必须大规模地同时行动起来。

为使爱尔兰摆脱它的过剩人口，移民与开垦内地就要双管齐下；移民见效比较慢，暂时把一部分劳动力用于垦荒，就可以缓冲一步。英国拥有辽阔的地区可以殖民；仅仅它在加拿大的属地，就不仅能接收3个王国的过剩人口，而且能接收它们的全部人口；再说，爱尔兰的殖民到了那里，只能促进那些辽阔地区的繁荣，并使那些地区同宗主国的关系更加密切。从爱尔兰到圣劳伦斯河以北的地区，距离不算太远；那里河流密布，通过内河航运，就能把移民送至最偏僻的地方，比到任何别的殖民地的花费都小。他们越是往北去，就会发现空气越新鲜，未开垦的土地越多。哈得孙湾周围的广阔地区，同芬兰湾周围地区的气候相同，认为那里不会有一天也像芬兰湾地区那样，移满居民，垦殖起土地，是毫无道理的。切不可小看如此广阔的出路；爱尔兰人过惯了艰难困苦的生活，英格兰殖民可能因穷困忧烦致死的一些地方，他们可以去移民。在那整个地区，无论在哪儿选个地点，只要给爱尔兰农民10英亩免租地，他就能造起一座比他离开的旧居好的房子，开头就能收获马铃薯，养猪，这些全归他自己，而且不久，他就能丰衣足食，安居乐业，过上他今天不敢想的生活。

然而不要忘记，大量移民需要巨额贷款。不是将移民运送到魁北克，而是必须运送到要他们定居的地方。那个爱尔兰移殖民离开家的时候，身上一无所有，必须给他准备一小份东西，不管东西多么有限，总得包括衣服、劳动工具、家庭用具和种子；最后，必须及时把他送至产权交给他的土地上，让他开荒下种，还必须供给他食物，一直到他下一次的收获。这些最初的贷款，估计每个家庭不大可能低于50或60英镑。当然，一旦提供了贷款，就可以认为移殖民的全家生活有了保障，而祖国也就把这一家人变成了真正的公民。

近来的移民与殖民，根本不是按照这种办法进行的；人们首先要把更先进的殖民地组织引进新的地区，而其实，那种组织也许根本不适合殖民地本身，尤其是根本不利于最初的发展。人们一开始就要大量投资，建立大规模的农场，并且指望商业部门收购产品，远销别的国家，他们几乎总是以失败告终。资本家享受惯了，在殖民地则找不到那些享受的东西；他们越是进行新的投机，越是要迅速大量地回收，而这在农业上是根本办不到的。他们本想供应市场，却很快壅塞了市场；他们对殖民地的繁荣毫无贡献，殖民地是靠增加消费，而不是靠增加出口才能繁荣起来；他们不久便厌倦和离开了，他们的工程也就弃置不办了。资本家如果联合组成公司，那就更糟了；那样的话，领导班子组织起来，肥缺派给他们主要的代理人之后，他们就一心想抽走他们的资本，卖掉他们的股份，想从受骗者的轻信中渔利，而不是从发展垦殖中获利。

新生的民族是通过多种多样的方式才繁荣起来的：创业者们考虑的是他们本身，他们自己的需要，他们自己的消费，而不是贸易。用不着他们到市场上去碰运气，开发一个自然区有重重阻力，再加上节气反复无常，要战胜这些困难就够他们施展的了。他们要求土地出产的，恰好是他们生活所需要的，于是他们生存下来；他们的工业每发展一步，不是向他们提供出口商品，而是向他们提供新的享受、新的消费品。另一方面，他们必须限制享受，只享用他们的双手能够生产出来的东西，绝不要到外面去寻找市场，绝不要考虑贸易，但必须使他们种植的小麦，生产的全部食品，始终同他们不断增长的家庭人口的消费量平衡。他们必须自己建造住房，自己织布做衣服，自己制造劳动工具。如果事后有人问我们，一个殖民地只生产它所消费的东西，既不出口任何产品，也不购买任何产品，那它还有什么用处呢？我们将回答说，它生养了幸福的人，就是完成了它的使命。希腊在小亚细亚和意大利建立的所有殖民地，起初全是如此，古代所有的小民族，都是这样发展起来的。然而，现代的殖民地，是在唯利是图的思想指导下，出于如何迅速收回资本的考虑设想的，因此，几乎全经历了严峻的考验，只有当资本家停止在那些地方投机了，它们才开始繁荣起来，比如加拿大和新英格兰就是这种情况。

在文明程度发达的情况下，向农业大量投资，农产品当然能迅速增长，然而，这种增长速度往往与市场的需求不成比例；不过，一般来说，用于土地的资本，应该永远地投在土地上，从土地抽出资本而使土地不受损失是永远办不到的；因此，这种投资根本不适于投机家。一个人只有把他的全部资本和劳动投进去，为他和全家人建立永久的收益，才能实现一块地产的真正改良；他根本不指望立即收回成本，而是为了他和全家人高瞻远瞩；他栽植百年成材的树木，豢养牲畜，改良品种，为的是让他的孩子将来受益；他为排涝，或为灌溉搞水利工程，子孙后代才能收到成果。办农业，必须始终立足于长久的观点，这就是农业区别于其他工业的地方。

要殖民的地区不管幅员有多辽阔，不管吃苦耐劳的赤贫人民渴望在那里得到多大幸福，也不应该期望只依靠移民，就能减轻爱尔兰的苦难，情况远非如此。当人们拿这个岛屿的人口同它所需要的劳动力比较，或者同它能提供给他们的工资比较，它的人口也许有 1/3 过剩,必须给 200 多万人寻找生活的出路。只要计算一下就会大惊失色,若想把他们安置到一个新的地区,需要有多少艘船只运载他们,需要有多少食品店向他们供应啊。而且,还应该想到,类似这样的一项事业,规模越大,就越容易发生混乱,毫无秩序,就越容易有人浑水摸鱼盗用公款;移殖人数越大,万一碰到意想不到的阻碍,他们的悲惨境地就越是不堪设想。一定要坚持不懈地关心照顾这一大批移民,因为,一个饱受苦难的种族将来的最大幸福和安定,正是要通过他们来得到保障。但是,永远也不要期望通过往外移民,就能够减轻在爱尔兰忍饥挨饿的人的痛苦。

在爱尔兰的腹地,幸亏还有一片广阔的土地可以开发利用,这立时就需要一大批劳动力,在几年当中,全部过剩人口就可以有活儿干。那些未开垦的土地面积最大的是泥沼地,即所谓 bogs[①]。那些泥沼地面积极大,有的简直占整个省份,可不是沼泽地,而是无底的泥潭。泥沼地表层覆盖深褐色草丛,间或有一块块晒干了的泥炭。实际上,那些泥沼地也都逐渐演变成泥炭沼。行人或马匹不慎走进去,就会陷下去,很快被吞没,像沉到流沙里一样。在黑泥中有时就好像发了酵:只见黑泥膨胀升高,如同熔岩似的向周围漫溢。那些泥沼地中最大最著名的是阿伦泥沼地,它覆盖爱尔兰中部的大部分地区,仅仅那一片泥沼地就有数百万英亩。(关于阿伦泥沼地,请看英格利斯著作,第 1 卷,第 105 页。关于乔伊斯地区的几片泥沼地,请看同一著作,第 2 卷,第 44 页。关于肯纳马拉的泥沼地,请看同一著作,第 2 卷,第 55 页与 64 页,等等。)

① 英文,意为泥沼地。——译者

众所周知，那些泥沼地不管现在有多荒芜贫瘠，不仅能够开发种植，而且还能改造成高产田。改造泥沼地主要使用石灰，也可以用各种海产废渣，具体程序不属于这篇文章论述范围；我们只要了解下列情况就够了：改造泥沼地的方法，在全爱尔兰都知道，所需的物质到处都有，剩下就是一个招工问题，这正是那些劳动力求之不得的，总之，使泥沼地干涸，不但永远适于耕种，而且有益于人的健康，每英亩花费合计要 7 英镑，设使每户达到 10 英亩地产，造价总和就是 70 英镑；出让每份地产，如果征收 5 英镑的定额地租，或者每英亩征收 10 先令，算起来，不仅可以补偿资金的利息，而且还能补偿管理费和利润。尽管如此，在那些肥沃的土地上，新的所有者会过上小康生活，他们的生活条件还会逐年改善，国家也因此扩充了一个新的省份，也许有 30 万幸福的农户居住在那里。

无论是向加拿大移民和殖民的计划，还是改造泥沼地的计划，都需要一笔巨额资金，其款额不亚于另一笔资金，就是英国为了将它属民的另一个阶级，即殖民地的黑人，将他们从残酷的压迫中解救出来所耗费掉的资金，而那些黑人的境遇，并不见得比爱尔兰人苦。当然，用在最穷苦人身上的资金，可以认为有一部分是积存起来，而不是用掉了。我们曾假设爱尔兰泥沼地改造成良田之后，将全部地产出让，每英亩征收 10 先令的定额地租，然而，向被运送到加拿大的移民征收任何地租，既不公正，也是不慎重的，尽管他们耗费祖国的资金并不小；实际上，他们的工业可能够他们自己的生活需要，我们丝毫看不出他们如何能从工业中赚钱。

把泥沼地改造成良田所需的贷款，应该得到英格兰的保证，这样一项贷款，始终是爱尔兰要求大不列颠慷慨作出的一种巨大的牺牲。如果王国政府同意贷款，它就有权对爱尔兰领主说："你们由于贪得无厌和缺乏远见，把依附于你们，并应该受到你们保护的人，推入苦难的境地，这是玷污我们的法律，而且，你们若是强行维持这种局面，就不能不犯罪。你们把王国 1/4 多的人口推向穷困，就使整个大不列颠王国面临危险，如果我们不进行干预，结果只能把他们逼反。你们把产权法变得令人憎恶，便动摇了人类社会本身的基础。你们同我们一道陷入了危机，我们同意把你们从危机中拉出来，但是，我们自然不能承认你们的权利了，我们不能让你们把我们再次拖进危机。地产的首要权利，就是耕者依靠他的劳动果实生活的权利，你们违反了这项权利；从今以后，我们将无所畏惧，毫不留情地干预进来，以便完全保障这项权利。爱尔兰的土壤肥沃，植物茂盛，我们将要求爱尔兰农民生活在这里，要同居住在普鲁士沙土地的农民，或者在俄国严寒气候中的农民生活得一样好，要求他们在住房、穿衣、吃饭或者取暖方面，水平绝不能低，还要求让他们享有同样的休息，将来也有同样的安全保障。只有在保证他们应得的份额之后，我们才承认你们其余的权利，而且，我们也注意保障你们的这些权利。"

为了农民的幸福和国家的昌盛，究竟应该向他们作出什么必要的保证呢？那就是当全体人民都承认土地产权时他们为谋生的技艺所争取的保证。全体人民感到只有考虑子孙万代的农业，才是好的农业，才是土壤不断改良的农业。他们是希望使土地结出果实的人，应当把土地看成永远是属于他的。从全体的利益着想，必须让耕者清楚地知道，他可以不遗余力地治理他的土地，他对土壤的一切改良，不管多久的将来才能见到成效，对他或者他的子孙后代来讲，绝不是徒劳无益的。土地的真正改良，奠定一个国家昌盛基础的土地改良，全都是百年大计。埃及在被罗马帝国征服之前实现的土壤改良，现在依然受益；波斯、印度和中国的好几个县农业丰产，完全是依赖于灌溉，而兴建那些水利工程的日期已经湮灭了；意大利所有的大小河堤，荷兰围海造田的大坝，也都有几个世纪的历史；巴伦西亚完善的农业，直到今天还是得力于阿拉伯人；爱尔兰的泥沼地，多亏一个贫苦农民的个人技艺，有好几小块已经变成良田，那些土地的稳固性能保持到世界末日。历史传下来的那些农业工程，包括堤坝排灌等设施，往往是公助兴建起来的，有时大资本家也兴办。然而，最有利于使土地面貌一新的逐渐细致的土壤改良，还是默默无闻的农民，怀着爱的感情，几乎是无私地通过顽强聪明的劳动，独自所进行的改良。是他发现一个水泉，把水引到远处；是他给一片沼泽地开凿一条排水沟；是他栽植百年成材的树木；是他驯养野兽；是他改良了果树品种，这是一项需要好几个世纪的事业；是他给每块土地找到收成好的作物、最适宜的种植法、保持最大地力的轮作。产权的意识，只此一件就把耕者与土地联结起来，它促使耕者研究并利用一切改良土地的办法，它使耕者为他的孩子和将来着想，感到劳动是甜美的，它曾是人的享乐的最大源泉，同时也是人类昌盛的最主要原因。

最令人憧憬的社会状态，就是广大耕者有其田的社会状态。不是那种提供最大的纯收入、最大的利润的社会状态，而是有最大的总收入、最大的就业机会，并给予较高劳动报酬的社会状态。就是能够维持更多的人幸福的社会状态，因为，生活幸福的人不增加，人口增长只能是一场灾难。也是能够最有效地制止人口无计划增长的社会状态。小土地所有者知道，他的家庭依靠他的小小的产业，可以过着体面的生活，他同伯爵或侯爵一样，并不打算让他的家庭降低地位；他也同他们一样，如果对他自己或者他的孩子来说，不能确保他家庭的体面地位，他是不打算早婚，或者让他所有的孩子完婚的。实际上，自耕农具备了贵族的品德、谨慎，以及对秩序与安定的喜爱，可是另一方面，他们的财产微薄，却又防止他们像贵族那样染上恶习，追求醉生梦死的享乐。如果拿欧洲各国的自耕农的数量作一比较，就不仅会找到最广泛幸福的尺度，而且会找到人民拥护现秩序和政府中长久因素的尺度。

在大不列颠三个王国中的自耕农，比任何国家的都少。从本意来说，领主权只是一种政治权力，可是在英格兰，领主权却变成了产权，而在其他所有的国家，每过一代人，产权就与领主权进一步分离。**没有土地便不成为领主**，这句封建领主的格言，在法国已经被许多事实揭穿，在英格兰却变成了法律。在法国，平民自由租地的保有者曾继续服许多繁重的劳役，但是，他们的土地永久保有权得到了承认；在英格兰，繁重或屈辱的劳役早已废除；然而，自由租地的保有者在同意和他的主人达成新的条件时，答应向主人交钱，不再服劳役，这是他亲自谈妥的交易。他从农奴变成了佃农，并以为这样捞到了许多好处，他也许真正地得到了实惠，因为在一个时期内，英格兰的大农场主形成了一个非常有钱，既聪明又可敬的阶层。可是，佃农丧失了土地的永久保有权，什么也不能补偿这种损失。不过，在上一次战争期间，食品价格暴涨，这激起了英格兰农场主投机的狂热，他们感到是投机的好机会；后来转入和平时期，食品物价又暴跌，几乎使他们全部破产。英格兰使共同从事种

植的三个阶级的人，产业主、农场主、短工的利益对立起来，本身就开始意识到它步入了歧途。在爱尔兰，这个同样制度的产物，也只有痛苦和压迫。对于这个不幸的国家，第一件要做的事，就是尽可能使农民地位与土地所有者的地位趋于一致，给农民开辟道路，以便让他们的每一点节省，都是给他们添的一个砝码，使他们确实变成土地所有者。

爱尔兰农民今天濒临饿死，若想购买和支付土地费用，资金当然差得很远；他们即使有能力购买，也切勿鼓动他们抛掉他们小小的资本，他们应该用来改进他们小小的产业。如果不用资金购买土地，也可以用永久地租来支付。自由租地的保有者，每年缴纳固定不变的租金，并把地产传至子孙万代，同他的领主一样，也是真正的土地所有者。签订为期 14 年或 21 年租约的佃农，从他的利益考虑，到租约期满之时，不能让土地比他接手的时候好：对他来说，向土地投进所有较长时期生效的资金，不仅会分利无取，反而会被主人利用来对付他，结果只能使重新订约的条件更苛刻。英格利斯先生在爱尔兰注意到，佃农在 21 年期间，对土地进行了重要的改良，而到租约期满时却破了产，这是屡见不鲜的现象（第 2 卷，第 7 章，第 113 页）。永佃户则不然，他为了子孙后代，可以着眼于无限的未来。他对土地的感情，完全是所有者的那种怜爱，他不仅考虑每年能从土地收获多少果实，而且还要装点它，整理它，使它便于管理，他每牺牲一个小时的睡眠或休息时间，每往土地栽上一株树，根本不考虑是他还是他的孩子收获果实。他同领主的关系永远确定下来，双方不会再发生争议，也不会再引起忌妒。他只把领主看成是他的保护人，他从领主的手里接过来的土地，是联

系他们双方的纽带，而不是纠纷的根源。

迫使爱尔兰领主把他们的土地永远佃给耕者，收取定额地租，这绝不是前所未闻的尝试，也绝没有超越立法者在许多别的国家行使的权力。恰恰相反，这是恢复所有兴办农业的人民的习惯，是效法各国文明的榜样。永佃租约，旨在鼓励植树，保证植树者的永久享受权的租约，正如它的名称ἐμφύτευσις[①]所表现的，大约是从希腊人传给我们的。它是和罗马立法一同传给我们的，后来又染上了封建主义的色彩。租契、年租就是在法兰西、瑞士、萨瓦的各省里实行的这种产权的不同形式。在意大利，livetti[②] 不是别的地租，也就是定额地租。托斯卡纳大公、皮埃尔-利奥波德就强令在他属地的所有宗教会门、所有的医院、所有的慈善基金会，把全部土地租出去，收取定额地租，定额地租以 3% 的利率随时可以赎回。这项强有力的措施，使一个广大的阶层诞生，就是 contadinilivellari[③]或者说纳年租的土地所有者，并使他们高度兴旺起来；同时，这项措施也使所有的公共基金会恢复了秩序，防止贪污侵吞，使之免遭破产。

出让土地，收取定额地租，在爱尔兰并不是绝然没有的事情：英格利斯先生行至那个岛国最荒凉的地方，康诺特地区，在巴利纳斯洛城看到一片罕见的富裕景象，感到诧异。他写道：巴利纳斯洛是一座洁净得出色的城市，旅行者看到第一眼就承认，它不是被弃

① 希腊文，意思是长时间租借。——译者

② 意大利文，意为定额地租。——译者

③ 意大利文，意为缴纳定额地租的佃农。——译者

置不管的城市，而是有一只手在它的上空护佑……克兰卡梯勋爵是巴利纳斯洛的领主，当地对土壤的各种改良，都得到他的鼓励。而且，在推动改良那地方的土壤方面，谁也没有克兰卡梯勋爵做得那么有效果，他把土地永远佃给所有建造了像样住房的人，收取定额地租……对出佃的土地，克兰卡梯勋爵始终有一个公正的估价，尽管由于竞争，很容易把他要求的地租抬高1倍，他绝不规定更高的租金。（英格利斯著作，第2卷，第2章，第16页和17页。）

不出康诺特省，再往前走就是喜气洋洋的繁荣城市克利夫登，那个城市是达尔西先生创建的，他没花一文钱，仅仅把土地出让给愿意建造的人，每英亩征收6先令的定额地租；这是土地的全部价值，但是，城市和港口建成，给地方的其他方面带来更高的收入（英格利斯著作，第2卷，第5章，第74页）。最后一个例子，北爱尔兰比爱尔兰其他地方突出，它之所以繁荣起来，部分原因在于把没收的土地交给了伦敦的一些公司，那些公司又把土地转让给农民，向他们征收定额地租（同上，第2卷，第12章，第220页）。在那个省，安特里姆郡是唯一能见到真正农民的地方。他们享受父辈技艺的成果，因为他们父辈就是靠缴纳定额地租佃来的土地过活的。（同上，第2卷，第13章，第243页。）

一个外国人，如果企图指出立法机构采取什么措施，把土地永久耕种权交给农业阶级，就可以使他们的命运安定下来，未免要被人耻笑为狂妄。对于最高权力机构在对立的利益之间必须进行的这种干预，以及这种干预应该达到的目的，我们在这里仅仅提出几点一般的看法。

为了使一国的农业发展起来，为了让人们把爱的感情和聪明才智倾注到所耕种的土地上，就必须使两个从事农业的阶级对土地享受永久权利：一方面是开明的富人，他们进行研究，改进，并且影响他们周围的人对发现与改良产生兴趣；另一方面是干粗活儿的人，即劳动者，他们更接近自然，而且一般来讲，都固守古代的习惯，他们发挥耐心与节俭的精神，利用富人取得的发现与改良，使之在革新中避免操之过急。这两个农民阶级对国家的繁荣都是至关重要的。在爱尔兰，由于贵族的巧取豪夺，第二个农民阶级已经被摧毁。如果急切改革，稍微失慎，再把第一个农民阶级毁掉，爱尔兰面临的厄运，就是穷人起来造富人反的那种局面，其后果同样是不堪设想的。在这两个阶级中间，立法者应当竭力保持平衡；他应当鼓励大农场主亲自经营他们的土地。在英格兰以及欧洲大陆上，良田比比皆是，有钱的侨居者到处可见，如果从这两个角度看，爱尔兰的贵族未免太多了。这倒无妨：让爱尔兰贵族在他们的采邑上，自由地选择他们要栽培倚重的那些人，立法机构绝不要横加干涉。

然而，一种契约使土地失去主人的那种关心、聪明才智和喜爱，法律也绝不应该承认。法律应当对土地的主人说：“在您自己不能承担起主人责任的地方，为了社会的公益，就让自视为主人的人代替您好了。您把土地交给他们，并保证他们的永久耕种权。”人类有一部分人沉沦在穷困和愚昧之中，而他们都是服从立法者的人，因此，把他们从卑下的地位中解救出来，是立法者不可推卸的责任；同样，使富人免遭一次暴动的灾难，使整个王国免遭一次内战的浩劫，也是立法者的责任。最后，他的责任还要使爱尔兰永远摆脱风靡全国的哄抬物价的现象，使爱尔兰永远摆脱穷人和富人之间的竞争；在那里，穷人为了找到一点儿事干，被迫接受非人的待遇，而富人由于贪得无厌，总想独吞全部劳动成果，这样富人就面临丧失一切的危险。立法者不应该，也不能让整个农民阶级再长期面临双重可能性：既造成他们的领主的罪恶，又造成他们自己的罪恶。他不能允许仅仅因为一个利默里克勋爵，或者一个克利夫登勋爵不顾那里的居民有多么灵巧、朴实和善良，一味图利而造成整个地区的不幸。当然，也有一些领主庄园，那里的主人受到人们的感激和爱戴。但是，即便在那些地方，法律也应该保证将来；好主人的后裔如何很难说，他们可能不慎重，可能破产，也可能造孽，好主人还可能没有后代，法律应当保护农民免遭这类情况造成的恶果。有许多领主很聪明，令人尊敬，但不肯以任何形式的租约把土地佃给农民；他们要使农民在政治上完全依附于他们。他们这样做，现今也许是一心为农民好，然而，谁能替他们的继承人担保呢？再说，他们的产业将来或许被债权人所占有，或许让别人买去，谁又能替那些债权人与买主担保呢？自耕农可以通过支付一笔资金，或者仅仅缴纳一份定额地租，就有自主权了；吃他租子的人放荡也好，残暴也好，挥霍无度也好，跟他的关系就极小了。他不会因为那人去世而破产，也不会因为那人的代理人不公正而受盘剥。

我们确信现今出租土地，收取定额地租，是既保护爱尔兰的富人，也保护爱尔兰的穷人的唯一可行之道，我们同时也认为，土地租赁的价格，只能由当局来确定；因为要定的价格，必须比卖主要的和买主给的价格低，必须低得多。我们曾讲过，农民的权利，就是他作为一个人，要以他的劳动完全维持他的生存，只有土地产品的剩余，才是地租的合理金额。不过，爱尔兰农民已经陷入非常屈辱的地位，他们只要能得到家畜那样的饲料和待遇，就乐得出卖他们的劳动；他们之所以没有缴纳更多一些，也只是因为有些主人慷慨，绝不肯接受农民向他们提出来的过高的地租，或者有的主人纯粹出于谨慎，不愿意签订一项他们知道不可能履行的契约。由此看来，还有一些比较公正或者比较明智的主人，并没有把他们的农民逼到行乞的地步，但是，没有一个主人让农民过上富足的生活，而心灵手巧的人、大不列颠的庶民，是有权过这种生活的。因此，在计算地租的时候，不能以爱尔兰人现在这样的贫困生活为标准，来看维持这些不幸的人生存以外土地的纯收入可能是多少，而是应该看在保障劳动者必要的生活条件下，供养耕种土地所需要的人生活之外，剩下来的收入是多少。他们必须像熟练的农民那样有房住、有衣穿、得到温饱，他们还必须能经常吃上肉，喝点酒。从土地的收获中去掉这些生活费用，所余部分才是唯一合理的地租，也就是永久不变的地租，地产将以这种价格易手。

正如我们多次讲过的，人们应当确定的目的，就是向土地提供自耕农，而不是提供雇用更加贫穷的短工干活儿的承包人。因此，一个家庭新继承来的土地面积，必须同这个家庭的劳动力相称，这个家长连同他的妻子儿女，必须有足够的土地从事各种劳动；因为，在小农家庭里，妻子和孩子们在父亲的监视和指导下，年纪很小就开始干活儿了。然而，短工的孩子们就挣不到钱，孩子的母亲也不得不守在家里照看他们，而小农民在他父亲身边干活儿，对他来说既是一种学习，一种营生，也是一种乐趣。反之，如果让短工的孩子们干点什么活儿，他们聚在一起，几乎总是相互学坏。在租佃土地的份额中，将爱尔兰所有人的妻子儿女排除掉，迫使他们无所事事，这是岛国穷困的最大的根源之一。租地面积的多少，还必须考虑到那个家庭如果会技术，能在一年四季中在土地上找到活儿干。实际上，扩大生产种类繁多的产品，这是自耕农耕作制度的优越性之一；通过扩大产品种类，聪明的农民在比较有限的土地上，一年中每天都能找到适当的活儿干。实行大农场制则不然，农民想的不是他本人可能消费的产品，而是能够拿到市场上出售的产品，以便赚了钱好缴纳地租。对他来说，搞单一产品比搞多种产品更合适，他只出售谷物与家畜，此外没有其他东西；因此，他的土地全都同时播种，同时收获。在这农忙的两个月中，他以非常高的报酬雇用短工，可是，在一年的其他 10 个月中，他就抛弃他们不管，任凭他们闲散失业，沦为乞丐，这不是他的事情，而是国家的事情：这是爱尔兰贫困的第二大根源。雇用来播种与收割的人，有半数在一年的 3/4 的时间里无事可做（请看英格利斯著作，第 2 卷，第 16 章，第 299 页）。可是，一个聪明的农民，什么都由他自己来干，甚至他的工具都是自己做的，对于这样一个农民来说，即使他居住在比英国气候恶劣的瑞士或德意志，也绝不会有农闲季节。在英国，大农场表面上的产品是虚假的，因为，每个农场主在一年的 9 个月当中辞退数百名工人，根本没有把这些人的生活保障计算在内；诚然，他并没有负担他们其余 9 个月的生活费用，但是，或者通过征收赈济税，或者通过他们行乞，最终还是由社会来负担。在爱尔兰要达到的目的，就是让每个自耕农自己干自己的活儿，如果他愿意的话，也可以向邻居借几个工，但是他用实物来偿还；还要让他像农业问题作家一致主张的那样，在一年当中的每一个季

节和每天，都竭力为自己找到有收益的活儿干。如果说，议会指派的委员到每个郡去是要确定每一等土地的地租，他们还应该作出估计，每户在不借助任何外援的情况下，能够耕种并且种好多少土地。从今以后，以定额地租租赁土地的农户，就将以这个尺度来规定能有多少土地。

最后，我们还有一点要指出来。我们深信一个国家的人民如果按照我们的建议分配土地，并且在这种条件下形成了风俗，每户自耕农肯定非常重视他们的地位，绝不愿意让他们孩子的生活水平降低，人们完全可以信赖他们会很谨慎，能够避免早婚和家庭人口过多。我们确实也看到，在农民拥有土地产权的所有国家，租田的数目几乎始终保持不变，租田的范围也变化极小。每户家长非常清楚，他如果分了租田，就会破坏耕作的平衡，而正是这种平衡使他一年中每天都有活儿干，同时也使他能够供给全家消费的所有物品。他仅仅让一个儿子结婚，两儿子只有在工业的行业里找到事儿干，有了收入，才可以结婚。军队、海运以及宗教部门会录用他其余的儿子。至于他女儿的婚姻，也是在他经过节俭，有了积蓄时才给予解决。他知道，如果有一大家子人口，会给他造成沉重的负担，不仅在孩子出生的时候，而且要管孩子的一辈子；这对他倒是一种有益的警告。因此，真正从事农业的地方的人口，没有明显的增加，而且增长的速度不超过收入增加的速度。但是，一个国家人民的风俗是长期习惯与思考的结果，立法改变的时候，风俗不会随之改变。我们把爱尔兰现在贫穷的原因，归咎为 180 年前土地所有制发生的变革；我们也指出，许多后果到今天才开始表现出来。同样，土地所有制的一场新的变革，也要经过相当长的时期改

变爱尔兰的风俗；尽管这场新的变革势在必行，我们却要缓和它的势头，使它按部就班地进行。现在，爱尔兰人非常穷困，根本不考虑将来，也根本不顾虑他会有多少孩子。他们没有一寸土地，没有一件家具，口袋里没有1埃居[①]钱，可是不到20岁就结婚了；他们出的租金过高，因此永远无力向产业主买下一间小茅屋和一块土地。他和妻子儿女过着衣不遮体、上无片瓦的生活，可是他的孩子却每年不断地增加；他能吃上马铃薯，填饱肚子，就感到很满意了，眼光看不到更远。需要很多年的时间，爱尔兰人才能明白，这种穷困和缺乏远见的状态是可耻的，他们才能以正确的憎恶态度面对这种状态，他们才能感到如果不能保证妻子儿女有一个较好的生活，他们结婚就是不理智的，就是有罪过的。因此，必须用立法强有力地推动新风俗的形成；起码在一个时期内不准分租田，哪个佃户如果企图分租田，那就会有丧失租地的危险；必须设置种种障碍，防止轻率结婚与早婚；必须加强父亲和家庭委员会的权威，以便制止轻率结婚与早婚；必须给结婚规定期限，必须先发表结婚通告，再等待一段长时间才能结婚；最后，也许还应该要求夫妇二人作出保证，在国家储蓄银行或者教区储蓄所里，为将来出生的孩子存些钱。凡是与公共自由一致的办法，都应当用来克服爱尔兰人目前缺乏远见的状态，而最有效的办法，恐怕就是克服那些目光短浅的当地陈规陋习。瑞士农民的女儿出嫁时，如果不给她的丈夫带去她的床、胡桃木衣橱，以及她今后生活需要的全部服装的整套嫁妆，就会认为非常丢脸。而男方如果不穿上一身民兵的新制服，

① 法国古钱币单位。——译者

也绝不肯去教堂举行婚礼。为了遵循这种村庄礼仪的要求，就必须进行长期劳动，长期节俭，这比父母的苦口婆心劝告更能阻止或推迟轻率的婚姻。但愿各地方名流齐心协力，将这类风俗引入爱尔兰，或者加强已经存在的这类风俗。农民如果生活富足，对未来有信心，也就会产生自尊心；他们自己就会慎重地维护这种尊严，这样一来，蹂躏这个美丽国家的灾难就会终止。

第八篇　论奴隶制对人种产生的后果

我们曾讲过，而且还要不断地重复这一点，一个民族的昌盛，不能根据在它的领土上积聚财富的数量来估价，只能根据财富在组成这个民族的人中间分配幸福的大小来估价。政治经济学的真正目的，就是在财富分配方面，保证所有的人都受益，尽管有些人比其他人受些优待。必须让全体人都能享受到财富所能提供的娱乐、身体与精神的发育；随着民族逐渐富裕，必须让全体人吃得更好、穿得更好、住得更好；必须使全体人在生活中有更多的安全保障，对前途抱有更大的希望，同时对各自的欲望也有更大的克制力；必须让全体人能有更多的闲暇来发展智力，解除疲劳，休养身体；最后，还必须让全体人在享受逐渐增长的财富中，能发现相互友善的新理由，而不是激起更大的仇视。

但是，随着民族财富的增长，也必须单独给最富有的人一些好处，并且只给他们，而其他人起码要等到这一措施有了成果才能享受到好处。在一个民族中，必须让一些富人能够集中精力，专门从事人类追求的最崇高的目的，必须使他们能够培育他们的智慧、想象力与情感，不为物质的利益分心；还必须让他们分散居住在国内，以便使全国各个地方都能得到他们的教育，使他们任理性、科学、艺术、道德与博爱等领域取得的专门成就，有益于全体人民。

必须同时关怀贫富两个阶级的幸福，必须在他们中间维持适当的比例关系，以便最大限度地促进全体人民的幸福与进步，对于这些，我们永远不能掉以轻心。

只要阐明社会科学的这一伟大目的，就能使人感到奴隶制是多么荒谬，多么不公正，多么不人道。人类社会的创建，是为了共同的利益；如果为了这个社会的半数人利益，牺牲另一半人的利益，如果让一部分人享尽幸福，让另一部分人受尽痛苦，那就是抛弃了人类社会的首要原则。然而，人们一旦抽象地看待财富，而不是同参加分配财富的人数联系起来看待，就几乎会立刻导致这样的观点，即认为财富数量的增加，可以建筑在它本来应该使之幸福的那些人的穷困与痛苦上；因为这样一来，人们就会失去主见，思想陷入混乱，结果竟追求与自己愿望直接对立的目的。这样，人们确实再也不能把社会取得的财富，与损害社会而取得的财富区别开来，就会把人从大自然的收获，与人在人身上夺取的东西混为一谈；人们把在生产中所做的一切节省算成进步，即使这些节省是从同一个社会里的成员口中夺食也在所不惜。然而，如果有人计算一下，在所谓节省生产费用之前和之后的社会财富，就会发现它减少了，并没有增加；因为，这种节省的后果，恐怕不是增加了富人的财产，而是使穷人倾家荡产。节省给富人多带来一点净利，却更多地侵吞了在穷人之间分配的总收益。因此，它毁掉了财富本身，而财富学派的整个学说，正是旨在增加这种财富。

有人一旦把富人财产的增长，同国家财富的增长混淆起来，一旦认为富人可以通过节省劳动力或工资的办法来日益致富，他就已经在心里，或者起码在思想上牺牲掉了穷人，接下去无非就是选

择什么办法，以便使穷人尽量少消费，尽量少占一点净利。办法有三个：其一，或者借用机械能力取代人工，或者只向自然索取使用少量人力就能出产的产品，使劳资双方的合作失去意义。于是，如同苏格兰某些地方的情形那样，工人成为多余的了，人们就尽量输出劳动力。其二，让他们在找工作中竞争，接受能够维持生命的最低报酬：这是在爱尔兰实行的办法。其三，根本不由他们选择，他们只要还有一点气力，就用暴力和皮鞭逼他们干活儿：这是西印度群岛的奴隶制。这些办法之所以能够发明出来，能够继续实行，无一不是因为无视社会权利的首要基础、财富的首要用处、全体人民的幸福。人们不是设法让大家享受，而是一心为几个人打算，其实为了全体的利益，那几个人已经受到优于其他人的待遇；人们允许他们夺取绝大多数人少得可怜的口粮来发财，然而，他们反过来吃他们贪婪的苦果，因为，上苍自有巧妙的安排：富人需要穷人，至少同穷人需要富人一样。一个人以为办工业可以脱离开人，却不得不看到，他不能脱离开人来消费他的工业产品。一个人把给他干活儿的穷人推到饿死的边缘，不给工人留下度日钱，结果他既没有足够的钱财周济工人，也无力防御饥饿激起的工人的仇恨。一个人以为可以随意剥夺工人的智慧和意志，却在自己的身边养起一头野兽，而且，这头野兽的劳动已经得不偿失，它渴望报仇的情绪一直令人战栗。在前几篇中，我们力图阐明一些制度的必然后果，那些制度让穷人在被剥夺自由的情况下同富人较量，根本不给予他们任何保障去对付过于强大的对手。我们也认为说明奴隶制的后果是重要的，奴隶制更加专横，更加野蛮，后果更加悲惨，而它恰恰说明了同一个原则，即“国家通过多生产，或者少消费的办法来富裕，通过节省一切可以节省的劳动力的办法来富裕，通过尽量压低工资，尽量逼劳动者多出产品的办法来富裕”；也就是说，政府所应考虑增加的，不是人以及人的幸福，而是财富，这是错误的学说；财富不是全体人的利益，而是少数人实现的纯利润，这是这种学说更加错误的后果。

为了阐明奴隶制给主人，给奴隶，给整个人类带来的后果，我们认为在提出把社会从这种灾难解救出来的办法之前，应当在这里分析一下孔德先生关于《家庭奴隶制》的那部杰作。实际上，在论述奴隶制及其灾难性后果方面，我们认为这是前所未有的最全面、最有学术价值、最富于哲理的著作[①]。当然，人类不止启迪一个哲学家写出有说服力的文章，指控如此凌辱人类的制度。但是直到今天，奴隶主认为可以鄙视这些著作，甚至可以赞赏它而不用担心后果，照奴隶主的说法，这是因为作者不了解事实，因为最美妙的理论一旦付诸实施，也就行不通了。可是，孔德先生的这部书则不然，它向我们介绍的正是事实，正是各个时期、地球各个地区的事实，而且，事实介绍得非常恰当、准确而真实，在材料一致和人们应当得出的结论方面没有一点疑窦。

对法国来说，奴隶制已经是很久以前的事了，甚至在记忆中也逐渐淡薄了，因此，许多人看待一部关于奴隶制的悲惨后果的论著，同看待一部关于异教谬误的论著所持的眼光完全一样。他们顶多会认为，这部著作仅仅针对远离美洲大陆的几个岛上的制度，

① 指王国朝廷律师，孔德先生所著《立法论》的第 5 部书。1827 年巴黎出版。其中第 4 卷就是论述这个问题，共计 536 页。

针对他们毫无好感的一个种族的命运。他们不胜其烦地听人说，基督教已经废除了奴隶制，所以没有注意到，直到1660年，根据第24章第12条法令，英国才废除奴隶制(查理二世时期)；在其他西欧国家，直到18世纪才废除奴隶制，而在东欧各国，奴隶制始终存在。废除奴隶制的事业非但远远没有完成，而且就在我们的眼前，曾进行过并且现在依然在进行着一种演变，突然使一些土地辽阔的国家跻身于强盛文明国家之列，可是在那些国家里，奴隶制已由法律确定下来；在世界均势方面，这种演变可以确保由占有别人的人统治的国家，对禁止这种占有的国家拥有最可怕的绝对优势。

在俄国与波兰，人民群众是奴隶；在将近一半儿的奥地利属国中，人民群众也是奴隶；俄国和奥地利从来没有像今天这样，在欧洲起着举足轻重的作用。法国和荷兰在它们分布在亚洲、非洲和美洲的殖民地中，仍然维持奴隶制；英国则废除奴隶制不久；西班牙与葡萄牙在它们余下的殖民地中，也维持奴隶制度。在美国的24个州中，有10个州是奴隶制，而这10个州是美国土地最广阔、地理位置最好的州。在整个英属印度，在英国统治下的整个印度，情况虽然不尽相同，奴隶制却是合法的。最后，在以前属于西班牙的美洲的几乎所有大共和国，以及在巴西帝国，奴隶制也是合法的；这些新国家为了将来废除奴隶制，虽然采取了一些措施，但是，守旧的人、偏激的民众不断攻击，或者逃避执行这些措施。请看，组成今天基督教与文明世界的，究竟是一些什么国家！请看，统治其他国家的都是一些什么国家！当统治权依然掌握在这么多的奴隶主手中的时候，讲废除奴隶制的事业已经胜利这种话的时刻，当然还没有来临；恰恰相反，我们更应该收集事实，加以研究，并予以公布，以便改变那些以新的方式继续这样一种可憎制度的民族。

我们将在尽可能短的篇幅里，尽量介绍孔德先生的一系列思想；而且，在介绍他的过程中，我们也要基本上保留他本人的表达方式，即使为了更加简明，用不着加注或者摘引的时候，我们也将这样做。奴隶制虽然在几个文明国家保存下来，但是它的起源，显然是野蛮民族取得胜利时滥用的权利。征服者没有把战败者屠杀掉，而是保全他们的性命，让他们为自己干活儿，认为这样做是人道的，尤其认为这种做法很合算。正如他作品的题目表明的那样，孔德先生致力研究征服者的这种打算有什么后果，奴隶制对主人和奴隶的身体、智力与精神各机能有什么影响。他首先承认，没有因为实行奴隶制，奴隶主的身体器官就衰退了。他们能保持身体健壮，恐怕是因为常年吃得好，有足够的活动，还能够选择人来传宗接代。由此看来，无论是在野蛮社会里，还是在文明社会里，奴隶主可以享受一切利益。他们的伙食始终得到保证。生活习惯、娱乐，乃至政治，都起码能使他们继续活动，使他们的身体能适应狩猎和战争。最后一点，他们除非受民族的一种成见的约束，否则就可以挑选最漂亮的女奴隶为妾，结果生下来的孩子比父亲长得好看。土耳其人与波斯人就是这种做法，他们得以不断地改良他们的人种。

但是，奴隶制必然要损害奴隶的肌体。因为，他们吃、穿、住的条件，完全取决于主人的意志。只要是能够增加他们的体力、智慧与勇气的活动，都严禁他们去做，因为这对奴隶主有危险。奴隶主为了本身的利益，不得不让他们做一些为数有限的机械操作，也仅仅能使他们的个别器官得到发育。即便如此，发育的程度也是有限的，因为他们在忍饥挨饿的情况下，被迫搞一种过量的操作，不但不会使他们更强壮，反而会使他们更衰弱。除了上述几点，再加上只能把最丑的女人配给男奴隶，其余的女人都成了主人的婢妾，显而易见，人类受奴役的那部分为什么必然日益退化。

然而，身体组织的发育，主要看是否能给人掌握事物的手段，并使事物满足人的需要。可是，无论对奴隶主还是对奴隶来说，奴隶制阻碍了这种机能的发育。奴隶制在奴隶主身上产生的第一种后果，就是使他们脱离直接向人提供生存手段的劳动；第二种后果，就是使他们鄙视劳动。在古代，奴隶主认为，只有一种技艺不是低贱的，即豢养，租赁并买卖奴隶。据说，奥克塔夫的一个祖先因为开银行，后代人就觉得蒙受耻辱；而马尔居斯·卡顿买卖奴隶，却成了风俗的捍卫者[①]！

这种轻视体力劳动，认为体力劳动是下贱的看法在古代希腊人和罗马人中间是普遍的；在殖民地的整个奴隶主阶层，这种看法也是普遍的。即使是一个声名狼藉的欧洲普通工人，如果他拥有一个仆人，他只要从事体力劳动，马上会认为有损他的尊严。荷兰人在本国是那么看重各种类型的有益劳动，可是到了巴塔维亚和好望角，便对任何工种都感到无法忍受的鄙视和憎恶。在圣赫勒拿岛、牙买加岛，在英属的所有殖民地的英国人，在南部 10 个州的英裔美国人，全都放弃了任何劳动。在匈牙利、波兰、俄国，奴隶主从来不劳动，农奴只在田地里干活儿，仅仅犹太人办一点工业，可是，这些犹太人已经备受歧视，绝不肯因为有益于社会而招致更大的歧视。因此，奴隶制虽然不见得损害奴隶主阶级的身体器官，但

① 布鲁塔克:《卡顿先生传》，第 402 页。

是后果却使他们的器官丝毫不能从事于人民生存不可缺少的各种行业。这些器官不仅对整个人类没有益处，而且对具有这些器官的个人也没有好处，而只会给许多人带来损害。假使有一天发生一场巨大的灾难，奴隶主突然在一个实行奴隶制的国家灭绝，任何类型的劳动却不会停止，人们不会惋惜损失任何财富。除了他们使奴隶遭受的痛苦会停止，其他什么也不会停止。

奴隶主由于鄙视劳动，技艺的能力停止了发展；同样，奴隶由于处在奴隶主给他们造成的愚昧状态中，技艺的能力也停止了发展。凡是要求智慧、兴趣与精心的工作，今天的奴隶都不能做了。古罗马那些宏伟的工程，修建的人大概都是在他们自由的时候练就的技艺，后来在战争中变成了奴隶；因为，罗马征服了所有掌握技术的人民，此后只能掠夺野蛮人来充当奴隶，情况一旦至此，一切艺术，各类工艺，很快就都衰落了；他们本身也重新沉沦到野蛮状态。让我们跟随作者的论述，接下来看看，奴隶制不但对奴隶主的智力，而且对奴隶的智力产生了什么影响。（第 4 章，第 54 页。）

至于奴隶主，必须把享受政治自由的人，同被剥夺自由的人区别开。前一种人，确实相当成功地发展了他们的智力，以便用来影响与他们平等的人，然而，他们绝不发展他们可以用来掌握物质的能力。后一种人既没有发展智力，也没有发展掌握物质的能力。人由于懒惰，每逢选择的时候，总喜欢强制而不喜欢说理，总喜欢施威而不喜欢说服；可是，古代自由城邦的公民，由于不能像指挥奴隶那样指挥与他平等的人，就不得不学会说服。这样，他就要研究人，研究他要说服的那个与他平等的人；可是，他不研究自然，他仅仅通过他的奴隶的胳膊作用于自然。他认为没有必要发明使奴隶们省力的方法，因而，一切实用于技艺的科学，他都觉得与他的利益是背道而驰的。当公民丧失政治自由，他对研究人就再也没有兴趣了，他对研究自然的兴趣也不比从前大；他放弃了一种没有目的的劳动，全部知识便都泯灭了，其结果就是回到野蛮状态中去。

在欧洲人的殖民地中，只有在英国人的殖民地里，殖民者才能从祖国得到一些政治权力；也只有在这些殖民地里，他们才感到有发展智力的需要，这使他们能够以理说服与他们平等的人，并且只是依靠政治自由所允许的手段，在与他们平等的人中间赢得一点权威。在其他人民的殖民地中，宗主国掌握绝对的统治权，殖民地的主人只需要一面服从上边，一面指挥下边，表现出恶霸与奴隶所特有的愚蠢性，只有那些远离这种奴隶制的景象，在祖国培养起来的人例外。作者列举事实，并通过所有旅行者亲眼目睹的详尽材料证明，在好望角的荷兰殖民者，在路易斯安那州的法国殖民者，在他们奴隶最多的一些省份的西班牙殖民者，他们全都轻视任何形式的教育。

在美国，由于有政治自由，主人也就能够发展智力。但是，南部各州的公民，只发展控制人的能力，而北部各州的公民，既要控制人，又要控制物，他们分别从事这两种职业。因此，南部各州也许提供了更多的有统治才能的人。华盛顿[①]，肩负战斗或统治人的使命，可以出生在一块由奴隶耕种的土地上，但是，富兰克林[②]，

① 华盛顿(George Washington，1732—1799)，美国第一任总统。——译者

② 富兰克林(Benjamin Franklin，1706—1790)，美国物理学家和政治家，避雷针的发明者。——译者

肩负照亮世界、增强人对自然的力量的使命，只能在自由之手创建艺术之邦里成长起来。

至于奴隶制在奴隶身上产生的直接后果，就是使奴隶的智力得不到任何发展。因此，在美洲的殖民地中，一切体力劳动都由奴隶承担，凡是需要发挥智慧才能生产出来的工业品，奴隶主不得不从废除奴隶制的国家进口。主人可以使用他们的奴隶采伐和运输树木，但是，若想制造船舶，他们必须将木材运到有自由工人存在的国家去。他们可以让奴隶以粗放式耕种土地，通过奴隶的劳动收获小麦，但是，若想把小麦磨成面粉，他们不得不将小麦运到有工人会建造磨坊的地方去。奴隶甚至不能像农业要求的那样精心地耕作；他们既没有足够的智慧，也没有足够的精心来种植蔬菜或果树。总而言之，奴隶的技能非常低，因而农业依然处于最原始的状态；森林虽然近在 7 英里之处，奴隶主还是要从英国进口煤来取暖。他们要盖房子，有时甚至还得进口砖。

奴隶没有能力搞任何工业生产，其原因是显而易见的。心灵才能手巧。我们身体的器官，不过是我们智慧的工具。智慧如果得不到丝毫发展，指挥它掌握的器官就一定非常糟糕，可是，在所有建立奴隶制的国家，主人不仅没有能力发展他们奴隶的聪明才智，而且，他们几乎全都有一种自然的倾向，要阻止这种发展。安全的需要，比吝啬的情绪更有力量，迫使他们千方百计地把被奴役的人控制在越接近野蛮的状态越好。罗宾报导说[①]，路易斯安那州有一个殖民者，一再重复说他最担心的是有智慧的奴隶。那个

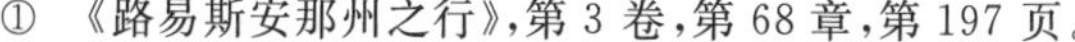

① 《路易斯安那州之行》，第 3 卷，第 68 章，第 197 页。

殖民者说他的全部注意力，都用在阻止奴隶得到智慧上，在这方面，只能说他取得了过分的成功。那些殖民者的看法，同过去罗马人的看法没有差别。审查官卡托恩认为，聪明的奴隶比什么都危险。当他的奴隶不干活儿的时候，他就逼他们睡觉，他多么害怕奴隶企图思考啊[①]！在现今的奴隶主当中，南部各州的英裔美国人的无知与暴虐程度还是最轻的，然而，他们却非常恐惧地拒绝让他们的奴隶识字的想法。大不列颠有好几个居民作出努力，给他们的奴隶启蒙，使之接受基督教，而服从英国政府的殖民者，在很长一段时间里，都带着同样惶恐的心情看待这件事[②]。

但是，如果说奴隶制必然导致奴隶主轻视工业，导致奴隶没有能力从事工业生产，那么，一个民族是否可以指望既非奴隶主、又非奴隶的阶级搞点工业呢？也是不可能的，因为，在一个确立了奴隶制的国家里，一个既不属于奴隶主阶级、又不属于奴隶阶级的人，不是被迫游手好闲，就是受人歧视，除非他到别处去办工业。如果说，自由人有时同意参加劳动，那么，他所得的工资，也只能补偿对劳动的鄙视；一个自由工人甚至买奴隶，或者一旦他有了一些积蓄，便马上不干体力活儿了[③]。在罗马共和国，无产者或者由于歧视劳动，或者因为有贵族的奴隶竞争，一个个全被排除任何劳动之外，他们的状况，是一个民族中，既不属于奴隶主，也不属于奴隶的部分，被奴隶制逼进堕落与贫困境地的明显而可怕的例子。

---

① 布鲁塔克：《卡顿先生传》。

② 请看 1825 年 6 月 23 日英国下院辩论。

③ 拉罗什富科尔：《美国之行》，第 2 部分，第 4 卷，第 293—294 页；第 3 部分，第 6 卷，第 75 页。

奴隶制对人的肌体、技艺与智力的影响就是这样。它对风俗习惯的影响还要更糟糕[①]。奴隶制在罗马人的精神上产生的第一个后果，就是使他们好逸恶劳。从缺乏智力与肌体活动和以掠夺方式攫取财富中，滋生了一种毫无节制地追求一切声色饮馔的风气。大贵族骄奢淫逸，贪得无厌的程度，在今天是难以想象的。为了供给他们荒淫无度的生活，土地被洗劫一空；一个省份的财富，他们一餐就挥霍掉。一个大贵族的家里，关了人数众多的男女奴隶，在这种杂居在一起的情况下，奴隶主的习俗对他们立即产生了影响。罗马历史提供了这种堕落的最臭名昭著的事例。孔德先生举出两个例子，都发生在罗马共和国的盛期：一例是判处160名贵族院议员夫人，因为她们合谋要毒死她们的丈夫，以便向贪恋女奴而对她们漠不关心的丈夫进行报复；另一例是于539年在罗马发现一个协会，参加协会的男女会员集体放荡；罪犯的人数超过7 000，其中大部分是妇女：他们有半数被判处最严厉的刑罚。作者接着叙述随着奴隶主的财富增加并进一步奢侈，罗马的奴役日益加深；奴隶的食品供给量日趋减少，而刑罚则越来越残酷；叛乱、奴役性的战争、奴隶的私人报仇，不仅对每个奴隶主，而且对整个国家都增加了危险。谈到了这部分，我们感到遗憾，读不下去了。

人们被罚做无休无止的无效劳动，不断地遭受歧视、凌辱与武断的刑罚，而且没有任何行动自由，人落到这种地步，简简单单地被处死就不再是一种痛苦了。要使死刑变得令人恐惧，就必须让被惩罚的人慢慢忍受各种各样极端痛苦的折磨，直到死去为止。

① 第6章，第80页。

因此，罗马人要处死他们的奴隶，就必须想出一些刑罚，足以使那些精疲力竭的人害怕，不得不忍受生活。那些刑罚只能由奴隶主随意而定，因为根据法律规定，奴隶不过是奴隶主的所有品。当时最广泛使用的刑罚，就是先将奴隶鞭笞得遍体鳞伤，然后钉在一个十字架上。受这种刑罚的人，可以延续数日才能死去，除非施刑者出于怜悯，伤到了他的一个生命攸关的部位。向我们描述这种刑罚的作家，没有讲到妇女可以幸免，甚至年幼的孩子也不例外，当他们的主人无缘无故地死掉，他们照样要被处死。

接下来，孔德先生遍观现代人的殖民地[①]，以便说明奴隶制所造成的后果，在所有的殖民地都是一样的：荒淫、放荡、残暴。我们就不在这里重述那些场面的最可怕的情景。直到现在，千百万人还在痛苦中呻吟，谈论他们所受的折磨，太让人难过了。我们只是概括地介绍这几章，并且还继续使用作者的语汇。

每当一个女奴生孩子，从婴儿的肤色就可以判断出，他的父亲属于什么人种。由于白人与黑人从来不通婚，主人同他们的女奴的关系，就更难弄错了。所有的混血儿，都是一种不道德关系的产物，几乎总是主人强奸他的女奴的结果。勒瓦扬[②]说，人们到了好望角，看到那里许多奴隶的皮肤同欧洲人一样白，都大为惊奇。然而，在那个国家，从来没有任何白人沦为奴隶；恰恰相反，那里的奴隶始终是埃塞俄比亚种人。主人同埃塞俄比亚姑娘发生关系，生

---

① 关于荷兰人的殖民地，第 7 章，第 106 页；关于英国人的殖民地，第 8 章，第 140 页；关于英裔美国人的殖民地，第 9 章，第 159 页；关于法国人的殖民地，第 10 章，第 187 页；关于西班牙人的殖民地，第 11 章，第 198 页。

② 第 1 卷，第 76 页。

出混血女孩，主人再同混血姑娘发生关系，生出肤色更浅的女孩；最后，埃塞俄比亚的血统消失了，奴隶终于与他们的所有者同属一个种类了。但是，在人种的这类变化中，有一个现象很重要，必须指出来，因为，在几乎其他所有殖民地中，我们还将碰到这种现象。一个殖民者不解放他同女奴生的孩子。他像要求所有其他的奴隶那样，要求他的私生子女劳动和驯服；他认为有必要的时候，可以将他们出卖，转手易物，或者传给他的继承人。他的一个嫡生子如果把他们继承下来，也并不把他们与他的其他奴隶加以任何区别。就这样，一个弟兄却变成了他的兄弟姊妹的所有者。他以同样的残暴对待他们，要求他们干同样的活儿，用同一根鞭子抽打他们，在他们的身上发泄同样的肉欲。一个欧洲人看到有大批的白人奴隶，感到很奇怪，其实，他们差不多全是通奸与乱伦的产物。一位旅行家注意到[①]，在那块殖民地上，亲属之间感情很淡薄，难得看到兄弟俩一起说话。一个人有 10 来个兄弟姊妹，当他把他们看成是属于他的最不值钱的物品，并用来满足他的兽欲，他怎么可能对他的另外一个兄弟有感情呢？

在好望角，土地是贫瘠的，只用来放牧，并出产一些同欧洲一样的谷物。那些产物中没有一种需要花费沉重的持续的劳动。生活中最需要的东西，却是费力最小就能生产出来的东西，也是最廉价出售的东西。因此，一般来说，在好望角的奴隶劳动并不过重，食品也是丰富的。在荷属圭亚那则不然，那里的土地非常肥沃，适于生产糖和其他只长在热带的物品。那些通过长时间沉重的劳动

① 巴罗(Barrow)第 1 卷，第 130 页。

生产出来的产品，一般是供应出口。由于销路很好，奴隶主从本身的利益着想，便要求他们的奴隶加重劳动负担，加长劳动时间。可是另一方面，由于食品匮乏昂贵，主人只给奴隶勉强维持他们生命的最低限量。

这种截然不同的对照，不仅仅存在于好望角与圭亚那之间：凡是实行奴隶制的地方，无不是残忍丑恶的；不过，在牧区，由于奴隶能有较长时间的休息与足够的食物，情况要好一些；在种植粮食作物的地区，劳动更艰苦，农忙时间也长；然而，在这些地方，奴隶制还不能阻止奴隶人口的增长。在种植咖啡、棉花、烟草，特别是在种植甘蔗的地方，劳动过量，食物却不足，因此，奴隶人口的死亡率大于出生率。

长得漂亮的女奴不仅惧怕主人或管理她们的人的肉欲，而且惧怕残酷的刑罚，因为，主人或管理人经常以刑罚来逼迫她们顺从或加以惩处，最后，她们还惧怕白人妇女忌妒她们。一个女人要惩罚她的一个女奴，主要是毁掉女奴的容貌，使之变丑。她让人用鞭子专打女奴的乳房，有时甚至用匕首刺伤。斯特德曼叙述说，一个克里奥尔妇女，在自己的种植园发现有一个年轻而漂亮的女奴，马上让人用烧红的铁块烙她的前额、面颊、嘴唇，同时还命人砍断她的跟腱。就这样，这个女人在片刻之间，便把一个漂亮的人变成一个畸形的魔鬼①。

概述了奴隶制如何败坏英国殖民地和美国的风俗之后，作者

① 斯特德曼(Stedman)：《苏里南之行》(Voyage à Surinan)，第 2 卷，第 170—171 页，第 3 卷，第 101—102 页。

又援引在美国实行的还要可恨的法律，因为这项法律是经过深思熟虑制订的；他还援引了一些事例，这些事例只能被看做是发泄无耻的偏见。法律特别规定，禁止任何奴隶主发展他的奴隶的智力。如果确信哪个主人教一个奴隶识字，他就要被判处罚金，这项罚金的款额，要比他砍断奴隶的手，或者割掉奴隶的舌头所受的罚金高出 7 倍。在后一种情况，奴隶主只被判缴纳 14 个利佛尔，而在前一种情况，他要缴纳 100 个利佛尔罚金。法律也明文规定，禁止让奴隶从事任何为他们自己利益的交易。受奴役的人不得有任何集会：一个白人如果在大路上发现有 7 个以上的奴隶在一起，就可以罚他们受鞭笞，每个人不超过 20 鞭子。奴隶如果自卫对付白人，就要当做大逆不道来惩罚。天黑之后，任何黑人或者混血种人，没有经过特许，不能出现在大街上。军警不断巡逻街道，如有违者，无论是自由人还是奴隶，都要被军警抓走，并酌情给予惩罚[①]。

在西班牙的所有殖民地中，奴隶制都是合法存在的；但是，凡是得到迅速发展繁荣的殖民地，那里的黑奴或者很少，或者几乎没有。被征服的土族，当初虽然在非常严厉的制度统治下，但是没有沦为奴隶。这样，除了古巴和一些出产热带物品、并实行种植园制的少数地方外，在美洲的西班牙殖民地中，都是自由人劳动；劳动在那里是光荣的，仅仅这种情况为人类造的福，就胜过政府实行的独裁，对智慧的恐惧，严格的检查制度，以及仿佛为了阻止文明的发展而采取的一切谨慎措施能够给人类造成的损害。孔德先生通

① 弗朗西斯·霍尔(Francis Hall)：《加拿大与美国之行》(Travels in Canada and the United States)。

过一系列事实证明，在美洲的西班牙殖民地中，智力、技艺的进步，人口与道德观念的增长，总是与奴隶的人数以及对待他们的严厉程度成反比[①]。

奴隶制损害奴隶的肌体，不但使主人不能从事任何劳动，而且也使奴隶干不了适于自由人干的活儿；奴隶制促使奴隶主厌恶任何思维活动，也禁止奴隶进行思维；奴隶制阻止中层阶级，即不属于奴隶主、也不属于奴隶的那些人的阶级形成，那种人即使存在，奴隶制也把他们逼到国外去；它使奴隶主养成了可耻残忍的风气；它禁止奴隶有行动的意愿或自由，甚至不准他们具有道德的愿望；证明了上述诸点之后，似乎就已经证明在人类社会所能建立的体制中，没有比奴隶制更悲惨的了。而且不止如此：孔德先生还研究了奴隶制对保证奴隶主私人自由方面的影响，对增加财富的影响，对人口增长的影响，对政治自由以及民族独立的影响；在这些新的总结的每一部分中，他都以普遍的经验说明，在所有容忍奴隶制的人民当中，对奴隶主和奴隶来说，这种可怕的体制是同样祸患无穷的。

在实行奴隶制的国家里，总有一场可怕的灾祸不断地威胁自由人，因为他们的地位可能要受到怀疑。如果推定一个人是自由的，结果最后证明他根本不是自由的，那么，奴隶主怎么能够保住他们的奴隶呢？奴隶如果逃掉，他们怎么追赶呢？他们怎么知道逃跑的奴隶躲藏在什么地方呢？反过来说，如果推定任何人都是奴隶，结果最后证明是自由的，那么，自由人怎么能不经常面临被

① 第 424 页。孔德先生的著作发表以来，美国南方的立法变得更加严酷了。

人当成奴隶对待的危险呢[1]？

在古代人中，拐孩子的现象比什么都普遍。奴隶经常以这种办法向他们的主人报复；他们或者出于报复，或者出于贪婪，甚而出于喜爱，逃跑时将交给他们照看的孩子带走。但是，日后在贫困的逼迫下，他们就把孩子卖掉。古代戏剧经常反映这类拐骗的情形。维吉尔[2]的故事告诉我们，成年人，尤其是妇女，全逃不脱**身份质疑**的问题，他们的身份一受到怀疑，就可能在法律上被剥夺自由和名誉。在英国殖民地中，任何埃塞俄比亚种族的人，或者稍微有一点那个种族人民的肤色特征的人，都被推定为奴隶，一直到有相反的证明为止。一个与奴隶主同一种族的人，只要他是纯种，就可以把略微带有一点肤色的人据为己有，不管那是男人、女人，还是孩子，并且把那人当成他的财物留住不放，一直到证明那人是自由人，或者另外有一个主人来索取为止。一个人能通过欺骗或暴力，夺取证明某某是自由人的权利，他就凭这种权利，也可以将那人变成奴隶；因此，他要想把一个人变成自己的财物，只要把那人据为己有就行了。

在欧洲人的所有殖民地，以及在美国，由于这种立法的规则，压在有色人种头上的不幸与危险的程度，人们是难以想象的；在美国北部各州，虽然废除了奴隶制，但是，劫持自由的男人或女人，以便重新将他们卖到南部各州的骇人听闻的强盗行径，也是罄竹难书的；还有滥用所谓学徒合同的可耻行为，甚至在废除奴隶的州里

① 第 12 章，第 223 页。

② 维吉尔（Virgile，公元前 71—前 19 年），古罗马诗人。——译者

也屡屡发生，以便把有合法权利享受自由的人，保持在真正的受奴役的地位。当然，时至今日，这些不幸还仅仅打击一个这样的种族，就是白人对他们既没有表现出慈悲，也没有表现出同情与怜悯的种族。白人对待这个种族，既抛掉全部的道德义务，又抛掉了全部的宗教义务，而这种宗教义务，不仅把我们同人联结起来，而且把我们同一切有感知与苦痛的生物联结起来。然而，欧洲人的罪孽，终于反过来替黑人报仇。我们看到欧洲人放荡所生的孩子，同白种人十分相近，到了无法辨别的程度。纯白种的孩子，可能会被人从他们有钱的父母身边偷走，被当成混血儿或者混血种人的儿孙卖掉，而孩子家庭毫无办法将他们讨回去，这种时刻已经来临。

在谈到奴隶制对财富分配的影响时[①]，孔德先生反对下面这个问题的不道德性是正确的："奴隶所干的活儿，比自由人干的活儿花费少吗？"这就如同问，拦路抢劫的匪徒通过绑票向游客索取赎金所得到的产业，是否比用某种技艺挣得的产业付出的代价少。更糟糕的是，把人类最大的部分视为生产机器，因为这种机器只消耗它所生产出来的财富的很小部分，所以认为它更有价值。不过，孔德先生在使人感到这个问题提得多么不恰当之后，仍然指出来，一个人用鞭子把许多人打得皮开肉绽，以这种办法从他们身上取得的劳动，对他来说，比他付给他们合理的工资而从他们取得的劳动代价要大。

人们可以给奴隶主算一笔账，以便向他们证明，废除奴隶制对他们本身有好处；可是，作者给国家算的这笔账还为重要。他论证

① 第 13 章，第 237 页。

了奴隶创造，分配和积累的财富，比在任何制度下社会劳动可能达到的都要少。实际上，在一个拥有奴隶的国家，奴隶主厌恶劳动，认为劳动可耻；从生产和积累财富的角度来说，他们的体力，同时包括聪明才智和精神力量，全都浪费了；此外，他们由于不得不过游手好闲的生活，便滋生了一种偏好，迷恋声色之享乐，迷恋一切能够打破他单调生活的东西：美食、女色、赌博，以及各种各样能很快挥霍掉别人劳动创造的财富的恶习。在这样一个国家里，除了奴隶主，就只有奴隶，居民中的任何别的阶级都必然消失了。但是，奴隶一无所有，也不能积累任何财富；在穷困和愚昧方面，奴隶沦落到人可能达到的最低程度。造成他们愚昧的有三种原因：一是主人特意使他们蠢笨，以保证本身的安全；二是他们被繁重的劳动压得喘不过气来，没有时间进行任何思考；三是他们对受教育没有丝毫利益可言。奴隶的可用之点，仅仅是当苦力；当奴隶把产品交给主人，主人对他就再没有任何要求了。

奴隶由于被剥夺了智力，虽付出一些劳动，却尽量设法少出产品；他创造的财富，同他没有任何利益关系，因此，他在规定的耗费上，尽量造成浪费；因为他如果节省，只能对他有危险。在一个由受奴役的人们开发的国家，就生产财富方面而言，依靠的仅仅是奴隶的身体器官，而且，那些器官被剥夺了智慧与活力的一切因素，只能通过鞭子来推动。然而，体罚可以使奴隶的身体动起来，却不能产生自觉情愿干活儿的劲头；即使产生出这种劲头，一种缺乏灵巧、智慧与道德的力量，不管它有多大，也不能生产很多财富，更不能积累很多财富。

我们对古代人的工业史了解很少，仅仅大致知道，只是在有少数奴隶同劳动结合、而不是完全由奴隶承担劳动的人民那里，工业生产才得到了发展。农业也是如此，仅仅在执政官统治时期才得到发展；但是，奴隶的人数在意大利越增加，土地的肥力越减少，最后不得不改成牧场。我们可以更有把握地判断，在殖民地，奴隶制对财富分配的影响。农业差不多是那里存在的唯一生产部门，但耕作却不是精耕细作。消耗地力的作物一茬接着一茬，土地得不到休耕；奴隶的劳动没有任何利益激发，据旅行家们说，他们在同等时间内干的活儿，勉强相当于法国自由工人干的 1/10[①]。因此，他们劳动的果实，食物，当然更贵。凡是确立奴隶制的地方，在殖民地，在美国的南半部，土质变坏是一个明显的事实。木匠、金银匠、泥瓦匠等各行手艺，奴隶都没有能力掌握；美国南部各州的居民，不得不出高价从北部雇佣工人修建房屋；但是，那些工人干完了预定的活儿，马上就离开了，又去建新的工程。要想维修房屋，就必须等几年之后。因此，那里完好的住房很少，有时会看到一桌山珍海味，一色的银制餐具，却摆在一间半数玻璃缺了 10 年的房屋里[②]。其结果，在拥有奴隶的国家里，奴隶主必须从国外进口一部分食物和全部工业品，他们要出高价才能得到一切需要智慧的服务，可是，他们从土地获得的收入，只等于在一个没有奴隶的国家里所得的一半；因为，在面积和肥沃程度相等的情况下，土地售价的比例就是这样。因此，几乎所有的奴隶主、所有的土地所有者，个个债台高筑，生活窘迫。根据牙买加殖民者议会呈送众议院

① 罗宾：《路易斯安那州之行》，第 1 卷，第 6 章，第 92 页。

② 拉罗什富科尔：《美国之行》，第 5 卷，第 2 部分，第 95 页。

的一份报告，那些殖民者几乎都负债累累，近年来，经过法院批准，他们的甘蔗种植园有1/4拍卖[①]。

在研究奴隶制对居民各阶级人口增长的影响时，孔德先生特别强调这样一项原则：由于人口只能随着收入的增加而增加，而且，由于每个奴隶主必须有5个或10个奴隶的劳动供养才能生活，这样，奴隶主的人口若想增长，奴隶必须以高出5倍或10倍的相应比例增长[②]。然而，由于在奴隶制度中，被奴役的人口非但不增长，反而急遽地减少；在殖民地的白人人口的增长不但意味着、而且也必然引起人口贩卖增加得更快，由此而造成的各种罪恶也增加得更快。

作者用这样的话概括了奴隶制对政府的意图与政府的性质的影响：[③]这样，在一个一部分居民被当成产业，掌握在另一部分居民手中的国家里，我们发现奴隶主阶级的大部分人都自然地企图钻到政权机构（由于他们的个人经济始终拮据，并且厌恶一切劳动），而且还本能地有占有别人创造的财富的意图；我们发现只能靠自己的劳动生活、被奴隶制削弱或阻止技艺发展的那部分居民，同样准备同任何打算征服或消灭奴隶主阶级的人联合起来；最后，我们还发现，专制主义，削弱或消灭奴隶主政权的专制主义，即使是最严酷的，对奴隶也是一种恩惠。广大群众倾向拥护建立个人独裁；当这种专制主义建立起来，它在行使这种权力的过程中，也

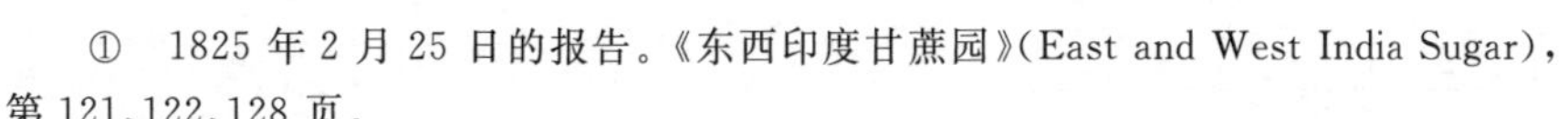

① 1825年2月25日的报告。《东西印度甘蔗园》(East and West India Sugar)，第121、122、128页。

② 第14章，第283页。

③ 第15章，第299页。

表现出奴隶主在剥削他们的奴隶时的那种贪婪、野蛮、残酷和愚蠢。

从为了论述奴隶制对人民独立的影响而搜集的材料中，可以引出两条重要的真理[①]。第一条，所有使其他人沦为奴役地位，或者占有奴隶的人，仅仅由于这种原因，他们就处于两种敌人之间：他们或者有被他们占有的人杀掉的危险，或者有被外国人奴役的危险。第二条，每当内部敌人和外部敌人真正联合起来的时候，奴隶主就没有任何办法抵抗了。

应该结束这样大段的摘录了；可是，还剩下另外7章需要分析：论述“奴隶制对宗教，宗教对奴隶制的相互影响”的那一章，也许比哪一章都更值得我们注意[②]。然而，我们绝不能用摘录来代替我们分析的这部书；我们指出在孔德先生之前，对奴隶制所带来的后果研究得多么少，指出奴隶制历史在人类通史中多么重要，它对于研究古代伟大的人民迅速衰落具有多大的启发作用，它还使人预见执意保留这种凶恶的麻风病的现代人民要遭受多大的痛苦和不幸，我们指出这些，无非是想引起人们读这部书的兴趣。任何人阅读孔德先生关于奴隶制的这部著作，都会受到新的启发。我们在翻开这部书之前，当然并不是对我们受奴役的兄弟漠不关心，或者同情奴隶制。然而，我们阅读完这部书，更加透彻地了解了这种制度所固有的全部荒谬性、残酷性与毁灭性，以及它破坏一切使民族具有价值，或者使生活具有意义的东西表现出来的有效性。

① 第16章，第330页。

② 第18章，第378页。

这就是我们读后所得到的印象。我们热诚地希望别人也得到这种印象;因为,我们再重复一遍,奴隶制绝不仅仅是过去时代才发生的一种灾难,这种灾难依然存在,依然威胁着人类,还在一些民族中扩展,而那些民族的人口正迅速地增加,已经成为大部分可居住土地的主人。对人类的命运来说,最重要的也许就是指出奴隶制的必然后果,以便在开创新文明的国家里,铲除这种穷困、愚昧和罪恶的根源。

第九篇　论黑人耕作者从奴隶制解放出来应遵循的道路

几乎在整个地球上，人们都可见到农民阶级陷入痛苦穷困的境地，这是一件既古怪又令人痛心的事情。土地生产的财富，是人懂得追求的第一批财富，是人生存最需要的财富；而生产这些财富的人，不仅有资格受到人的怜悯，而且有资格得到人的承认。在各种历史时期的开始阶段，我们都能了解到农民生活在自由、安宁与纯真中。在我们的想象中，那种生活景象十分甜美，各种语言的诗人都向我们描绘了田园生活的幸福。黄金时代的寓言、各民族的田园诗歌，也向我们叙述了田间劳动与消遣相交替的富裕生活，好像那就是我们渴望的目的。在任何一个耕者是自由人，又是土地所有者的国家里，我们都能目睹到这种幸福景象。瑞士农民，甚至还有托斯卡纳农民，他们在实际生活中，对诗人凭想象塑造的农民，没有任何艳羡之处。然而，就在财富积聚最多的地方，炫耀自己的文明最起劲的人民，好像竞相促使农民的生活条件不断恶化，竞相探察可能把农民推到困苦的最后限度是什么，既不让农民丧失生命与劳动机能，又不给予他们任何超过这个限度的东西。我们已经看到欧洲最富有、最文明、最人道的民族，他们使它的农民落到什么境地；在苏格兰与爱尔兰农民的命运中，我们可以认定威

胁英格兰人本身的命运是什么，而且，这种命运已经部分地打击到英格兰人。虚假的财富学派的观点，如果继续被其他民族接受，那么，欧洲其他地方的农民，也将被推向这种命运。

然而，也正是欧洲最文明的人民竭力剥夺农民，不仅剥夺一切他们认为对维持农民生存是多余的东西，一切可能给农民的生存添点温暖的东西，而且连农民的理智自由都剥夺了。这些人民为了满足自己的贪欲，把与自己不同的一个种族牺牲掉，将他们打入原始人的行列，禁止他们运用自己的意志和认识善与恶，把在自己家园废除了的奴隶制又重新加到他们的头上；这些人民凌辱黑人，又因为他们是奴隶而仇视他们，不把他们当成人看待，同时又对他们怀着只有人才能激起来的憎恨、忌妒与报复心理。这些人民甚至不考虑黑人种族怎样才能生存下去，只要找到一种生存方式，使奴隶在累死之前，主人得到最大的收益就行。他们估计，一个黑奴在食物不足与过重劳动的情况下，用鞭子驱使可以干 10 年，过了这个期限，他最好死掉，主人再另外买一个。贩卖奴隶就是基于这种无耻的打算，直到现在，这种贩卖活动还没有完全废止。

荷兰人、英国人、法国人、西班牙人、葡萄牙人，全都干了这种骇人听闻的勾当，参与了这种惨无人道的交易。干这种勾当的人，也确实是一小撮亡命徒，是这些民族的败类，他们远离祖国犯下累累罪行。美国人比这些国家的人民罪过更大，他们在自己的国家里，在自己的家中，在一块自由的土地上，时至今日还继续违反上帝与自然的法规，将农民踩到低于野蛮人的地位；他们从这个州往那个州贩卖奴隶，当他们听到人类憎恶这种行径的呼声，就变本加厉，压迫得更凶。

然而，在地球上，对慈悲心和永久正义的无耻践踏已不能再容忍，这种时代很快就会来临；慈悲心和永久正义应该把所有的人联结起来。黑人奴隶甚至会在爱尔兰农民之前改善处境，因为，人们第一眼就能看出来，使黑人受害的立法是极不公正的；可是，爱尔兰所受的痛苦，是一种复杂的制度造成的，这种制度很难认识，更难判断，并且给人造成印象，认为遭受痛苦的人是咎由自取。英国以巨大的财政支出，在赎买被它奴役的人方面已经主动付出了代价，这种光彩的行动确实弥补了它祖先的过错。这种榜样的力量是不可抗拒的，不管殖民者出于贪婪，还是出于统治的欲望，多么激烈地反对这种榜样，也是无济于事的。法国政府已经宣布，它准备效法英国的榜样，只是犹豫采取什么方式。当这两个伟大的民族恢复了黑人作为人的地位，任何别的民族还把他们当成野蛮人对待的日子就不可能长久了。

关于殖民地以及今天所有由奴隶进行生产的国家，立法者应该确定什么目的呢？我们认为在前面各篇中，已经给这个问题准备了答案。政府要全力促使百姓安居乐业。政府的职责，就是让所有的居民，或者它的大部分居民，享受政府赐予的最大幸福。最广大的阶层，也就是农民阶层，它最容易得到幸福，对其他所有阶层的幸福也贡献最大；在殖民地，只有这个阶层创造财富；在那些特别的国家里，只有这个阶层是整个社会的基础。因此，立法者确定的目的，应该让自由而幸福的农民开发殖民地，让他们过上丰衣足食的生活。农民占人口的大多数，万民安居乐业，首先要在他们身上体现出来。不过，立法者也要在农民劳动有剩余产品的前提下，设法保证土地所有者的地租，以便使有闲暇而聪明的人同殖民地居民生活在一起。最后，立法者还应该希望，这两个阶级从农业所得的收入能够绰有余裕，通过他们的消费促进工业阶级的新繁荣，他们这种消费，或者从祖国进口工业品，或者在殖民地当地培养造就一些人来满足需要，添补农产品的不足。

在这三个方面，殖民地的情况，恰恰与我们认为立法者应该希望它们的那样相反。全部农活儿都由痛苦不堪的农民来干，那些农民几乎一无所有，忍饥挨饿，受人鄙视，浑浑噩噩，但是，他们极端仇视统治他们的秩序。岛国的全部地产，都掌握在经济拮据的富人手中，他们负债累累，穷于应付，他们的全部收入就是食品，卖又卖不出去，因为食品价格逐年下跌。最后再看工业阶级，他们处于同样的困苦境地；直到目前为止，工业阶级在殖民地微乎其微，而且，由于殖民地的债务人无力偿付，宗主国的商人不断破产。当殖民地中占人口大多数、占绝大多数的奴隶一贫如洗，什么也不消费，而所谓富人又捉襟见肘的时候，情况怎么能不是这样！

那么，在殖民地，农业怎么使农民和土地所有者都同样陷入困苦境地呢？那些地区位于世界气候最好的地带，土地十分肥沃，欧洲任何地方的土地都不能与之相比；再说，只有那里适于种植热带作物，而且，今天人们已经广泛食用那些产品，所以长期以来，种植园主利用对蔗糖与咖啡的垄断权，对付世界上最富的、最文明的国家。同时，殖民地不纳税，它们政府的开支，它们本身的开支，并不由它们负担。它们自己无法保证的开支，却来源于一个自然条件不如它们，但治理得比它们更明智更好的国家。为什么得不到利润，收益又少得可怜呢？这种原因，我们已经有机会不止一次地指出来。滥用权力、贪得无厌的人，反过来自食其果；产业主在帮助他生产的人身上所赢得的利润，并没有实际价值，而且会很快使他破产；特别是在前一篇中，我们能够详尽地看到，在使用人的劳动的各种方式中，奴隶制是最昂贵的；奴隶制这种方式投资最大，收益最小；奴隶主使自己的奴隶变得愚昧无知，剥夺他的意志和智慧，只给他留下恶念，结果吃亏的是奴隶主本身。然后，在吃、穿、住等条件方面，奴隶主对奴隶无论怎样刻薄，怎样夺取他的一切生活必需品，也全无济于事，奴隶主虽然使他只剩下傻力气，可是要维持这种傻力气，花费也还是太高。即使把买黑人的价钱忽略不计，同自由人的生活费用与劳动比较起来，黑人的生活费用依旧抵不上他的劳动应得的代价。千万不可无视奴役劳动付出的代价比较昂贵的这一重要事实，因为人们应当从中得出结论，在废除奴隶制的时候，主人丝毫没有权利要求赔偿。确实，在奴隶劳动中，奴隶主并没有任何有用的产业；依据现行法律，尽管这些法律很不公正，他只有在使他的奴隶能生活下去的情况下，才有权占有奴隶的劳动；这就像黑人当初不是他的奴隶时也能生活一样；只有在能使奴隶生活下去的情况下，他以同样的投资，就可能得到更多的劳动成果。

关于自由劳动与奴役劳动的收益的这种对比，种植园主用一个甘蔗园的经营细节来迷惑人的思想，一口咬定一个制糖厂非奴隶制不能经营。人们似乎应该下这样的断语：他们的制糖厂仅仅因为奴隶制而破产。用甘蔗制糖，不知比甜菜榨糖强多少倍，甘蔗含糖量多得多，榨糖也容易得多，人们能够怀疑这一点吗？然而，甜菜是自由人栽种的，栽种的人带着智慧、灵巧和感情耕作，非常关心甜菜丰收。甘蔗是用血和泪的代价种植的，种植的人希望看到他们要挖沟的土地沉到深渊里。甜菜种植使法国农场主发了财;甘蔗种植却使安的列斯群岛的种植园主破了产。有人提到要向甜菜榨糖业征税;然而,在征税原则提出来之前,整个欧洲已经争先从法国引进甜菜的种植,建设新的制糖厂。事实上,起码可以这样讲,只要在安的列斯群岛维持奴隶制,那里的制糖业就完蛋了。从前,制糖是赚钱的工业,它可以支撑生产的巨大费用,只要在热带地区有几古里[①]见方的肥沃土地,就能垄断整个世界的糖业生产。但是,自从把产量更高的甘蔗从南美洲海岛引进安的列斯群岛之后,自从把制糖厂迁到中美洲平原上,仅仅那里就能生产世界需要白糖的100倍之后,自从东印度群岛开始产糖之后,最后一点,自从发明了甜菜榨糖之后,甘蔗园主就只能缅怀他们糖厂的过去产品,恰如缅怀永不复返的黄金时代。

种植园主还企图让人相信,根本没有必要正式废除奴隶制,因为,奴隶制的废除已经在不知不觉中进行。他们虚伪地公布统计表,说明在法属的岛屿上,奴隶主都积极地使符合条件的黑人获得自由,解放了的奴隶的人口与日俱增。对于那种解放的性质,他们的动机,以及对那些**受保护人**的条件,人们尽可以挑毛病;不过,应当向他们作的第一个回答,就是把经营殖民地建立在自由劳动的方面,他们没有迈出一步。土地需要的,农业需要的,人类需要的,国家安全需要的,全是农民,是自由而幸福的农民。解放在殖民地中确实常见,那不过是在城市还没有任何工业的国家里,招募城里的无产者罢了。被解放的人到海港码头充当散工、水夫、掮客、船

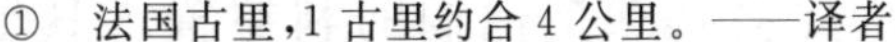

① 法国古里,1古里约合4公里。——译者

夫、卖饮料或小吃的小摊贩。他们虽然不是私人的奴仆，却是公共的奴仆；而且，他们永远也不能胜任一种创造财富的行业；他们从来没有受雇来从事农业生产，哪怕当短工也好，可是国家的唯一收入就是来源于农业；他们从来没有到自由人在热带地区开设的为数很少的行业里，按月或者按年做工。他们在懒散、穷困与罪恶中过一天算一天，碰见有人吩咐就打个零工，他们一天天堕落下去，使他们整个种族蒙受不公正的偏见。

奴隶制的铁链将黑人锁在种植园主的桎梏中，打破这种铁链，还根本解决不了问题，必须把黑人改变成农民。要使殖民地的土地继续得到耕种，要使对人民生存至关重要的劳动得以完成，要使土地财富不至丧失，要使全部固定在土地的资金，或者旨在发挥土地效用的流动资金不致损失，就必须把黑人改变成农民；要使社会存在，必须这样做；因为，正如人们今天在殖民地看到的那样，白人认为参加劳动有失体面，而被解放的人，只准许他们当搬运工或送货员，这样，一个国家没有农民，没有奴隶，过不上两年，全体居民就会被饥馑席卷而走。

为了黑人的幸福，为了他们的道德，为了他们的智慧，一定要把他们提高到农民的水平。立法者应当把他们的利益放在第一位；因为他们是绝大多数，他们的作用最重要，由于他们养活了其他所有的人；他们受到极不公正的迫害，受到天主与人的法规都不同意的一种罪恶的迫害；那种罪恶不仅剥夺了他们在人间的一切幸福，而且剥夺了他们的全部智慧、全部品德、人类的神圣品格，也许把他们的整个前途都剥夺了。从他们遭受的所有痛苦考虑，社会应当向他们作出全部补偿，社会必须把他们的利益置于其他任何利益之前。

还必须把黑人提高到农民的地位，这样做是为了民族的利益，以便使社会中人数最多的阶级不致使社会动荡，以便使这个阶级不再准备同任何使它燃起希望打破枷锁的内外敌人联合，以便不再让非人道的怀疑、不公正的判决和残酷的刑罚玷污立法，腐蚀道德，以便使劳动不再是可耻的事情，以便使社会的全体成员都争相创造和积累财富，以便让民族中人数最多的阶级回到消费者的行列，从而使它发挥作用，既促进殖民地，也促进宗主国各城市的所有工业生产和贸易的发展。

最后，要把黑人提高到农民的地位，也是为了种植园主本身、土地所有者的利益。我们根本用不着强调他们这样做，将从中得到多少精神上的好处，将搬掉他们智力发展的障碍，将从他们家中排除各种罪恶的诱惑，用不着强调他们将避开一直悬在他们头上的匕首，也用不着强调他们将结束威胁他们孩子的千百种危险。种植园只要想恢复一些财政的独立性，就需要把黑人提高到农民的地位上。他们需要改变耕作方式，因为，现在的方式耗费最大，最容易导致破产；在各种劳动中，奴隶劳动付出的代价最高，收益最少。他们的产品，全部供应外国市场，他们确定的种植方向，最容易使他们受贸易变革与壅塞之害；今天，在所有的市场上，他们的产品已经过剩，这样，他们那种方向必然把他们引向破产；在法国，种植园主之所以幸免破产，也仅仅是因为海关实行不公正的垄断，通过损害法国消费者来保护他们的利益。在当今的世界中，任何国家的土地所有者，都没有像殖民地的土地所有者那样负债累累；任何国家的富人阶级，也没有像殖民地的富人阶级破产的那样

多；然而，殖民地的土地虽然是最肥沃的，却比任何国家土地的价值都低。实际上，一个种植园的价格，是以有多少黑人计算的；人们甚至并没有指望全部收回买黑人的价钱。一般来说，土地的整个价值比它更高。

这种益处，的确要强加于种植园主，因为他们竭尽全力拒绝这种益处。当然，一个阶级的人无视自己真正的利益，拒绝有益的，选择有害的，尤其是要维护现状，不愿意代之以未知的东西，尽管现状存在各种各样的弊病，这种事情我们也不是第一次看到。而且，在奴隶主以往的全部经历中，有某种东西促使他们产生幻想。他们用一笔资本买了奴隶，卖掉奴隶得换回资本；当他们失掉奴隶时，必须由一笔资本来顶替。毫无疑问，他们非得有相当大的本事，抽身出来旁观，才能明白他们拥有的黑人价值等于零，完全等于零。然而这是一个事实。他们买了一个黑人，究竟得到什么了呢？得到黑人扣除生活费用的劳动剩余价值；可是，他们雇佣任何自由农民耕种他们的土地，所做的恰恰是同样的交易。不过，黑人的待遇虽然更糟，而费用还是比他在自由的情况下要高，因为，他的生活费用不是按照他的节俭原则来安排的；黑人的劳动虽然是强制性的，而产值却比他在自由的情况下要低，因为，他的劳动不是由他的智慧指挥的。对土地所有者来说，唯一的金钱问题，就是比较每一种耕作制给他带来的剩余价值。必须指出，一个主人在他的奴隶身上行使的权力，不能仅仅用金钱来衡量。自己发号施令，立即有人服从，这是一种乐趣；有的人把别人吓得发抖，按照自己的一时兴致进行赏罚，高高凌驾于法规之上，自认为比整个黑人种族优越，他们本身可鄙，却鄙视黑人，并且依赖黑人满足他所有

的嗜好、所有的邪恶，这些全是乐趣；然而，这类乐趣，任何阶层的公民享受，社会都不应该给予保障。

要把黑人提高到农民的水平，立法者必须首先探求，采取什么耕作契约，才能在保障土地所有者利益的同时，保证耕者享受最大的幸福，保证耕者的精神与智力得到最大的发展；立法者还应当探求，采取什么契约，从奴隶制解脱出来的人，在被剥夺了一切，甚至被剥夺了劳动的智慧与意志的情况下，他们还能够履行。最后，立法者应当探求政府可以提供什么样的救济，才能使奴隶具备条件进入新的地位，才能在奴隶与主人之间的关系即使发生变化的时候，社会的食品生产也会继续，才能以一种适当的奖惩制度维持新的秩序。

我们在前几篇中，已经给这些不同的问题准备了答案；我们研究了土地所有者与耕种者之间的好几种契约，土地就是通过那些契约进行耕作的；我们也不止一次描写契约史，以便说明各国人民，包括我们的祖先在内，通过什么道路从奴隶制到达自由。因为，所有国家都有非正义和野蛮，今天迫害黑人的罪行，在地球各个地区都先后犯过。不过，我们将扼要地复述一下我们的见解，我们宁可重复一些，也不愿意在这里留下难解之点。

自由农民，或者即将要获得自由的农民，为另外一个人耕作土地的条件，可以归纳成四个主要方面。农民从土地所有者的手中拿到土地，作为交换，可以把半数劳动日给土地所有者；他可以不用把土地接过来，而是在土地所有者的土地上劳作，双方平分所得的收获；他也可以缴纳定额地租，而不用缴纳一半收成，到规定的年限再把土地还给所有者。最后，农民还可以永远租佃土地，同样缴纳这种定额地租或者固定的劳役。第一种契约下的称为农奴：第二种契约下的称为分成制佃农；第三种契约下的称为定额租制佃农；第四种契约下的称为永佃制佃农。可以看出，我们没有把农业无产者或者说短工放在**农民**的名目下。其实，农业无产者并不属于**乡土**，乡土也不属于他。

我们将农奴列入这个发展阶梯，读者绝不要惊奇；农奴，正如他同土地所有者签订的契约规定的那样，他在匈牙利、波兰、俄罗斯，虽然还依附于领主，已经不再是奴隶了，尽管领主的政治权力可能而且必然被大大地削减了。农奴还被看成是主人所有，但是，他也有自己的一份产业、一所住房、一些土地、羊群、车马，这些全属于他。每周，他只需要亲自服三天劳役，其余三天，他可以支配他自己和他的产业。这种契约是不好的：它使人变得愚昧，阻止农业的发展，酿成并维持仇视的感情；不过，它给农民造成痛苦的程度，远不如一些自称为更文明的国家里农业无产者的遭遇。从衣、食、住，以及对前途的安全感几个方面，比较俄罗斯农民与爱尔兰农民的情况，后者的条件显然要糟得多。这种契约之所以不好，是因为它里面还保存当初奴隶制的因素；它之所以不好，还因为它保留了农奴与奴隶之间的相似点。农奴在自己土地上劳动的三天中，确实像一个自由人，他把智慧和感情都倾注在土地上，因为他受到希望的激励；然而，在另外三天中，他怀着厌恶、恐惧和偷懒的心理，像奴隶一样在领主的土地上干活儿；在俄罗斯，如同在安的列斯群岛一样，为了让农奴精神集中，快点干活儿，监工往往使用鞭子催促；可是，在俄罗斯也好，在安的列斯也好，鞭子永远也不能代替意志和智慧，农奴在三天的劳役中，干出来的活儿抵不上他平

时一天的自由劳动。将来如果有机会，我们也许将研究俄罗斯与波兰的农民如何才能提高地位。我们绝不会建议将农奴制引到安的列斯群岛，以取代那里的奴隶制，尽管黑人同白人一样，都会从中得到好处；当人们已经战胜了阻止改革的一切障碍的时候，如果人们半途而废，那就未免太可惜了。东欧国家的状况足以表明，这种契约是多么阻碍农村科学与文明的进步。不过，作为例外采用这种契约，ad terrorem[①]，也没有丝毫的坏处，可以用来惩罚一些不愿意遵从任何耕作制度的黑人，他们对自己的利益置若罔闻，一离开监工的鞭子就不能干活儿。

对半分成制租佃契约，正如我们介绍过的那样，给托斯卡纳地区农民造福，我们认为，它也最适合让黑人安居乐业，使农业生产保持繁荣，确保土地所有者的收入高于他现在从种植园所得的收益。这种契约在任何地方实行，也许都是最公道的，它既保持土地所有者有最大的收入，同时也保证农民有最大限度的安乐与安全；但是，它对殖民地，对从奴隶制解放出来的人们，显然特别适合。另外，我们也论述了，即使在最繁荣的国家里，租佃制也有弊病，它促使农民之间竞争，竞争的结果，如同在爱尔兰那样，可能把农民逼迫到最可怕的穷困中。而且，这种租佃契约在殖民地尤其实行不通。因此，要根据打算废除奴隶制的国家的状况，来比较这两种契约。人们应该在这两种契约中选择。农奴制只能被当成一种惩罚制度，仅仅在违抗的情况下采用；今天，欧洲最幸福的农民享受产权的好处，全靠缴纳定额地租的永佃制，可是，适合永佃制的国

① 拉丁文，使用恐怖手段。——译者

情，殖民地根本不具备，这种情况我们在后面会看到。

因此，要想使殖民地拥有农民，就必须把黑人改变成定额地租佃农，或者改变成对分制地租佃农；在这两种制度中间进行选择，如果是在任何别的国家，起决定作用的情况没有一条会使人看中对分制地租佃农。从种植的作物来看，位于热带地区的多年生植物与灌木，比欧洲南部国家的还要多。甘蔗、棉花、靛青植物、烟草，都是多年生植物；咖啡树、仙人掌是灌木；可可是一种树；香蕉、棕榈、木薯，所有这些食用作物，都长期生长在土地上。在全欧洲，人们体会到凡是灌木类作物，诸如葡萄、橄榄，都不能交给定额地租佃农管理，因为，他们从本身的利益出发，为了在重新签订契约时把租金压低些，就会在他们的契约到期时，故意把园林弄得荒废或者枯竭。一般来说，长期占地的作物，使用犁或者其他节省劳力的工具都不适合；这类作物要求手工操作，要求管理得精心、灵巧，要求注意保护；在殖民地，特别是因为奴隶是他们主人暗中的仇敌，他们的劳动才具有破坏性。对分制佃农则相反，他们是他们主人的合作者；他们在每株作物上花的工夫，与他们期待作物所结的果实是相称的。当然，定额地租佃农在租契期间，也关心他的种植园丰产；但是，他们不能独自一个人干活儿，不得不雇佣一些劳力，雇佣的人由于不经心，在短时间内就能给这些多年生作物造成损害，这些作物毁掉，种植园也就随之破产了。

在殖民地，种植正是用种植园这个名称来表示，如果说，这种种植的性质规定了必不可少的条件，种植园主只能把他投放到土地上的巨大资本，交给在维护种植园方面同他的利益相等的人，那么，能够经营这类种植园的人，他们的性质则更强烈地要求别人接

受他们为对分制佃农，而不是定额地租佃农。定额地租佃农的技艺非常高超，一个从奴隶制出来的人干不了。他们在经营中，由于完全要自己负责，他们也需要摆脱任何控制；他们需要抓销路好的产品，放弃别的产品；他们需要在他们认为最适宜的时候进行耕作、收获、出售。可是，按照这样的条件，殖民地就没有一个黑人，一个种植园主愿意把自己的土地交给他们。对分制佃农则不同，他们习惯于听从主人的指挥；由于他们同主人是合伙关系，有共同的利益，双方也都希望发挥各自的知识、经验和技巧。在土地肥沃的意大利，农民有他们的老习惯和老经验，可是，他们相信同伙更有智慧，绝不会拒绝同伙的建议；在种植园，主人惯于发号施令，黑人惯于俯首帖耳，大家都推定主人经验丰富，聪明伶俐，有远见卓识，而黑人根本不知道他们自己甚至还有意志，这样的对分制佃农会完全驯服，一直到他们自己取得经验，可以启发主人了。

种植的性质与农民的性质，如果都同样地排斥定额地租制，那么，用于农业的资金的分配，就会使殖民地寻求定额地租佃农更加不可能，给黑人留下的，仅仅是对分制佃农这样一种地位。绝不能忘记，从奴隶制出来的人一贫如洗，就连他自己都不属于他，还是别人给他的，可是，除此之外，别人再也没有给他任何东西。因此，按照习惯，全部资金，都要由土地所有者贷给对分制佃农，他可以贷款，因为，他一直指挥资金的运用，还因为在某种程度上，这笔资金并没有离开他的手。他永远也不会同意把资金贷给一个两手空空、拿不出一点保证的定额地租佃农。他要求，而且应该要求定额地租佃农不仅拥有必要的资金经营自己的农场，而且还有一定的保证，碰到歉年能够交上地租；因为，租金必须是契约规定年限的平均数；土地所有者将大丰收年景的收益让给佃农，不能在歉年时收不上租子；可是，这样一种交易，怎么能同一个一无所有，既无可丧失，又无可许诺的人来做呢？解放了的奴隶，不能充当定额地租佃农。

然而，从事黑人解放事业的人，似乎特别期望在英国殖民地中，或者有定额地租佃农主动前去，或者种植园主本身转为他们土地的佃农。他们根本没有考虑将黑人改变成农民，而是仅仅把他们变成无产者，好在农忙时雇佣，然后再辞退。他们促使英国以无比慷慨的精神采取了一项措施，可是，他们仅仅把黑人变成无产者，这项措施恐怕就不完善了。他们虽然付出很高代价赎买黑人，却根本没有把黑人从奴隶制中解救出来，起码说没有把他们从穷困中解救出来；他们根本没有保证土地所有者的收入，根本没有保证国家的农业生产继续下去，也根本没有保证国家的安全。[①]

正如我们在别处讲过的，为了农业人口的幸福，就必须希望他们全都处在同样的地位上；希望他们人人劳动，人人安乐；希望参加劳作的人不要分成两个阶级，让一个阶级谋利，而另一个阶级受穷。我们认为人类的祈愿，不是几个农场主发财，而是全体农民富裕。此外，在改善农业方面，精明的农场主，能干的农场主，是本人亲手干活儿，兢兢业业、勤勤恳恳、艰苦朴素，能够作出表率的农场主；是要求他的雇工与仆人干的活儿，他自己样样能干的农场主；是与雇工仆人同桌吃饭，并教他们懂得满足于粗茶淡饭的农场主，

---

① 我们在伦敦的《新杂志月刊》(*New Monthly Magazine*)、美国的《美国北方新闻》(*North American Review*)，以及巴黎的《政治经济学月刊》(*Revue mensuelle d'économie politique*)1833 年 12 月号上发表的回忆录，已经论述了这个问题。

是以他的亲身体验确定，他给他们的食物足以维持或者恢复他们的精力的农场主。农场主，或者肯亲自做农场主、把土地掌握在自己手中的产业主，只能以这种方式，才能节俭精明地经营他的农业。欧洲的机灵的农学家，也许没有一个没有这样的体验，在一个他独自经营的农场里，如果他不会亲手做他在理论上所熟悉的事情，那么，他的全部知识对他就毫无意义；如果他不在黎明时亲自下地，那么，他的雇工的劳动起码每天就会耽误一个小时；如果他不像雇工那样会使用农具，那么，他就必须满足于表面的劳动，得不到实在的劳动；如果他不与他们同桌吃饭，那么，他们就会糟蹋东西，使他的开销增加 1 倍。他也许会试图以一个**工头儿**代替自己；的确，他要付工资给工头儿，但是，他从工头儿那里永远也得不到主人那样的监督和意志。

在英国殖民地试行的解放，不是将黑人转变成农民，而是转变成农业无产者、短工；这种解放就确定，他们或者在一个租佃整个种植园的白人管理下劳动，或者在种植园主本人的管理下劳动，种植园主经营自己的土地；因为，这种经营体制在欧洲虽然完全独特，在安的列斯却被认为是正常的。然而，要在殖民地寻找一个承租人，无异于缘木求鱼，如果说在黑人中间找不到，在白人中间同样不可能找到。跑到那些岛屿去寻求发财的冒险家们，一切条件也都不具备，缺乏资金、信贷，缺乏农业知识，尤其不了解当地情况，最常见的是缺乏廉正的品德。再说，有一种无法克服的偏见，剥夺了所有白人当农学家的本领，无论是产业主还是农场主，都逃不脱这种偏见：**白种人劳动是可耻的**。因此，白人经营一个种植园，不管他本身是产业主，是经理，是破产的种植园的财产管理人，还是承租者，无论碰见哪一个，他从来没有亲手荷锄，从来没有尝试干干任何一种农活儿，从来没有同一个黑人吃过饭。他满足于在一定时间，到种植园里转转，听听工头和黑人监工的汇报，发布指示并施行惩罚。他指望只是用恐怖手段代替兢兢业业。他无知，又无法掌握全面情况，也只能依靠奴隶制来办种植园。一个从欧洲来的农场主，如果并不比他内行，就会很快破产。所有种植园主都债台高筑，造成这种情况的原因，黑人厌恶劳动固然是一条，但也不能小看白人在种植园的劳动中合作不力这一面。

在一种经营体制中，生产的全部领导权和监督权、产业的整个主人翁感、全部智慧，若是统统被白人霸占去，而黑人在里面只能抡臂膀卖力气，如同短工一样，看来，对于这样一种经营体制，白人自己也难以期望能取得多少成果，而这正是他们本身的过错。如果说，把黑人转变成无产者，不足以保证产业主的利益，那么，就是这种转变，又是多么不完全，想要保障黑人命运的人见了该多么失望啊！我们在考察爱尔兰的情况时，已经研究了人们把殖民地导向可怕的状态。一方面，人们看到那里的一小撮产业主千方百计地节省他们种植园所需要的劳动，这或者是因为他们缺乏资金，或者因为殖民地生产的食品在市场上的价格继续下跌；另一方面，有一个人数众多的农业工人阶级，他们一无所有，仅仅靠双手过活，他们为了得到别人的雇佣，竞相抢工作，压低劳动报酬。在这两种人之间，穷人不受任何法律的保护，没有任何慈善机构救济，而且还得不到丝毫同情。实行这种雇佣短工的经营方式的地方，到了农闲季节，半数黑人就会被辞退，这时让人们派一个使者，到黑人原来的主人那里，向他们陈述被解放的黑人濒于饿死，恳求他们大

发慈悲吧。请再看一看牙买加议会的辩论记录，想象一下他们的回答：它会使人类颤抖。

我们比谁都更憎恶奴隶制，当然，我们也确信，爱尔兰无产者常常陷入的穷苦境地，是黑人奴隶从来没有经历过的。比起黑人的茅舍，爱尔兰人的草棚更简陋，更缺少家具和用品，更贫寒。双方全都衣不遮体，可是，爱尔兰的气候潮湿阴冷，爱尔兰人更需要穿衣和住房条件；爱尔兰人的食品种类和营养价值，比不上黑人的食品；爱尔兰人的劳动更少间歇，延续时间更长。当然，黑人在劳动中，有被工头鞭笞的危险，还要遭受主人的反复无常的残暴待遇，爱尔兰人倒不受体罚，只是忍受饥饿的精神折磨，饥饿每天都威胁他们和他们的孩子们。我们还可以列举一些两者状况的差异，然而，使英国议会赢得荣誉的这项解放奴隶的举措，所取得的成果，若是仅仅把黑人提高到爱尔兰无产者的地位上，国家就不值得花费 2 000 万英镑了。

法国在弥补它对人类的亏欠时，路应当走得更正些；它必须完成它的事业，黑人也是法兰西的属民，它应当把黑人提高到法国农民的地位上；同时，法国必须不顾殖民者的反对，帮助殖民者，法国产业主应该把安全作为收益给予黑人。所以要这样做，是因为君主不应当计较那些产业主的过错，要为他们打算，要推行一项对他们有利的正确措施，而且，我们也绝不主张把黑人提高到法国产业主的地位上，尽管在法国大部分地区，农民变成有产业的奴隶，尽管这是那些省份繁荣的原因。中世纪的混乱局面以及内战，给人类带来一个意想不到的恩典，当人们目睹混战破坏的惨相：大领主的野心取代了贪婪；他们要把他们的财富转变成力量；他们把他们的奴隶转变成仆从，不向仆从收地租，只要求服劳役。在他们的保卫者身上，他们需要找到爱戴、勇敢、荣誉和美德，这些与奴隶制是格格不入的，为了使仆从萌生这些品质，他们赐予仆从独立的地位。如果他们要仆从把扣掉消费的劳动剩余价值，以金钱或食物的形式缴纳，那么，就根本不会唤起那样炽热的感情；在 11 和 12 世纪，那种感情在过去受奴役歧视的种族中大放光彩，使居民和农业技艺，英勇和对故乡忠诚的品格，都以神奇的速度重新振兴。黑人如果成为他们垦殖土地的主人，他们在智力、品德与经济繁荣方面，会取得快得多的进步，我们丝毫不怀疑这一点，在圣多明各，我们可以看到这种例证。最近游历了那个岛屿的旅行家所写的日记告诉我们，经营大种植园与大糖厂的平原地区，由于连年的残酷战争，几乎依然一片荒凉：然而，穷苦的黑人携家带口逃到丘陵地区，他们在那里享受独立和自由，他们开垦和种植的土地完全属于他们所有，他们只考虑满足自己的需要，而不是装成货箱运往外国市场，那里展现一幅幅男耕女织、丰衣足食、和睦幸福的景象，在一个对累累罪行还记忆犹新的国度里，这些景象可以宽慰人心。

然而，立法者却不能鼓励像在圣多明各发生的、打乱一切所有制的一场革命，而是应该运用立法者的全部权力来避免发生这种情况；立法者远远不能允许奴隶主在解放自己的奴隶时，效法中世纪的领主，把奴隶改造成兵士，而是应该监督公民不得篡夺任何部分的公共力量。殖民地的土地，现在是种植园主的合法财产，而在苏格兰与爱尔兰，有一部分土地属于自由租地的保有者，为此，我们认为立法者应该把近来被种植园主侵吞的权利还给自由租地保有者。在殖民地则相反，人们虽然希望看到黑人，或者起码看到他们中间的一部分上升到拥有地产的农民的地位，立法者所应努力的方向，却是使他们成为在唯一既适于他们、也适于他们的主人的契约下的农民，即对分制佃农，因为，若使他们成为定额地租制佃农，或者农奴，或者无产者，都只能产生危险。

为了改变黑人的命运，必须十分了解要使他们脱离的是什么地位，要把他们安排到什么地位。法律根本没有赋予奴隶以权利，不过，它依然迫使奴隶主对他们承担义务，他们通过买奴隶的行动本身，便承担了义务。实际上，奴隶制包括一种有益权利和一种政治权利。正如我们讲过的那样，有益权利，就是扣掉生活费后的劳动剩余价值。黑奴在不致累死的情况下，必须为主人使出全身力气劳动。主人必须供给他吃、穿、住，在一个生活很不讲究的国家里，黑奴的生活条件只要按一般情理说得过去就行。主人必须在宗教规定的休息日，在时令反常或农忙之后的空闲日子，要像奴隶在劳动时候那样供给他饭食；在奴隶有病期间，处于幼年时期，或者进入老年期，虽然不能挣一文钱，主人也必须保证饭食和医药。我们不清楚是否有这样的事例，主人有意将年老或体残的奴隶饿死，但是，我们可以肯定，殖民者不敢声称有这种权利，当局也必须干预，制止这种残酷行为。因此，奴隶制是一种类契约，它给奴隶本身一种对付主人的权利，就是享有他经营的种植园产品的权利。

然而，在一般法律中却有一个例外，这种例外的荒谬程度，起码与它的不公正程度相等，即禁止奴隶要求他的权利，尽管立法者承认他享有那些权利，因为，立法者授予奴隶主对奴隶具有毫无限制的绝对政治权力，而他本来应该运用奴隶的权利扼制奴隶主。对奴隶来说，主人胜过一个法官，胜过一个国王，主人居于神与人

的一切法规之上。正是这种政治权力酿成各种凌辱、惩罚、罪恶、刑罚来残害黑人；正是这种政治权力腐蚀了白人，既使他们的心变黑，又使他们的思想变坏；正是这种与社会良好组织相违背的政治权力，建立了国中之国，破坏了社会契约的义务，鼓动一些人大逞暴虐，而把其他人丢进最可怕的灾难的火坑。

立法者没有权利授予这种政治权力，这种人对人的权力；两者在法律面前，在社会权力面前，如同在造物主面前一样，都是平等的；废除这种政治权力，是立法者责无旁贷的义务。立法者参与了双方的关系，因此，保留奴隶制的类契约中一切可能对双方有益的因素，也是立法者责无旁贷的义务。立法者应当维护奴隶主占有奴隶劳动的权利，也应当维护黑人对于种植园的劳动权利，并且维护他根据他的劳动，从中提取他的费用的权利，他在有病期间同健康时一样，在不可避免的休息时同劳动时一样，始终享受这种权利。

种植园有多少黑人农户，就分成多少份对分制租田，租田按照一种统一的契约出租，那种契约，我们谈托斯卡纳的时候已经阐述过，而且在欧洲大部分地区，人们也都了解；这样，双方就会得到足够的保证，享受他们事先规定的所有权利；主人的政治权力、司法权力将立即取消，这对主人没有别的妨害，只能使他丧失骄横与犯罪的特权。

种植园继续由原来的耕作者管理，每个农户都不会迁走，任何一种经验都不会舍弃，甚至任何一块田地也不会荒废；可是，从此以后，主人就不用花钱雇佣或供养监工和工头了。每一个农业工人都了解他们自己的利益，他们本身就是一个监工，比所有雇佣的监工都强。黑人挥锄的时候，不仅使用力气，而且要把他们的智慧、技巧和经验用上；有了这些长处，用手工操作管理多年生作物，就比用牲畜和农具不知要强多少倍；作物的长势会更加旺盛，收成将会更好；收成的半数向产业主交租，一点也不减少收入。产业主用不着急于出售产品，以换取流动资金，因为，他再也不用投资，再也不用修理农具，再也不用买奴隶，再也不用为奴隶置办吃穿的东西了。

另一方面，收成的另外一半将由黑人用来消费，这是他们在从前的地位中就有权享受的，他们在没有收入的季节和生活时期，甚至也应当依靠这笔费用。他们的费用，自然比从前更充裕，因为他在消费中不会有丝毫的浪费，因为他们感到要对自己的生存负责，必须量入为出，还尤其因为他们劳动的产品大大增加，他们劳动成果的半数，对他们来说是丰裕得多的份额；然而，虽说黑人提高了富裕程度，主人却不会有丝毫损失，而且恰恰相反。农业生产只能伴随农民对农事的感情和他们的智慧而发展，农业生产发展将使主人的收入得到保障，他如果要出售他的产业，就容易卖出好价钱，这是一个奴隶主永远难以期望得到的。

我们认为有必要提醒一下，在普遍实行对分制经营的国家里，对分制佃农几乎总是同他们的产业主搞交换，以最畅销的产品换取最适于他们消费的产品；这样，黑人会按市价出让他们的一半殖民地产品，而主人则给他们相应数量的他们所要求的食品。的确，农民所得的份额，绝不应该把大部分投入市场；农民要根据他们需要的数量，在土地上种植供他们自己需要的东西；因此，产品对口，有固定的消费，就保证避免市场壅塞，也可以避免在今天已危害了

所有的工业的那种灾难，而殖民地的工业更是首当其冲的。实行对分制经营之后，生产糖和咖啡的作物很可能不再那么单一，新的农民将多考虑一点他们自己的需要，以及居住在殖民地上的消费者的需要，少考虑一点欧洲消费者的需要。因此，殖民地的出口贸易可能要减少，这正如爱尔兰人若是开始自己食用小麦和咸猪肉，人们就会看到爱尔兰这两种产品的出口减少。我们很高兴终于让读者理解，出口额多少绝不是一个国家繁荣的尺度。其实，只要种植园主不再像现今这样负债累累，而是享用他们的收益，并且在需要的时候，能够比较容易地售出他们的产业，只要农民丰衣足食，只要人口的增长同尚未开垦的土地相称，只要农业不断地改善，只要消费随着收入的增长而增加，那么，殖民地就将是繁荣的，尽管它完全停止生产我们今天称之为的殖民地食品。

在执行这样一项重大组织改革过程中，宗主国必须意识到它要造福人类，绝不理睬地方的成见和偏激情绪。它必须把它的权力授予没有殖民者的偏见、有一定魄力和威望的人。不过，它必须付出很高的代价，以便慷慨地补偿殖民者的损失，使他们同意它的观点，自愿将他们的种植园分为对分制租田，从而首先作出完全成功的榜样。最后，它也必须掌握手段，如果有的黑人捣蛋或者太愚昧，不肯劳动，拒绝它要施给他们的好处，它就遏制或惩罚他们。但是，这些行动手段，不再是政治经济原则的直接后果，也不是司法和人类的手段，仅仅是政府的权限，而一个局外的文人，极不情愿把这些权限赋予一个政治家。我们不再是以建议，而是以祝愿结束这一章和这一卷，祝愿所有的基督教国家一致摒弃它们法律还允许的最大罪恶，摒弃它们的贪婪还把它们拖进去的最大谬误；

祝愿受它们欺压最深的那个种族，从它们那里得到它有权要求的赔偿，并由它们引导重新获得智慧、道德和自由；最后，祝愿整个人类社会都切实地关心整个人类社会基础的那个阶级的幸福，并祝愿无论什么肤色的农民，都能在风俗习惯、法律、所有人的同情中，得到对他们的富裕、他们的独立、他们的前途的保障；他们的这种保障被剥夺的时间太久了。

图书在版编目(CIP)数据

政治经济学研究.第1卷/(瑞士)西斯蒙第著;胡尧步,李直,李玉民译.—北京:商务印书馆,2017
(汉译世界学术名著丛书:120年纪念版:珍藏本)
ISBN 978-7-100-14096-6

Ⅰ.①政… Ⅱ.①西… ②胡… ③李… ④李… Ⅲ.①古典资产阶级政治经济学 Ⅳ.①F091.33

中国版本图书馆CIP数据核字(2017)第139896号

汉译世界学术名著丛书
(120年纪念版·珍藏本)
政治经济学研究
(第一卷)
〔瑞士〕西斯蒙第 著
胡尧步 李 直 李玉民 译
胡尧步 校

商 务 印 书 馆 出 版
(北京王府井大街36号 邮政编码100710)
商 务 印 书 馆 发 行
南京爱德印刷有限公司印刷
ISBN 978-7-100-14096-6

2017年12月第1版 开本710×1000 1/16
2017年12月第1次印刷 印张19¼
定价:90.00元